KB145017

**헬스케어 인공지능과 머신러닝**

# 헬스케어 인공지능과 머신러닝

## 빅데이터를 활용한 개인 맞춤 건강관리

아르준 파네사 지음 고석범 옮김

i!i
에이콘

에이콘출판의 기틀을 마련하신 故 정완재 선생님 (1935-2004)

우리가 딛고 설 수 있는 어깨를 마련해준 거인들께 바칩니다.
그들은 거친 노동, 결심, 피, 땀, 희생, 눈물로 기초를 마련했습니다.
키르파, 아난타 조상께 바칩니다.

**아르준 파네사**<sup></sup>Arjun Panesar

당뇨 디지털 미디어DDM, Diabetes Digital Media의 공동 설립자로, 세계에서 가장 큰 당뇨병 커뮤니티를 운영하며, 근거 중심의 디지털 솔루션을 제공하고자 노력해 왔다. 임페리얼 칼리지 런던의 컴퓨팅과 인공지능 학과에서 학사 학위를 받았다. 수년에 걸쳐 빅데이터와 빅데이터가 사용자에게 미치는 영향을 다뤘다. 이 경험을 바탕으로 전 세계의 환자, 의료 기관, 정부 등에게 정밀 의학 헬스케어를 제공할 수 있도록 빅데이터와 머신러닝을 이용해 지능적이고 근거 중심의 디지털 헬스 솔루션 개발을 주도하고 있다.

수많은 상을 수상했고, BBC, 포브스Forbes, 데일리 메일Daily Mail, 타임스The Times, ITV 등에 소개되는 등 국제적으로 명성이 높다. 현재 셰필드대학교 인포메이션 스쿨의 고문을 맡고 있다.

# 감사의 글

이 책은 많은 사람의 인내, 포용, 격려가 없었다면 만들어지지 않았을 것이다. 가장 먼저, 가진 것 없이 오로지 희망만을 지니고 외국으로 이주해 상상할 수 없는 어려움을 참고 내게 새로운 세상을 부여해 주신 부모님과 조부모님께 끊임없는 감사를 드린다.

당뇨 디지털 미디어<sup>DDM</sup> 팀, 특히 아마르, 하크리샨, 돔에게 큰 감사를 드린다. 그들과 인공지능의 미래에 대해 수많은 토론을 벌였다. 이 책의 내용을 보완할 수 있도록 아름다운 이미지를 만들어 준 크리스탈에게 감사 드린다.

꼼꼼하고 기술적으로 엄정하게 이 책을 감수해 준 아쉬스 소니, 적극적인 격려와 지지, 동기 부여를 해준 에이프레스의 디브야 셀레스틴에게 감사를 드린다.

마지막으로 키르파, 아난타, 샬럿의 무한한 위엄에 바칩니다.

# 기술 감수자 소개

## 아쉬스 소니 <sup>Ashish Soni</sup>

 데이터 수집, 데이터 안정화, 통계 분석, 데이터 마이닝, 머신 러닝, 인공지능 등에 강력한 이해와 열정을 갖춘 재능 있고 경험 많은 통계 컨설턴트이자 데이터 과학 전문가다. 11년 이 상 일하면서 여러 플랫폼과 환경에서 다양한 통계, 머신러닝 모델을 구현해 왔고, 관련된 광범위한 지식을 쌓았다. 인도 봄베이의 인도 공과대학<sup>Indian Institute of Technology</sup> 화학공학과를 졸업하고 BTech 학위를 받았으며, 경제학 석사 학위를 받았고, 응용 통계학 준석사 과정을 수료했다. 헬스케어, 은행, 회계, 보험 등 다양한 분야에서 일했고, 현재 헬스 케어 분석과 데이터 과학 서비스를 제공하는 인도 소재 이퀀트엑스 파마 애널리틱 스 솔루션<sup>eQuantX Pharma Analytics solution</sup>의 서비스 전달 책임자다.

## 고석범

가톨릭대학교 의과대학을 졸업한 신경과 전문의다. 10여 년 동안 병원에서 신경과 진료를 했다. 병원 근무 당시 병원 생산성을 고민하다 컴퓨터의 중요성을 깨닫고 코딩을 시작했다.

저술서로 『R과 Knitr를 활용한 데이터 연동형 문서 만들기』(에이콘, 2014), 『통계 분석 너머 R의 무궁무진한 활용』(에이콘, 2017), 『R Shiny 프로그래밍 가이드』(한나래아카데미, 2017) 등이 있고, 번역서로 『R과 Shiny 패키지를 활용한 웹 애플리케이션 개발』(에이콘, 2014), 『Data Smart』(에이콘, 2015) 등이 있다.

# 옮긴이의 말

이 책은 헬스케어 분야의 인공지능 적용에 관련된 여러 가지 측면을 소개하는 개론서다. 완전한 기술서로 보기도 어렵고 그렇다고 고차원의 논쟁만 다루지도 않는다. 그 중간에 있다고 생각하면 좋을 듯하다.

인공지능은 이미, 그리고 앞으로 더욱더 모든 사람의 일상에 영향을 줄 것이다. 어떤 사람은 의학의 역사를 인공지능 이전BA, Before AI과 인공지능 이후AA, After AI로 나눠질 것이라고 주장하기도 한다. 인공지능은 일상뿐만 아니라 회사와 기관에서 사람들이 일하는 방식에도 영향을 주고 있다. 의료와 같은 전문 영역도 마찬가지다. 알파고가 이세돌 9단에게 이기는 것을 목격하고, 파괴적 혁신 기술이 전통적인 일자리에 영향을 주기 시작하면서 일반인도 이전보다는 인공지능에 대한 관심이 높아졌다. 또한 혁신의 대상이 자신이 될 수도 있다는 불안감을 안고 살아간다.

개인적으로 컴퓨터를 공부하게 된 계기는 병원의 낮은 생산성 때문이었다. 수많은 전문가가 그렇게 열심히 일을 하고, 병원 당국은 많은 자금을 투자하고, 환자와 가족도 건강을 회복하고자 기꺼이 많은 희생을 함에도 불구하고, 의료 서비스에 만족하는 참여자는 찾기가 어려웠다. 내가 보기에는 컴퓨터가 그 답을 줄 것으로 보였다. 그래서 의료와 ICT 중간 지점을 찾고자 노력해 왔다.

이 책은 헬스케어 인공지능 기술과 응용 사이에 있는 이야기를 한다. 그래서 전문 의료인이 보기에는 컴퓨터 기술서처럼 보일 수 있고, 전문 컴퓨터 엔지니어가 보기에는 새로운 기술은 소개하지 않으면서 의료 인공지능을 적용하는 방법을 다루는 다소 뜬구름 잡는 이야기로 보일 수 있다. 내가 틈새의 중간 지점을 찾아가는 탐구자 입장이어서 그럴 수도 있겠지만, 진정 중요한 것은 중간 지대에 있다고 본다. 인공지능을 이해하는 의료인과 의료를 이해하는 인공지능 전문가가 하나의 언어로 이야기할 수 있을 때 혁신은 일어날 것이다. 그런 이야깃거리를 준다는 데 이 책의 가치가 있다고 본다.

처음 번역 제안을 받았을 때 이 책에 대한 불만은 컴퓨터 코드가 없다는 것이었다. 구체적이지 않고 추상적인 이야기만 있을 것 같다는 걱정이 있었다. 그런데 내용을 훑어보니 코딩을 하는 사람에게는 단점일 수 있지만, 의료 인공지능에 입문하려는 사람에게는 더 나을 수도 있겠다 싶었다. 이 책에서도 나오지만 데이비드 월퍼트가 이야기한 머신러닝에서의 "No free lunch(공짜 점심은 없다)" 원리는 여기에도 적용되는 것 같다. 모든 상황에 만족하는 머신러닝 모델이 없듯이 모든 독자를 만족시키는 기술서도 없어 보인다. 그렇지만 특정 문제에 적합한 더 나은 모델이 존재하는 것처럼 특정 주제와 목적의 책은 분명 존재한다. 이 책을 의료 인공지능의 안내서로 본다면 분명 소임을 다하고 있다고 생각한다. 아쉬웠던 코딩이라는 구체성은 후속 번역을 통해 소개하고자 한다.

보잘것없는 번역이지만 의료 인공지능 분야에 조금이라도 도움이 됐으면 하는 바람이다. 편협한 생각일지 모르지만 미래의 의료는 인공지능 의학이 주를 이룰 것이다. 의학 연구는 물론이고 환자의 진단, 치료, 재활, 나아가 건강한 사람을 대상으로 하는 예방 영역에 인공지능 의학이 깊숙이 파고들 것이다. 따라서 학계는 물론 개원의, 봉직의, 의료 행정가도 인공지능 의학에 관심을 가져야 할 것으로 보인다.

마지막으로 에이콘 권성준 대표님께 감사의 말씀을 드리고 싶다. 헬스케어 분야의 ICT 활용이라는 분야에 나를 포함한 일반 의료인보다 훨씬 큰 관심을 갖고 계시고, 그 관심 덕에 이 책을 번역하게 됐다.

# 차례

세상이 변하고 있다. 전 세계에는 사람 수보다 많은 스마트폰이 있고, 더 많이 연결되고 있다. 사람들은 가상 비서, 자율 주행 자동차를 사용하고, 디지털 앱을 통해 파트너를 찾으며, 어떤 증상이 있으면 웹을 검색한다. 어떤 디지털 활동은 디지털 배기가스<sup>data exhaust</sup>를 남기고, 이것이 우리가 아는 세상을 데이터화한다. 전 세계적으로 인기가 높은 구글, 우버, 알렉사, 넷플릭스와 같은 서비스의 성공은 빅데이터와 빅데이터의 최적화를 바탕으로 한다.

의학도 빅데이터와 인공지능이 주는 장점을 받아들여 왔지만, 적어도 지금까지는 재무, 연예, 교통 등과 같은 영역과 비교하면 빠르게 진화하는 기술의 채택이 느린 분야였다.

최근의 디지털 파괴<sup>digital disruption</sup>는 헬스케어 분야에서 빅데이터와 인공지능의 채택을 촉진시키고 있다. 다양한 종류, 형태, 크기를 가진 데이터가 인공지능 기술에 사용되면서 기계가 학습하고, 적응하며, 학습 능력의 향상을 촉진한다. 학계와 스타트업 진영 모두 더 강력한 건강 관리용 시제품 기술을 개발하고 있다. 기술과 의학의 결합은 스마트폰과 사물 인터넷에 의해 더 가속화되고, 이를 통해 수많은 혁신과 삶의 질 향상을 촉진한다. 건강 관리 기술이 나타남으로써 사람들은 전문 의료인의 도움 없이도 건강을 모니터할 수 있게 됐다. 헬스케어는 이제 모바일의 시대로 접어들었고 더 이상 진료 대기실에서 기다릴 필요가 없어졌다.

동시에 여러 문제도 관찰되고 있다. 세계인의 수명은 더 연장되고 있으며, 이전 보다 덜 건강해지고, 재정은 위기 상황에 있다. 헬스케어 서비스는 이제 가치 기반 value-based 의료로 이동 중이고, 전 세계적인 질환이 된 제2형 당뇨와 비만 같은 비전염성 질환에 초점을 맞추게 됐다.

데이터가 건강을 증진하는 데 아주 가치가 높은 도구임이 증명되며 정보에 힘이 실리고 있다. 데이터 과학은 헬스케어의 성공과 운영을 떠받치는 기둥이 돼 가고 있다. 디지털 헬스는 헬스케어를 민주화하고 개인 맞춤화하고 있다. 모든 중심에 데이터가 있다. 그러면서 인간 생활의 더 많은 측면을 정량화하고 측정하려는 요구 역시 증가하고 있다.

디지털 통찰력과 실제 임상 근거real-world evidence[1]는 빠른 기술 혁신을 촉진하고 있으며, 규제 당국은 이런 경향을 따라잡기 위해 고군분투 중이다. 디지털 헬스 민주화의 결과는 건강이라는 문제에만 임팩impact을 주는 것이 아니라 윤리적 문제를 함의한다. 빅데이터와 머신러닝을 사용해 이해관계자들은 데이터에서 미래를 예측하고, 숨겨진 연관성과 패턴을 발견할 수 있다. 이런 지식을 획득한다는 것은 도적적이고 법적인 결과로 이어질 수 있는데, 이에 대한 리스크와 위험성을 줄일 수 있는 적절한 관리 방법이 필요해졌다.

---

1. 위키피디아를 보면 "Real world evidence (RWE) in medicine means evidence obtained from real world data (RWD), which are observational data obtained outside the context of randomized controlled trials (RCTs) and generated during routine clinical practice."라고 정의돼 있다. 임상 시험이란 관점에서 보면 RWE를 "실제 임상 근거", RWD를 "실제 임상 데이터"로 번역된다. 하지만 이 책에서는 좀 더 큰 맥락에서 이런 단어를 사용하는 경우가 많아서 "실제 임상 근거", "실제 세계 데이터"라고 번역했다. – 옮긴이

헬스케어 서비스 제공자, 개인, 기관 모두 머신러닝에 사용할 수 있는 데이터를 소유하고 있다. 많은 사람이 데이터로 뭔가를 배울 수 있다는 막연한 생각은 갖고 있지만, 학습을 위해 얼마만큼의 데이터가 필요하고 숨겨진 패턴, 트렌드, 편향이 가진 기술적인 측면을 알아내기 전에 무엇을 얻어낼 수 있을지 잘 모르고 있다.

이 책은 빅데이터, 인공지능, 머신러닝에 대한 실용적인 접근법을 택하고, 그런 도구가 가진 도적적인 함의를 다룬다. 헬스케어 영역에서의 인공지능 이론과 실용적인 응용을 다루며, 언제 어떻게 머신러닝을 응용할 수 있는지, 그리고 성능을 평가하는 방법을 알려준다. 마지막에는 새롭고 혁신적인 방법으로 인공지능과 빅데이터를 이용하는 시장을 주도하는 헬스케어 기관의 사례를 살펴본다.

## 독자 지원

한국어판 정오표는 에이콘출판사의 도서정보 페이지 http://www.acornpub.com/book/ml-ai-healthcare에서 볼 수 있다.

# 1장

# 인공지능

"지식 그 자체는 아무것도 아니다. 하지만 유용한 지식의 응용, 그것은 강력하다."

– 오쇼(Osho)

인공지능AI, Artificial intelligence은 우리 시대의 가장 흥미로운 발전 중 하나라고 여겨진다. 가상 비서는 우리의 음악 취향을 놀라울 정도로 정확하게 알아맞히고, 자동차는 스스로 운전하고, 모바일 앱은 만성이며 진행성이라고 간주되던 질병을 회복시킬 수 있다.

많은 사람은 인공지능 분야에서 새로울 것이 없다는 사실에 놀란다. 인공지능 기술은 수십 년 동안 존재했다. 사실 재기의 과정을 거치고 있다고 하는 편이 맞는데, 데이터의 가용성과 저렴한 컴퓨팅 능력으로 인해 크게 힘을 받고 있다.

## 다학제적인 과학

인공지능은 컴퓨터 과학의 한 분야로, 수학, 논리학, 철학, 심리학, 인지 과학, 생물학 등을 바탕으로 만들어졌다(그림 1-1).

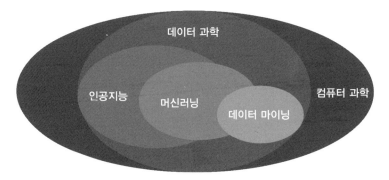

**그림 1-1.** 컴퓨터 과학에서의 AI와 머신러닝의 위치

초기 인공지능 연구는 1930년대 몇 개의 아이디어에서 시작됐으며, 1950년에 영국의 인공지능 개척자라 할 수 있는 앨런 튜링Alan Turing의 『Computing Machinery and Intelligence』라는 저작에 이르러 정점을 이뤘다. 튜링은 "기계도 생각할 수 있을까?"라는 질문을 던졌다. 여기에서 튜링 테스트가 제안됐는데, 기계의 행동이 사람의 것과 구분되는지를 평가하는 기준을 만들어 기계가 인공적인 지능을 갖고 있는지 결정하자고 제안했다. 튜링은 평가자가 사람과 컴퓨터 양측과 자연어로 대화를 주고받을 수 있을 때 상대가 사람인지 컴퓨터인지 구분할 수 없다면 컴퓨터가 사고할 수 있는 능력을 가졌다고 판단할 수 있다(즉, 사람의 행동을 성공적으로 따라 하는 에이전트나 시스템)라는 기준을 만들었다.

인공지능AI, Artificial Intelligence이라는 용어는 다트머스 대학의 존 맥카시John McCarthy 교수에 의해 처음으로 만들어졌다. 맥카시 교수는 "학습의 모든 측면이나 지능의 다른 측면은 원리상 정확하게 기술돼 기계가 그것을 시뮬레이션하게 만들 수 있다"는 생각에 기초해 연구 프로젝트를 제안했다.[1]

인공지능은 본질상 그저 프로그래밍에 불과하다. 그림 1-1에서 표현한 것처럼 인공지능은 컴퓨터 과학의 한 분야로 이해할 수 있다. 최근 인공지능의 능력과 인기가 치솟는 이유의 상당 부분은 모바일 기기, 스마트워치, 웨어러블 등을 통해 생산되는 데이터의 폭증과 전례 없이 저렴해진 컴퓨터 연산 능력 덕분이다. 2011년, IBM이 추산한 바에 의하면 전 세계 모든 데이터의 90%는 직전 2년 동안에 생산된 것이었다.[2]

향후 10년간 1,500억 개의 네트워크로 연결된 측정 센서가 생길 것으로 추산하고 있다. 이는 세계 인구의 20배에 달하는 수치다. 이렇게 지수적으로 급증하는 데이터에 힘입어 모든 것이 스마트해지고 있다. 스마트폰에서 시작해 스마트 청소차, 스마트 홈, 스마트 시티, 스마트 커뮤니티 등이 생겨나고 있다.

데이터가 많아지면서 학습의 기회가 넘쳐나고 있다. 따라서 이제는 가용한 데이터에서 배우고, 지능적인 시스템을 개발하는 데 초점이 이동하고 있다. 시스템에 더 많은 데이터를 입력하면 할수록 학습 능력은 더 좋아지고 더 정확해진다.

많은 기관에서 아직은 인공지능, 머신러닝 분야 인력 채용에 주저하는 경향이 있다. 이런 현상은 헬스케어 분야에서 더욱 그렇다. 2017년, 가트너Gartner는 "Hype Cycle for Emerging Technologies"라는 보고서에서 머신러닝의 기대감이 실제 정점에 이르는 시점보다 5년에서 10년 가까이 앞당겨져 있다고 보고했다.

이렇게 헬스케어 분야에서 머신러닝을 응용하는 것은 참신하고, 흥분되고, 혁신적인 것이다. 오늘날 사람이 사용하는 것보다 더 많은 모바일 기기를 사용하게 된다면 미래 헬스케어 영역에서 환자와 환경, 의료인에 의한 다양한 변화가 일어날 것이다. 그 결과 인공지능과 머신러닝을 사용해 건강을 최적화할 수 있는 기회가 무르익고 있다.

헬스케어의 비용이 전 세계적으로 증가하고 있어 정부와 사보험 지불자들이 좀 더 높은 비용 대비 효율을 강조하고 있는 상황에 있기 때문에 인공지능과 머신러닝을 구체화한 서비스가 더더욱 환영을 받고 있다. 비용 절감이 중요하기는 하지만, 그로 인해 환자의 의료 접근도, 돌봄의 수준, 건강 결과를 갉아먹어서는 안 된다.

그렇다면 헬스케어 환경에서 인공지능과 머신러닝을 어떻게 잘 사용할 수 있을까? 이 책은 인공지능과 머신러닝이 무엇이고, 자신이 속한 헬스케어 생태계에서 이런 기술을 활용해 어떻게 지능 시스템을 개발, 평가, 실제로 배치할 수 있을지 고민하는 사람을 위해 쓰여졌다. 이 책에서는 환자의 건강과 집단의 건강을 증진하고, 비용을 절약하고 효율을 높일 수 있는 실제 사례를 포함하고 있다.

책을 마칠 때쯤이면 독자는 인공지능과 머신러닝의 핵심적인 측면을 이해관계자에게 설명하는 데 자신감을 가질 수 있을 것이다. 독자는 머신러닝 방법이 어떤 접근법을 취하고, 그 한계가 무엇이고, 핵심 알고리즘에는 어떤 것이 있는지, 데이터의 유용성과 갖춰야 할 요건은 무엇인지, 학습과 관련된 도덕적인 측면과 책임에 관한 문제가 무엇인지, 그리고 그런 시스템의 성공을 어떤 방법으로 평가하는지 등에 대해 포괄적인 안목을 갖추게 될 것이다.

이 책은 복잡한 통계, 선형 대수를 제쳐 두고 헬스케어 분야에서의 인공지능과 실제 응용을 탐구한다. 적절한 인공지능, 머신러닝 응용물이 어떤 것인지를 가릴 수 있는 방법론과 팁 등을 탐구한다.

## 인공지능 검토

핵심적으로 인공지능은 에이전트(컴퓨터)가 인간의 지능적인 행동을 모방해 인간이 그것을 인간의 것으로 착각할 수 있는지로 정의된다. 인공지능의 핵심에는 지식, 추론, 문제 해결, 지각, 학습, 계획 수립, 환경에 대한 조작, 자율 이동 등을 포함하는 특성을 가진 에이전트를 개발하는 것이다.

특히 인공지능은 다음과 같은 분야로 나눌 수 있다.

- **이성적인 추론을 하는 시스템.** 이런 기술에는 자동화된 추론 기술, 자동화된 개념증명proof planning, 제약 조건 기반 추론constraint solving, 사례 기반 추론 등이 있다.
- **프로그램이 배우고, 발견하고, 예측하게 만들기.** 이런 기술에는 머신러닝, 데이터 마이닝(탐색), 과학적인 지식 탐색 등이 있다.
- **게임을 할 수 있는 프로그램 만들기.** 이런 기술에는 미니맥스 탐색minimax search, 알파-베타 가지치기alpha-beta prunning 등이 있다.
- **사람과 의사소통이 가능한 프로그램.** 여기에는 자연어 처리 기술이 포함된다.
- **생명체에서 보이는 현상을 모사할 수 있는 프로그램.** 이런 기술에는 유전 알고리즘genetic algorithm이 있다.
- **바깥세상에서 지능적으로 움직일 수 있는 기계.** 여기에는 계획 수립과 컴퓨터 비전 등과 같은 로봇 기술이 포함된다.

인공지능 분야가 아직은 어린 분야이기 때문에 여러 가지 오해가 있다. 실제로 인공지능이 어떻게 발전할지에 대해서도 여러 가지 이견이 있다. 이와 관련된 흥미로운 주장 가운데 하나는 케빈 워위크Kevin Warwick의 것으로, 그는 로봇이 세상을 지배할 것이라고 주장한다. 로저 펜로즈Roger Penrose는 컴퓨터는 절대로 진정한 지능을 갖지 못할 것이라고 주장한다. 반면 마크 제프리Mark Jeffery 같은 학자는 컴퓨터가 인간으로 진화할 것이라고 주장한다. 인공지능이 적어도 다음 세대에 지구를 지배할 것 같지는 않지만, 인공지능과 인공지능을 활용한 응용물은 지금 이미 와 있다.

과거 인공지능의 지능은 제한된 데이터셋, 데이터에서 전형적인 표본을 추출하는 능력의 결여, 상당한 분량의 데이터를 저장하고 색인을 부여하고, 분석하는 능력의 결핍으로 인해 발전이 제한돼 왔다. 그런데 오늘날에는 데이터가 거의 실시간으로 취득되고, 모바일폰, 디지털 기기, 증가하는 디지털 시스템, 웨어러블, 사물인터넷 등의 출현으로 힘을 받고 있다.

데이터가 실시간으로 흐르고 있을 뿐만 아니라, 다양한 소스에서 아주 빠르게 수집되고 있다. 그리고 더 나은 의사 결정을 하고자 분석에 활용되고, 본질적으로 해석 가능할 수 있게 돼야 한다는 요구가 있다.

인공지능 분야는 다음과 같은 4가지 영역으로 구분된다.[1]


## 반응성 기계

반응성 기계[Reactive Machines]는 가장 기초적인 인공지능이다. 반응성 시스템은 현 시나리오에서 지시되거나 회상되는 데이터를 갖고 현재 상태에서 의사 결정을 한다. 반응성 기계는 잘 할 수 있게 설계된 과제를 수행하지만, 그 밖의 것은 아무것도 하지 못한다. 이런 시스템은 과거의 경험을 바탕으로 미래의 의사 결정을 할 수 있는 능력이 없기 때문이다. 이 말이 반응성 기계가 쓸데없다는 의미는 아니다. 체스를 둘 수 있는 IBM 슈퍼컴퓨터인 딥블루[Deep Blue]는 이런 반응성 기계이며, 특정 시점에서의 체스보드 상태에 기반을 두고 예측할 수 있다. 딥블루는 1996년 체스 챔피언인 개리 카스파로프를 물리쳤다. 잘 알려지지 않은 사실은 카스파로프가 전체 다섯 게임 가운데 3판을 이겼으며, 전체 게임으로 치면 4:2로 딥블루를 이겼다.


## 이성적으로 생각하고 사고하는 제한된 메모리 시스템

이성적으로 생각하고 사고하는 제한된 메모리 시스템[Limited Memory-System That Think and Act Rationally]은 제한된 기억[Limited Memory]을 갖고 프로그램화된 지식과 일정 기간 동안 외부를 관찰할 수 있는 인공지능이다. 관찰하면서 시스템이 환경 안에 존재하는 아이템을 보고, 어떻게 바뀌는지 감지해서 그에 맞는 조치를 수행한다. 이런 기술은

---

1. 인공지능 분야의 전문 용어이기 때문에 영어 용어로 함께 실었다 – 옮긴이

자율 주행 자동차에 활용된다. 어디든 존재하는 인터넷 연결과 사물인터넷을 통해 들어오는 정보가 이런 제한된 메모리 시스템을 위한 무한한 지식원이 된다.

## 사람과 같이 사고하는 마음 이론 시스템

마음 이론Theory of Mind 인공지능은 세상과 그 안에 있는 사람처럼 활동하는 것을 해석할 수 있는 시스템이다. 이런 종류의 인공지능은 환경 안의 사람이나 사물이 감정이나 행동을 바꿀 수 있다는 점을 이해하고 있어야 한다. 현재 그런 인공지능은 제한돼 있지만, 개발된다면 몸이 불편한 노인이나 장애인의 일상생활을 돌보는 데 활용될 수 있다.

마음 이론 인공지능을 장착한 로봇은 세상의 어떤 사물을 평가할 수 있을 것이고, 환경 안에 있는 사람이 자신이 생각, 고유한 감정, 학습된 경험 등을 갖고 있음을 인지하게 된다. 마음 이론 인공지능은 사람의 의도를 이해하고, 어떻게 행동할지 예측할 수 있을 것이다.

## 사람과 다름없이 자각하는 인공지능 시스템

자각하는 인공지능 시스템Self-Aware AI-Systems은 가장 발전된 형태의 인공지능으로 사람을 뛰어 넘어 의식과 세상을 인지할 수 있는 시스템이 될 것이다. 이런 인공지능은 아직 존재하지 않지만, 자체의 내부 감정을 인식할 수 있고 무언가를 원하는 소프트웨어는 가능하다고 알려지고 있다. 예를 들어 2015년, 렌셀러 공과대학Rensselaer Polytechnic Institute의 연구자들은 "와이즈 멘 퍼즐"[2]을 약간 변형시켜 3대의 로봇을 대상으로 자각self-awareness 기능이 있는지를 테스트했는데, 그중 한 대가 기준을

---

2. "The King's Wise Men" 퍼즐로 검색해보기 바란다. ─ 옮긴이

통과할 수 있음을 보여줬다. 이 테스트는 인공지능이 구조화되지 않은 텍스트를 듣고 이해할 수 있을 뿐만 아니라 자신의 목소리를 인식할 수 있으며, 다른 로봇과 자신을 구분할 수 있는 능력을 필요로 한다.

이제 기술은 실시간으로 거대한 데이터셋에 충분히 빠르게 접근할 정도가 됐다. 궁극적으로 인공지능은 그것을 만들어내는 강력하고 풍부한 데이터와 다름없는 것이 됐으며, 우리는 그들의 결정을 좀 더 신뢰할 수 있게 됐다.

헬스케어는 교통, 에너지, 회계 분야와 비교했을 때 빅데이터와 인공지능의 혜택을 채용하는 데 느린 움직임을 보였다. 여러 가지 이유가 있겠지만, 의료 분야에서의 강직함은 당연히 사람의 생명에 영향을 준다는 사실에 기반을 두고 있다. 의료 서비스는 소비자의 선택을 넘는 필수적인 것이다. 따라서 역사적으로 의료 산업은 다른 산업 분야보다 혁신을 추구해야 한다는 위협을 덜 받아왔다.

그렇게 해서 의료기관이 제공할 수 있는 것과 환자가 원하는 것 사이의 간극은 더 넓어져 왔다. 결과적으로 돌봄 서비스, 건강 결과에서 차이가 나타나게 됐고, 전 세계적으로 어떤 질환에 대응해 약물이 항상 우선이라는 인식을 심어줬다.

데이터의 폭증은 인지적 문제에 대한 데이터 주도 접근법을 가능하게 만들어 인공지능의 발전을 이끌었다. 헬스케어 영역은 특히 지난 5년 동안 파괴적인 과정을 겪었는데, 데이터 주도 인공지능의 응용으로 지능적인 시스템이 질환을 예측, 진단, 관리할 수 있을 뿐만 아니라, 질환을 적극적으로 예방하고 회복시키며 나아가 디지털 치료digital therapeutics가 실현되기에 이르렀다.

발전된 이미지 인식과 분류 시스템이 최근 산업계에 영향을 주고 있다. 심층 신경망 기술을 활용하면 인간과 거의 동등하거나 인간을 뛰어넘는 성적을 보일 수 있다(그림 1-2).

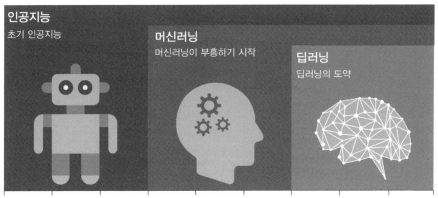

그림 1-2. 인공지능의 발전

## 머신러닝이란?

머신러닝<sup>machine learning</sup>이라는 용어는 IBM의 아서 사무엘<sup>Arthur Samuel</sup>이 1959년에 컴퓨터를 학습시켜 세상에 대해 알고자 하는 모든 것을 배우고, 스스로 과업을 수행할 수 있게 하자고 제안하면서 만들어낸 말이다. 머신러닝은 인공지능의 한 응용으로 이해될 수 있다.

머신러닝은 특정 과업을 수행하는 데 필요한 프로그램 없이도 컴퓨터 스스로 배울 수 있다는 이론과 패턴 인식 기술에서 생겨났다. 여기에는 베이지안 방법<sup>Bayesian methods</sup>, 신경망<sup>neural networks</sup>, 연역적 논리 프로그래밍<sup>inductive logic programming</sup>, 설명 기반 자연어 처리<sup>natural language processing</sup>, 의사 결정 트리<sup>decision tree</sup>, 강화학습<sup>reinforcement learning</sup> 등이 포함된다.

직접 정보를 지정하는 방식으로 구현된 지식 기반<sup>hard-coded knowledge bases</sup> 시스템은 전형적으로 새로운 환경에 취약하다. 몇 가지 어려움은 스스로 지식을 습득할 수 있는 시스템에 의해 극복될 수 있다. 이런 능력이 머신러닝과 관련된 것이다. 여기는 지식 습득, 추론, 지식 기반을 업데이트하고 정밀하게 하는 일, 휴리스틱<sup>heuristics</sup> 습득 등의 능력을 필요로 한다.

머신러닝은 3장에서 더 자세히 설명한다.


## 데이터 과학이란?

모든 인공지능은 어떠한 형태이든 데이터를 사용한다. 데이터 과학은 데이터 정제, 추출, 준비, 분석과 관련된 모든 것을 아우르는 새롭게 떠오르는 분야다. 데이터 과학은 데이터에서 통찰력과 정보를 추출하는 데 사용되는 모든 기술을 아우르는 일반적인 용어다.

데이터 과학이라는 용어는 2001년, 윌리엄 클리블랜드<sup>William Cleveland</sup>가 통계학과 컴퓨터 과학을 함께 아우르는 학문 분야를 기술하고자 처음 사용했다.

인공지능 프로젝트를 수행하는 팀은 의심의 여지없이 크고 작은 데이터를 사용해 작업하게 된다. 실시간 빅데이터를 다루는 경우에는 보통 실시간 분석이 필요하다. 데이터 과학자나 데이터 엔지니어는 데이터를 발견하고, 해석하고, 관리하는 일, 데이터의 일관성을 유지하는 일, 데이터를 사용해 수학적인 모델을 만드는 일, 이해 관계자와 데이터에서 얻은 통찰력을 소통하고 프레젠테이션 하는 일 등 데이터에 관련된 여러 기술적인 역할을 수행할 것을 요구받는다. 데이터 과학 없이 빅데이터를 할 수는 없지만, 빅데이터 없이도 데이터 과학을 할 수는 있다. 어느 쪽이든 필요한 것은 데이터다.

데이터 탐색에는 통계 분석이 필요하기 때문에 많은 학자가 데이터 과학과 통계학을 구분하지 않는다. 성공적인 프로젝트를 하려면 데이터 과학 팀(한 명으로 구성된 팀이라 할지라도)이 필수다.

데이터 과학 팀은 두 가지 핵심적인 역할을 수행한다. 먼저 문제나 질문으로 시작해서 데이터로 해결하고자 시도하는 것이다. 두 번째 역할은 실제 데이터를 활용해서 통찰력을 추출하고, 분석을 통해 지능적인 것을 만들어내는 것이다(그림 1-3).

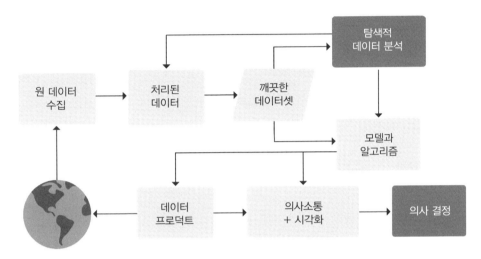

**그림 1-3.** 데이터 과학 작업 프로세스

## 실시간 빅데이터에서 학습

인공지능은 그간 기술적인 한계와 사용할 수 있는 데이터의 부족으로 고생해 왔다. 스마트폰, 저렴한 컴퓨팅의 폭증이 있기 이전에 데이터셋은 크기, 유효성에서 제한된 상태로 남아 있었고, 대부분 실시간적인 특성을 가진 것이 아니라 어떤 현상의 대표성을 가진 것으로 유지돼 왔다.

오늘날 우리는 실시간으로 접근할 수 있는 데이터와 빠른 분석을 할 수 있는 도구를 갖게 됐다. 현대의 일상에 대한 데이터화는 머신러닝을 무르익게 하는 연료가 되고, 근거에 기반하고 데이터가 주도하는 접근법으로 전환을 가속하고 있다. 데이터화datafication는 삶의 모든 측면을 디지털화하는 최근의 경향을 말한다. 지금의 기술은 큰 장애 없이 거대한 데이터셋에 접근하고 머신러닝 애플리케이션을 빠르게 개발하고 개선시켜서 언제 어디서나 사용할 수 있게 할 수 있을 만큼 무르익었다.

환자, 헬스케어 종사자는 모두 굉장한 양의 데이터를 생성한다. 스마트폰은 혈압, 지리적인 위치, 걸음 수, 식사 다이어리 등의 수치와 대화, 반응, 이미지 등과 같은 비정형 데이터를 수집한다.

이는 디지털 제품이나 임상적인 데이터에 한정되지 않는다. 기존의 종이로 기록된 의무기록, 스캔된 이미지에 데이터 추출 기술을 적용해 나중에 종합하고 필요시 추출하게 만들 수 있다.

의료인은 다른 구조화된 형태의 수치와 함께 건강 바이오마커<sup>biomarkers</sup>를 수집한다. 데이터가 어디에서 기원하든지 상관없이 학습할 수 있게 하려면 데이터가 정보로 변환돼야 한다. 예를 들면 당뇨 환자의 혈당 수치를 앱에 입력한다고 했을 때 시스템이 혈당 목표치를 알고 있어서 입력된 값이 권장 목표 범위에 있는지 여부를 이해할 수 있을 때 데이터가 더욱더 타당성을 갖게 된다.

21세기에는 거의 모든 행동이 어떤 형태로든 족적을 남긴다. 애플 아이폰 6는 사람을 달로 보내는 데 사용됐던 아폴로 시대의 미 항공우주국 나사<sup>NASA</sup>의 컴퓨터보다 32,000배 이상 빠르다. 컴퓨터는 전보다 훨씬 더 작아졌을 뿐만 아니라, 전보다 훨씬 더 강력해졌다. 빅데이터에 자본을 투자한 기관은 데이터에서 학습하는 기능을 사용자 경험의 모든 측면에 적용하는 쪽으로 움직여왔다. 제품 구매에서부터 앱 안의 서비스에 대한 사용자 경험까지 전부 적용된다.

데이터의 가치는 날것 그대로 수집된 다음 실제 행동을 바꾸는 지식으로 변환될 때 잘 드러난다. 그 가치는 맥락이나 목표에 따라 달라진다. 예를 들어 어떤 가치는 지시에 잘 따르지 않거나 약물 순응도가 떨어지거나 근거 중심의 케어 부족 때문이라는 것을 빨리 확인하는 데서 올 수 있다. 병원이나 의료기관에서 데이터와 통찰력을 더 잘 공유하는 데서 오는 가치일 수도 있고, 환자와의 관계를 좀 더 맞춤형으로 가져가서 지시에 잘 따르게 하거나, 약물 순응도를 올리거나, 셀프 케어를 좀 더 강화하는 가치일 수 있다. 좀 더 비싼 치료나 비싼 비용을 치르게 하는 실수를 예방하는 가치일 수도 있다.

## 헬스케어 분야에서 인공지능의 응용

인공적으로 지능화된 에이전트가 의사와 간호사를 완벽하게 대체할 것 같지는 않지만, 머신러닝과 인공지능은 헬스케어 산업을 변화시키고, 더 나은 결과를 유도하고 있다.

머신러닝은 진단, 치료 결과의 예측 수준을 높이고 있으며, 맞춤 치료에 한발 다가서고 있다(그림 1-4).

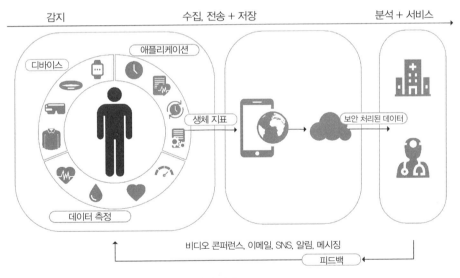

**그림 1-4.** 데이터 주도, 환자와 의료진 사이의 관계

심장 주변의 통증으로 의사를 만나러 진료실로 들어가는 상황을 상상해보자. 의사가 증상을 듣고 나서 컴퓨터에 입력하면 컴퓨터에서 효율적인 진단과 치료에 도움

이 되는 최신 근거 중심 지견이 떠오른다. MRI 검사를 했는데, 지능적인 컴퓨터 시스템이 영상의학과 의사를 도와 의사의 눈에는 너무 작아서 잘 보이지는 않지만 문제의 소지가 있는 작은 병변을 찾아낸다.

당신이 차고 있는 스마트워치가 혈압과 맥박을 지속적으로 모니터링하고, 지속형 혈당 모니터가 실시간으로 혈당을 기록한다. 당신의 의무기록과 가족력을 컴퓨터가 평가하고, 당신에게 가장 최적화된 치료를 제안한다. 개인 정보 보호와 데이터 소유권의 문제를 접어두고서라도 여러 가지 데이터 풀을 종합했을 때 우리가 얻을 수 있는 것을 생각하면 흥분된다.

이 책을 마칠 때쯤이면 독자는 자기 자신만의 머신러닝 프로젝트를 이끌어갈 수 있는 능력을 갖게 될 것이다.


## 예측

현재 갖고 있는 데이터 모니터 기술만으로도 전염병의 발병을 예측$^{Prediction}$할 수 있다. 이는 종종 웹과 기타 여러 소스에서 들어오는 과거 정보와 소셜 미디어에서 얻어지는 데이터를 실시간 분석하는 방법으로 이뤄진다. 강우량, 기온, 발병자 수 등의 데이터를 종합 분석해 인공지능 네트워크로 말라리아 발병을 예측한 사례도 있다.


## 진단

여러 가지 디지털 기술은 비응급성 건강 시스템의 대안을 제시한다. 미래에는 머신러닝 알고리즘과 지노믹스의 결합으로 질병 발생 위험도를 예측하고, 약물 유전체학을 통해 효과 있는 약물을 제시하고, 환자에게 더 나은 치료 방법을 제공할 것이다.[3]

## 맞춤 치료와 행동의 변화

다이어비티스 디지털 미디어<sup>Diabetes Digital Media</sup>의 로우 카브 프로그램<sup>Low Carb Program</sup>을 통해 제시된 디지털 치료는 제2형 당뇨병 환자를 돕고, 당뇨 전단계에 있는 환자를 원래의 상태로 회복시킨다. 이 앱은 맞춤화된 교육, 통합된 건강 상태 추적 기능을 제공하는데, 사용자와 사용자가 속한 전체 커뮤니티 데이터에서 학습한다. 대부분의 회원은 1년간의 코스를 마치면 약물 의존성이 줄어들고, 환자당 연간 약물에 소요되는 비용을 1,015파운드 가량 줄이는 처방<sup>deprescription</sup> 효과를 보여줬다.[4]

## 신약 개발

사전 신약 개발 분야의 머신러닝은 초기 약물 예비 후보 물질 발굴에서부터 생물학적 요인에 기반을 둔 성공률 예측까지 다양한 용도로 사용돼 왔다. 여기에는 차세대 염기 서열 분석과 같은 연구개발의 발견도 포함돼 있다.

약물이 반드시 외관상 전형적인 약의 모양이어야 할 필요는 없다. 실세계 환자 데이터의 모음과 디지털 해법을 결합시켜 한때 만성 혹은 진행성으로 여겨지던 질환의 해법을 제공하고 있다. 예를 들어 로우 카브 프로그램 앱은 제2형 당뇨병을 가진 30만 명의 사람이 사용했고, 1년 프로그램을 마친 후 26%의 환자가 회복되는 효과를 보였다.[5]

## 추적 돌봄

재입원은 헬스케어에서 아주 큰 걱정거리다. 정부, 의사는 입원 치료 후에 퇴원해 가정으로 복귀하고 나서 환자의 상태를 건강하게 유지시키는 데 노력 중이다. 넥스트아이티<sup>NextIT</sup>와 같은 회사는 보통의 전자상거래 사이트의 가상 고객 서비스 센터와 유사한 디지털 헬스 코칭 서비스를 제공한다. 이 서비스는 환자에게 약물에 대해 질문하고, 약 복용을 알리고, 증상을 파악해서 관련 있는 정보를 의사에게 전달한다.

## 헬스케어에서 인공지능의 가능성 현실화

인공지능과 머신러닝이 헬스케어 시스템 안에 완전히 포용되고 통합되려면 여러 가지 문제가 해결돼야 한다.

### 간극의 이해

이해관계자의 이해와 인공지능 및 머신러닝의 응용 사이에는 거대한 간극이 있다. 헬스케어 분야에서 인공지능과 머신러닝의 발전을 위한 혁신을 하려면 아이디어, 방법론, 평가 방법 등에 대한 광범위한 의사소통이 반드시 필요하다. 개인 맞춤형 의료로 바꿔나가는 데 있어서 데이터가 핵심적인 역할을 한다는 점을 강조하고, 데이터의 공유와 통합 등 데이터 주도 전략을 실행할 수 있도록 장려해야 한다.

데이터에서의 학습이라는 과업에 집중하는 데이터 과학 팀을 만드는 것이 성공적인 헬스케어 전략의 핵심이다. 또한 데이터에 대한 투자가 필요하다. 환자와 의료 서비스 제공자 양자의 가치를 증진시키려면 데이터가 필요하며, 따라서 데이터 과학 전문가가 절실히 필요하다.

### 단절된 데이터

극복해야 할 장애가 많다. 현재 데이터는 단절돼 있어서 이를 결합시키기 어렵다. 환자는 폰과 핏빗Fitbits, 워치 등을 통해 데이터를 수집하고, 의사는 인구학적, 생물학적 데이터를 수집한다. 환자를 만족시킬 수 있는 통합된 데이터는 존재하지 않는다.

그리고 의미 있고 강력하게 이 거대한 데이터셋을 해석하고 분석할 수 있는 인프라스트럭처가 존재하지 않는다. 더불어 전자의무기록은 현재 정리되지 않은 상태로 존재하고, 여러 데이터베이스로 나눠져 있어서 환자와 의료 서비스 제공자가 편리하게 사용할 수 있도록 디지털화돼 있는 메커니즘이 필요하다.

## 적절한 데이터 보안

때때로 의료 관련 조직은 데이터에 항시 접근할 수 있게 함과 동시에 환자 데이터의 보안과 그에 대한 정부 규제를 충족해야 한다. 더 나아가 여러 헬스케어 관련 기관은 공격에 더 취약한 오래된 버전의 소프트웨어를 사용하고 있다. NHS(영국의 국가 보건 서비스)의 디지털 인프라스트럭처가 2017년 워너크라이 랜섬웨어의 공격으로 마비됐다. 미국에서 시작된 랜섬웨어는 컴퓨터에 저장된 데이터를 볼모로 해서 복구비로 300에서 600달러를 요구했다.[6]

랜섬웨어 공격을 받은 16개가 넘는 의료 서비스 기관에는 잉글랜드와 스코틀랜드의 여러 병원과 일반 의원도 있었다. 공격에 의한 피해는 단순히 장애에 대한 비용만이 아니었다. 이는 환자의 생명과 연결되는 문제였다. 잉글랜드 일부 지역의 병원과 의원은 환자 진료 예약을 취소해야 했고, 수술을 하지 못했다. 어떤 지역에서는 오로지 응급실에서만 진료를 받도록 안내를 내보내기도 했다. NHS는 해킹 도구의 사용으로 피해를 본 많은 글로벌 건강 관련 조직 가운데 하나의 기관에 불과하다. 랜섬웨어 공격자 측은 150개 나라의 컴퓨터를 공격했다고 주장했다.

## 데이터 거버넌스

데이터 거버넌스Data Governance를 이야기해보자. 의료 데이터는 개인 정보이기 때문에 접근이 쉽지 않다. 일반 대중은 프라이버시 문제로 데이터를 공유하는 데 반대한다고 일반적으로 인식되고 있다. 2016년, 웰컴 파운데이션은 영국 국민을 대상으로 건강 데이터의 상업적 이용을 설문조사했는데, 17%가 익명 처리된 데이터를 상업 기관과 공유하는 것에 절대 동의하지 않는다고 답했다.[7]

여러 가지 규제 조항을 준수하려면 재난에 대응한 데이터 복구 시스템과 보안이 잘 이뤄져야 하는데, 이런 요구 사항을 맞추려면 네트워크 인프라스트럭처가 핵심 역할을 한다. 헬스케어 기관은 가능한 한 최선의 환자 돌봄 서비스를 제공하고자 인프라스트럭처를 현대화하려는 준비가 돼 있어야 한다. 2018년 조사에 이하면 NHS의 상당수 컴퓨터에서 거의 10년 전에 나온 인터넷 익스플로러 8이 기본 브라우저로 설정돼 있었다는 사실은 이런 준비가 아주 미흡함을 보여준다.


## 편향

인공지능 학습에서 중요한 문제 가운데 하나는 편향bias이다. 인공지능이 가정, 직장, 길 위에서의 우리 경험과 통합되는 등 우리의 일상생활에 대한 개입이 커지면서 기계가 어떻게 왜 그런 방식으로 작동하는지 의문을 가져야만 한다. 머신러닝에서 학습은 이전 경험을 바탕으로 자신의 편향을 만들어내기도 한다. 본질적으로 시스템은 노출된 데이터 환경에 편향될 수 있다.

일반적으로 시스템에 내장된 편향이 있다는 것을 사용자가 알게 되는 것은 알고리즘이 실제 환경에서 사용되고 나서다. 이런 편향은 실세계에서 상호작용하면서 종종 증폭된다.

따라서 약물 개발에 적용되는 것처럼 규제를 충족시킬 수 있는 엄격하고 좀 더 투명한 알고리즘의 수요가 증가하고 있다. 투명성은 단순히 하나의 조건만은 아니며, 알고리즘에 의한 의사 결정이 편향돼 있지 않아서 능력을 충분히 신뢰할 수 있게 해야 한다. 블랙박스를 꿰뚫어 볼 수 있게 해서 신뢰감을 줘야 하고, 기계가 그런 결정을 내린 이유를 이해할 수 있게 해야 한다.

## 소프트웨어

전통적인 인공지능 시스템은 프롤로그$^{Prolog}$, 리스프$^{Lisp}$, ML로 개발됐다. 오늘날 대부분의 머신러닝 시스템은 머신러닝에 사용되는 수학적인 기능의 여러 가지 라이브러리를 갖고 있는 파이썬$^{Python}$으로 작성된다. 그런데 학습용 알고리즘은 펄$^{Perl}$, C++, 자바$^{Java}$, C와 같은 언어로도 개발할 수 있다. 이는 3장에서 더 자세히 다룬다.

## 결론

헬스케어 분야에 머신러닝을 응용하는 것은 거대한 가능성을 갖고 있어 흥분되게 한다. 지능적인 시스템은 질환을 회복시키고, 암의 위험성을 알려 주고, 실시간 생체 지표를 활용해 약물 치료 결정에 도움을 줄 수 있다.

이런 일에는 굉장한 책임과 더 넓은 의미의 도덕적인 질문이 뒤따른다. 아직 건강 데이터에서 무엇을 배울 수 있을지 충분한 이해가 부족한 상태다. 결과적으로 학습 윤리는 고려해야 하는 필수적인 주제다.

지능적인 시스템이 어떤 질환의 위험성을 발견했을 때 필연적으로 뒤따르는 결과를 추적하고 있다고 환자에게 알려줘야만 할까? 알고리즘이 환자의 혈당과 체중에 기반을 두고 종종 사망에 이르게 하는 췌장암의 위험을 갖고 있음을 알아낸다면 환자에게 알려줘야 할까? 이런 민감한 환자 데이터를 다른 헬스케어 팀과 공유해야만 할까? 그리고 그런 행동이 어떤 의도하지 않았던 결과를 만들어낼까?

디지털로 연결된 기기와 머신러닝 프로그램의 폭증은 한 때는 미래에만 벌어질 것만 같았던 개념을 현실화시키고 있어서 이런 주제에 대해 공감대를 형성하기 위한 대화가 미래로 나아가려면 반드시 필요하다.

환자가 데이터 공유를 거부했을 때 같은 질환의 위험도를 예측하고자 알려진 데이터를 기반으로 일반화하는 것이 윤리적인가? 췌장암의 위험도를 검사하지 않았을 때 생명보험 가입이 거절된다면 어떻게 할까? 환자의 데이터 사용과 관련해 개인정보 보호를 어떻게 할지, 어떤 것이 사적인 것인지 아닌지, 그리고 어떤 데이터가 정말 유용한지 등에 대한 상당한 우려가 있다. 더 많은 데이터가 존재할수록 더 정밀한 의사 결정이 가능하겠지만, 얼마나 많은 것이 과도한 것인지는 또 다른 질문이다. 아주 중요한 요인은 데이터의 가치인데, 이는 2장에서 다룬다.

현재 인공지능 윤리의 가이드라인, 규제, 광대한 데이터와 기회를 통제하는 파라미터가 없다. 많은 사람은 인공지능이 객관적이어서 높은 도덕성을 가진 것으로 생각하지만 그렇지 않다. 인공지능은 학습에 사용된 데이터 자체에 대해서만 공정하고 편향돼 있지 않을 뿐이다. 사회적 관계, 정당과 종교 지지도, 성적인 취향 등도 데이터에서 확인할 수 있기 때문에 건강 데이터의 학습은 고려해야 할 새로운 윤리적 딜레마를 드러낸다.

데이터 거버넌스와 데이터를 드러내는 것은 국가적이고 국제적인 수준에서의 어떤 정책을 필요로 한다. 미래에는 운전자가 없는 자동차가 실시간으로 엄청난 양의 데이터를 활용해 생존율을 예측할 수도 있다. 시스템이 누구를 살리고 죽일지 결정하게 하는 것이 윤리적일까? 의사가 두 환자의 애플 워치에서 어떤 정보를 바탕으로 어느 사람을 치료할지 결정하는 것은 윤리적일까?

현실 세계에서 이는 단지 시작에 불과하다. 기술이 발전하면 할수록 새롭고 개선된 치료와 진단법이 더 많은 생명을 구하고, 더 많은 질환을 치료하게 될 것이다. 미래의 의료가 데이터와 분석에 기반을 두면서 정말로 충분한 데이터가 있을지 의심을 불러일으킨다.

# 2장

# 데이터

"일화의 복수형이 데이터다(The plural of anecdotes is data)."

– 레이몬드 볼핑거(Raymond Wolfinger)

데이터는 모든 곳에 존재한다. 전 세계적인 혁신과 국가의 의지가 데이터화datafication를 견인하고 있다. 데이터화란 일상의 모든 면이 디지털 데이터로 바뀌는 현대의 경향을 말한다. 생성되는 데이터를 통해 이것을 다시 새롭고 가치가 높은 형태로 바꾸는 것이 가능해졌다. 모든 정부 기관은 좀 더 스마트해지는 데 강한 인센티브를 갖고 있다. 머지않은 미래에 우리가 사는 마을과 도시는 실시간으로 수천 가지의 데이터를 수집하고, 사람의 삶의 질 유지, 최적화, 강화에 사용할 것이다. 합리적 추론을 해보자면 신호등이 교통을 관리할 뿐만 아니라, 대기의 질과 시정, 교통 속도 등과 같은 데이터를 수집하리라고 상상할 수 있다. 서로 연결된 디바이스와 기계에 내장된 센서, IoT 등에서 수집된 빅데이터가 있고, 이를 분석, 해석, 시각화하는 전 세계적인 수요가 있다.

# 데이터란?

데이터 자체는 문자열, 텍스트, 단어, 숫자, 그림, 소리, 동영상 등과 같이 여러 가지 형태를 취할 수 있다. 이런 데이터는 크게 정형 데이터와 비정형 데이터로 구분된다.

본질적으로 데이터는 질적 혹은 양적 변수가 갖는 값의 집합이다. 데이터가 정보 information가 되려면 데이터의 해석이 필요하다. 정보란 체계화되고 분류된 데이터로, 이를 받는 주체에게 어떤 의미 있는 값이나 가치를 주는 것을 말한다. 정보 처리된 데이터가 의사 결정과 행동 방향을 정하는 기준이 된다.

헬스케어 분야에서도 2가지 큰 변화에 힘입어 데이터 혁명이 일어나고 있다. 첫 번째는 치솟는 비용을 조절해야 한다. 이런 요구는 새로운 인센티브와 보험 지불 구조를 만들어낸다. 두 번째는 디지털 헬스다. 디지털 헬스는 디지털 기기를 통해 의료 소비자의 권한을 강화함으로써 헬스케어를 민주화시키고 있다.

임상적인 경향도 변하고 있다. 소셜 미디어의 출현과 인터넷과 건강 관련 커뮤니티를 통해 즉각적인 정보에 접근할 수 있게 돼서 환자는 자신의 건강 문제에 아주 자세한 지식을 갖게 됐다. 환자는 지속적으로 데이터를 생성하며, 그 데이터를 소유하고 서비스 사이에 데이터를 이동시키고 싶어 한다. 동시에 의료는 근거 중심 의료를 넘어 개인 맞춤화 치료를 추구하고 있다. 환자와 헬스케어 종사자 모두 가용한 모든 임상 데이터로 근거에 기반을 두고 좀 더 효과적인 치료를 결정할 수 있도록 하는 니즈가 커지고 있다. 2018년 당뇨 커뮤니티(Diabetes.co.uk)의 연구에 의하면 환자 3명 중 한 명은 자신의 데이터를 관련된 헬스케어 전문가와 공유하고 싶어 하는데, 5명 중 한 명만이 그렇게 할 수 있었다고 응답했다.[9]

개인 데이터셋을 모아 좀 더 의미 있는 집단화된 데이터는 좀 더 탄탄한 근거를 제공한다. 소집단의 미묘한 특징은 작은 표본에서는 곧바로 드러나지 않으므로, 흔하게 관찰되지 않을 수도 있기 때문이다. 예를 들어 제1형 당뇨병과 제2형 당뇨병 환자를 한꺼번에 모아 놓으면 개별적으로 존재할 때보다 당뇨병성 망막병증과 같은 건강 상태가 어떻게 발생하고 있는지 좀 더 확신을 갖고 알 수 있게 된다.

현재의 헬스케어에 데이터를 결합하는 일은 광범위한 분야에서 의미 있는 개선을 이끌 수 있는 기회를 제공한다. 의학이 근거 중심과 개인화 맞춤으로 진화하면서 데이터는 다음과 같은 부분의 개선을 이끌어낼 수 있다.

- 환자와 집단의 건강
- 환자 교육과 동참
- 질환과 케어 리스크에 대한 예측
- 약물 순응도
- 질환 관리
- 질병의 회복
- 치료와 돌봄의 개별화, 개인화
- 의료비 재정, 거래, 환경적인 예측과 집행 계획, 그리고 정확성

데이터는 정보를 촉진한다. 정보는 통찰력으로 이어지고, 통찰력은 좀 더 나은 의사 결정으로 이어진다.


## 데이터의 형태

정형화된 데이터는 전형적으로 데이터베이스에 저장돼 있는 것을 가리킨다. 데이터베이스에 저장돼 있다는 의미는 어떤 모델이나 규칙<sup>schema</sup>에 따른 구조를 가진다는 것을 의미한다. 거의 대부분의 조직은 이런 형태의 데이터에 익숙하고 이미 효과적으로 사용하고 있을 것이다. 이를테면 대부분의 조직은 적어도 엑셀 스프레드시트에 어떤 형태의 데이터를 저장하고 있을 것이다. 임상 현장에서는 전자의무기록을 통해 이와 유사한 구조의 데이터를 갖고 있을 것이다. 혈당, 걸음 수, 소비 칼로리,

심박수, 혈압 등 장비가 읽는 내용이 다를 수는 있지만, 내장된 센서, 스마트폰, 스마트워치, IoT 디바이스에서 전달되는 데이터 역시 전형적으로 이런 정형화된 데이터 폼data form을 따른다.

정형 데이터는 기계 언어와 유사하다. 고도로 체계화된 포맷을 갖고 있어서 검색이나 정보 인출이 쉽다. 검색이나 정보 인출을 위해 정형 데이터는 일반적으로 관계형 데이터베이스에 저장된다.

비정형 데이터는 나머지 것을 가리킨다. 비정형 데이터는 사전 정의된 모델이나 규칙을 갖고 있지 않다. 데이터가 구조화돼 있지 않아서 그 안에 확인 가능한 구조가 없다. 그렇기 때문에 정보의 검색과 인출에 문제를 일으킨다. 이메일, 텍스트 메시지, 페이스북 포스트, 트위터의 트윗, 그리고 다른 소셜 미디어의 포스트는 그런 비정형 데이터의 좋은 사례다.

가트너Gatner 보고서에 따르면 향후 5년 동안 데이터의 양이 800% 정도 증가할 것으로 예측했는데, 그 가운데 80%는 비정형 데이터 형태를 가질 것이라고 했다.[10]

비정형 데이터가 일으키는 문제는 아주 많다. 구조가 없기 때문에 데이터를 조작하고 해석하는 데 시간과 에너지가 굉장히 많이 소모된다. 어떤 기관이 내부에서 발생하는 비정형 데이터를 낮은 비용으로 처리할 수 있는 메커니즘을 갖고 있다면 이득을 볼 것이다.

비정형 데이터가 날것 그대로 체계화되지 않는 형태로 존재하기 때문에 전통적으로 이런 데이터보다 정형화된 데이터를 분석하는 것이 더 쉽다. 하지만 감성 분석sentiment analysis에 사용되는 자연어 처리 기능처럼 데이터 과학과 머신러닝의 도움으로 비정형, 비형식의 데이터셋을 분석하는 기술이 나아지고 있다.

비정형 데이터를 정형화된 모델로 변환시키는 것이 가능하지 않을 수도 있다. 예를 들어 이메일이나 알림 메시지에는 보낸 시간, 제목, 보낸 사람에 대한 정보는 일정한 필드로 정리돼 있다. 하지만 메시지의 내용을 쉽게 조각내고 특정 카테고리로 분류하는 것은 쉽지 않다.

반정형 데이터semi-structured data는 정형 데이터와 비정형 데이터 사이에 끼어들어 간다. 반정형 데이터는 반드시 관계형 데이터베이스나 데이터 테이블과 연관된 데이터 스키마라는 형식에 들어맞지는 않는다. 그러나 반정형 데이터는 태그나 마커 등이 있어서 의미 있는 요소를 분류할 수 있고, 데이터에 내재된 레코드나 필드를 통해 그룹핑이 가능하다. 이런 반정형 데이터는 대부분 JSONJavaScript Object Notation이나 XMLeXtended Markup Language 같은 언어로 돼 있다.

데이터는 지능 시스템에서 학습을 위한 연료와 같은 것으로, 성공적인 인공지능을 위해 가장 중요한 요소다. 데이터는 다음과 같은 다섯 가지 정보원에 따라 구분할 수 있다.

- **웹과 소셜 미디어 데이터:** 클릭, 히스토리, 건강 포럼
- **기계 대 기계로 전달되는 데이터:** 센서, 웨어러블
- **거대한 거래 데이터:** 의료보험 청구 데이터, 지불 데이터
- **생체 측정 데이터:** 지문, 유전자, 바이오마커
- **사람에 의해 생성되는 데이터:** 이메일, 종이 문서, 전자의무기록

정형적인 엑셀 스프레드시트로 정리된 데이터셋을 놓고 생각해볼 때 머신러닝 영역에서 다음과 같은 정의가 사용된다.

- **인스턴스**instance**:** 하나의 행이나 관찰 값
- **특징**feature**:** 데이터에서 하나의 열(관찰 값을 구성하는 한 요소)
- **데이터 타입:** 특징에 의해 제시되는 데이터의 종류(예: 불리언, 문자열, 숫자)
- **데이터셋:** 모델을 훈련하고 검증하는 데 사용되는 인스턴스의 집합
- **훈련 데이터셋:** 머신러닝 모델을 훈련하는 데 사용되는 데이터셋

- **테스트 데이터셋:** 머신러닝 모델의 정확성/성능을 결정하는 데 사용되는 데이터셋

## 빅데이터

빅데이터<sup>big data</sup>라는 용어는 발견과 분석의 재료로 사용되는 양이 큰 전통적인 디지털 데이터를 의미한다. 빅데이터는 크기가 너무 커서 일반직인 관계형 데이터베이스에 저장되거나 처리될 수 없는 데이터셋을 정의하는 일반화된 용어다. 이런 의미에서 보면 빅데이터란 용어의 의미는 모호한 측면이 있다. 크기가 빅데이터를 특징짓는 하나의 요소이기는 하지만, 크기만으로 빅데이터를 정말 크다고 부르기에는 부족한 부분이 많기 때문이다.

빅데이터 분석을 통해 감춰진 패턴, 알려지지 않은 연관성, 경향, 선호도와 같은 정보를 들춰낼 수 있으며, 이런 것은 이해관계자가 좀 더 정보에 기반을 둔 더 나은 결정을 할 수 있게 도와준다. 머신러닝은 이런 목적을 달성하고자 데이터셋에 적용할 수 있는 공구 상자를 제공한다.

2001년, 레이니<sup>Laney</sup>가 처음으로 빅데이터를 다음과 같은 3개의 V로 축약해 설명했다(그림 2-1).[11]

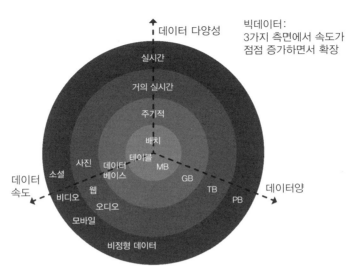

**그림 2-1.** 데이터의 3Vs

- **양**<sup>Volume</sup>: 생성돼 저장된 데이터의 크기. 빅데이터는 전형적으로 양이 크다. 데이터의 크기만으로도 저장의 형태, 인덱싱, 인출에서 까다로운 문제를 일으킨다.

- **다양성**<sup>Variety</sup>: 빅데이터는 형태와 성질이 다양하기 때문에 데이터를 처리하는 시스템은 물론이거니와 저장과 분석에 효율적인 도구를 필요로 한다.

- **속도**<sup>Velocity</sup>: 빅데이터는 요구와 필요를 맞추고자 빠른 속도로 생성되고 분석된다.

데이터 과학 분야에서는 한동안 빅데이터의 '3Vs'를 주로 논의해 왔다. 하지만 점차 빅데이터의 3Vs보다 더 중요하게 고려해야 할 두 가지 측면이 있는데, 데이터의 정확성과 가치<sup>data veracity, data value</sup>다. 마크 밴 리즈메넘<sup>Mark van Rijmenam</sup>은 그의 논문에서 믿을 수 없을 정도로 복잡한 빅데이터의 본질을 이해하고자 추가로 4개의 V를 더 제안하기도 했다.[12]

이런 것을 종합하면 빅데이터의 특성을 10Vs로 요약할 수 있다(그림 2-2).[13] 실제로 각각의 V는 기관이 데이터 전략을 개발할 때 주의를 기울여야 하는 중요한 내용을 담고 있다. 제안된 여러 V의 각 항목을 여기에 포함시켰다.

**그림 2-2.** 데이터의 10Vs

2016년, 가트너는 109개의 회원사를 대상으로 설문을 실시했는데, 빅데이터에 대한 투자는 증가하고 있지만 증가 속도는 느린 경향을 보이고 있다고 했다. 빅데이터 프로젝트에 향후 더 투자하겠다고 하는 회사가 많지 않았기 때문이다. 약 15%의 회사만이 빅데이터 프로젝트를 운용하고 있다고 답해서 빅데이터 수용 커브가 아직은 성장하는 추세이고, 빅데이터 관련 기술과 전문성의 수요가 높다고 했다.[14]

점점 더 많은 환자와 의사가 빅데이터를 수용하려고 하고 있다. 환자는 임상 데이터, 웨어러블 디바이스, 모바일 헬스 앱, 원격 의료 서비스 등을 통해 데이터 수용을 유도하고 있다. 의사는 수기 기록, 이미징, 보험 데이터와 같은 임상 데이터, 환자 기록, 기계가 생산하는 데이터 등에 목말라 하고 있다.

## 데이터양

2001년, 레이니가 정의한 빅데이터의 핵심 특징 가운데 하나는 그 양$^{Volume}$이 매우 크다는 것이다. 역사적으로 보면 빅데이터를 수용하는 데 있어서 중요한 장벽은 큰 데이터 저장소가 필요하고, 그에 따르는 비용이었다. 이런 장벽은 물리적인 데이터 저장소 역할을 하는 데이터 센터가 점차 클라우드로 이동하면서 해소되고 있다. 클라우드로의 이동은 저장 비용을 현격하게 줄이고, 데이터 저장, 협업, 자연 재난 등에 있어 유연성을 제공한다. 클라우드나 클라우드 컴퓨팅은 인터넷을 통해 전달되는 분산된 컴퓨터 환경을 말한다.

무어의 법칙Moore's Law은 저장 용량에만 영향을 끼치는 것이 아니라 비용 절감에도 영향을 준다. 무어의 법칙이란 1965년, 인텔 공동 창업자였던 고든 무어Gordon Moore가 주장한 것이다. 무어는 집적 회로로 통합되는 트랜지스터의 개수가 약 18개월마다 2배가 될 것이라고 말했다. 1981년 기준, 1기가바이트를 저장하려면 미화 30만 달러가 필요했다. 2004년에는 1달러가 됐고, 2010년에는 0.1달러로 떨어졌다. 이제는 클라우드 서비스를 사용하면 첫 해는 무료로 제공되고, 이후 1개월당 0.023달러로 대여할 수 있다.[15]

공공 의료기관, 정부, 제약회사, 글로벌 보험 회사 등 종류에 상관없이 모든 헬스케어 참여자 역시 빅데이터의 이방인이 아니다. 데이터는 디지털 또는 디지털이 아닌 형태로 환자, 행동, 공중 보건, 환경, 의료 정보 등 광범위한 범위에 걸쳐 끊임없이 수집되고 있다. 이런 데이터는 환자 치료, 거래 기록, 연구, 수용도, 절차, 규제와 같이 다양한 영역에서 소비되고, 관리되고, 생산된다.

2018년 기준으로 모든 환자의 의무기록이 디지털 형태로 투명하며 안전하고 쉽게 접근할 수 있는 상태는 아니다. 많은 기관은 이를 극복하고자 이런 정보를 블록체인에 저장하려고 시도 중이다. 블록체인은 탈중앙화된 네트워크 시스템을 통해 환자 데이터의 접근에 혁명을 일으키고 있다.

환자와 헬스케어 회사는 스마트폰과 스마트워치, 피트니스 트래커와 같은 웨어러블, 홈 센터, 개인 비서, 소셜 네트워크 등을 수용하고 있다. 이런 데이터는 양이 많고, 쉽게 접근할 수 있고, 비교적 믿을 수 있다. 하지만 현재 헬스케어 서비스 제공자에 의해 사용되고 있지는 않다. 이를 둘러싼 문제를 정리해보면 다음과 같다.

- 환자의 데이터 생산이 헬스케어 시스템 외부에서 이뤄진다.
- 환자가 생성한 데이터는 좀 더 비싼 환자 정보 기록이나 건강 타임라인에 통합돼야 하고, 탐색돼야 한다.
- 환자 데이터는 의료 마케팅을 뛰어 넘어 행동과 지역 사회 건강을 포함하는 좀 더 포괄적인 마케팅으로 확대된다.
- 헬스케어 회사는 기회와 비용 절감을 통해 실현할 수 있는 것에 지대한 관심을 갖고 있다.

최근 영국에서 있었던 일인데, 소아 제1형 당뇨병의 유병 분포가 소셜 미디어의 #faceofdiabetes, #letstalk 해시 태그의 사용과 지리적으로 매칭된다는 보고가 있었다. 이런 데이터는 엄격하게는 임상적인 것은 아니지만 사용자 데이터와 실시간 분석의 힘을 보여준다. 포스팅한 내용을 머신러닝으로 분류하는 방법으로, 사용자의 감정을 분석해 사용자에게 필요한 적절한 지원이 제공되기도 했다.[16]

데이터화는 재정, 에너지, 소비 영역에서도 한창 진행 중이다. 헬스케어 웨어러블과 모바일 헬스케어가 널리 퍼짐에 따라 모든 개인과 기관은 늘어나는 데이터를 활용할 수 있는 가능성을 갖게 됐다.

## 데이터양에 대응

빅데이터가 당신의 기관에 도움이 되려면 저장이 효율적면서도 비용 대비 효과적이어야 한다는 것이 필수 요소다. 적절한 저장 해법을 선택하는 것은 다음과 같은 여러 가지 요소에 달려있다.

- **접근법:** 데이터 저장 비용은 저장의 필요 요건에 따라 증가한다. 따라서 특정 데이터만 수집할 것인지 아니면 모든 가능한 데이터를 수집할 것인지는

프로젝트와 규제의 필요성에 따라 달라질 것이다. 저비용의 클라우드 저장소로도 데이터 수집이 가능하다. 데이터 과학과 머신러닝 초보자는 일을 간단하게 하고자 데이터를 평가하는 핵심 기준을 결정하기 원할 수도 있다.

- **데이터의 형태:** 정형화된 데이터를 저장할지, 비정형 데이터를 저장할지와 음성, 동영상, 텍스트, 이미지 등과 같은 데이터 소스를 고려할 필요가 있다. 동영상이나 음성, 이미지 저장은 텍스트에 비해 더 많은 자원을 필요로 한다.

- **배치:** 만들어진 데이터 처리 해법을 로컬이나 내부에 배치할지, 아니면 클라우드에 기반을 둘지 방법을 결정한다.

- **접근:** 앱, 웹 인터페이스, 인트라넷 등과 같이 솔루션에 접근하는 방법을 결정한다.

- **운영:** 여기에는 데이터 구조, 설계, 저장 기술, 복구, 이벤트 로그 기록, 법적 요건 등이 포함된다.

- **미래의 용도:** 미래에 발생할 수 있는 데이터의 소스, 시스템 확장성, 미래 사용처에 대한 계획이 필요하다.

데이터가 분산돼 있고 이를 뒷받침하는 시스템도 분절돼 있어 앞에서 이야기한 것처럼 빅데이터를 수용하는 데 장애가 되고 있다.


## 다양성

빅데이터의 두 번째 V는 다양성$^{variety}$이다. 이는 데이터 타입만 다양하다는 이야기는 아니며, 데이터 소스와 사용처의 다양성도 함께 이야기한다. 20년 전만 해도 스프레드시트나 데이터베이스 형태로 데이터를 저장했다. 오늘날에는 데이터가 사진, 센서 데이터, 트윗, 암호화된 파일 등 아주 다양한 형태로 존재한다. 정형화되지 않은 이런 다양한 데이터는 데이터의 저장, 발굴, 분석에서 문제를 일으킨다. 이 부분이 머신러닝이 사람에게 크게 도움이 되는 영역 중 하나다.

데이터는 정형(임상 기록이나 결과물), 비정형(커뮤니케이션, 인터랙션 데이터), 반정형 형태(주석이 가미된 X-ray 데이터)로 존재한다. 디지털화되는 서비스와 웨어러블과 사이버-물리적 디바이스의 보급이 증가함에 따라 발견과 분석에 활용할 수 있는 새롭고 흥미진진한 데이터 소스가 지속적으로 증가하고 있다. 센서 데이터, 임상 기록, 커뮤니케이션, 참여 기록, 인구학적 데이터, 청구 데이터 등을 활용해 새로운 리스크 모델을 만드는 것이 가능해지며, 이를 활용하면 좀 더 정확하게 예측할 수 있고 시간과 자원을 아낄 수 있다.

## 사물인터넷

사물인터넷IoT, Internet of Things은 서로 연결된 스마트한 디바이스와 센서에서 아주 다양하고 많은 양의 데이터를 생산한다(그림 2-3). 이 데이터는 디바이스, 서비스, 궁극적으로 사람 사이를 이동한다. 독자는 산업 사물인터넷, 헬스케어 사물인터넷과 같은 비슷한 용어를 들어봤을 수도 있다. 이들은 각각 사물인터넷과 관련된 하나의 산업 분야를 지칭한다.

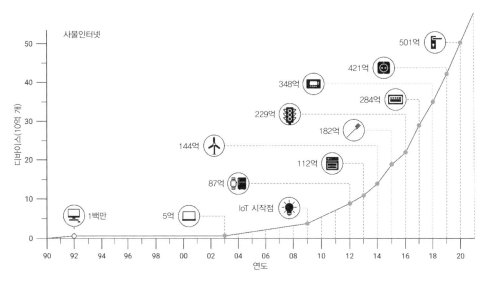

**그림 2-3.** 사물인터넷의 진화

오늘날 다양한 종류의 디바이스가 혈당에서 태아 심전도, 혈압까지 환자의 각종 행동을 모니터한다. 이들 측정 기록의 상당 부분은 헬스케어 전문가의 사후 관리를 필요로 한다. 다른 디바이스, 서비스 시스템과 정보를 주고받을 수 있는 더 스마트한 모니터 디바이스는 이런 프로세스를 한층 더 정교하게 할 수 있어서 직접적인 의사의 중재를 줄여 간호사의 전화만으로도 문제를 해결할 수 있을 것이다. 예를 들어 최신 스마트 디바이스의 혁신 기술 중 하나로 복약 관리 디바이스가 있는데, 이 기기는 연결된 블루투스를 통해서 데이터를 전송해 환자가 약물을 복용했는지 감지할 수 있다. 환자가 약물을 복용하지 않으면 전화를 해서 처방에 따라 약물을 복용하도록 상담을 하거나 기운을 북돋워준다. 사물인터넷을 통해 환자 치료를 개선시킬 뿐만 아니라 동시에 비용도 줄일 수 있는 기회는 아주 풍부하다.

빅데이터의 다양성은 전통적인 데이터 소스뿐만 아니라 정형, 비정형 데이터를 생산하는 새로운 데이터 소스의 다양함에 대한 의미도 담고 있다. 데이터의 다양성이 증가하면서 헬스케어 분야에서 알고리즘과 머신러닝 도구로 얻을 수 있는 가치 역시 증가하고 있다.

데이터 소스의 다양함과 더불어 빅데이터가 다양하다는 의미에는 다음과 같은 함의도 있다.

- **데이터 타입:** 텍스트, 숫자, 소리, 동영상, 이미지 등
- **기능:** 사용 예와 사용자 요구 사항
- **데이터의 가치:** 데이터가 목적에 부합하는가? 이것은 데이터 사용이라는 맥락에서 데이터의 질에 관한 문제일 수 있다. 더 많은 데이터가 반드시 더 나은 데이터라고 말할 수는 없다.

데이터 소스, 가치, 타입, 사용 예의 다양성처럼 데이터의 응용 역시도 다양하다. 여기에는 웹, 모바일 기기, SaaS^Software as a service와 같은 접근 방법, API^Application programming interface, 사용자(사람이나 기계)의 다양성도 포함된다.

데이터 다양성은 지수적으로 증가하고 있다. 새로운 헬스케어 사물인터넷 디바이스가 개발되면 될수록 노이즈가 많은 데이터에서 유용한 것을 확인하는 작업이 꼭 필요해질 것이다.

## 과거 데이터

컴퓨터에 기반을 둔 것이든 그렇지 않든 과거 데이터<sup>legacy data</sup> 역시 어떤 프로젝트에서 사용될 수 있다. 여러 서비스가 개발돼 자연어 처리와 분류를 위해 데이터화하는 것이 가능해지고 있다. 과거의 데이터를 사용해 이해관계자는 기존에 덜 이용됐던 데이터에서 새로운 통찰력을 끌어낼 수 있다. 이런 전통적인 데이터를 보통 작은 데이터<sup>small data</sup>라 부르는데, 이는 뒤에서 다시 다룬다.

보통 과거 데이터는 최근의 기준으로 보면 분절돼 있고 불완전하다. 예를 들어 10년 이상된 여러 기록은 관련된 이메일이나 전화번호가 빠져 있을 수 있다.

## 속도

빅데이터의 세 번째 V는 속도<sup>Velocity</sup>다. 이는 데이터가 생성되고, 저장되고, 분석과 시각화를 위해 준비되는 속도를 가리킨다. 데이터의 속도를 맞추려면 독특한 요구사항을 갖춘 컴퓨터 하드웨어가 필요하다.

클라우드 컴퓨팅의 장점은 전형적인 전통 서버에서는 부담이 되는, 양이 많고 다양한 빅데이터를 빠르게 저장하고 프로세싱할 수 있다는 것이다. 클라우드 컴퓨팅은 저장과 비용 측면에서 유연성이라는 장점을 갖고 있기 때문에 빅데이터 프로젝트를 수행할 때 더 선호된다. 클라우드는 페타바이트의 저장 용량을 제공하고, 필요에 따라 수천 대의 서버로 확장할 수 있다. 더 가치 있는 것은 컴퓨팅 파워가 비싸지 않고 분산돼 있다는 점일 것이다.

2010년, 아이티<sup>Haiti</sup>에서 발생한 지진 당시 트위터가 전통적인 방법과 비교해 더 빠르게 치명적인 콜레라 창궐을 감지한 적이 있다. 이어진 연구에서도 콜레라 진행 감지의 정확성과 속도에서 질환의 유병 상황을 모니터링하는 데 공식적인 방법보다 더 우수했음이 판명됐다.[17]

빅데이터 시대에 데이터는 실시간 혹은 거의 실시간으로 만들어진다. 사이버 피지컬 디바이스, 내장 센서와 같은 디바이스가 널리 퍼졌다는 것은 맥 주소<sup>MAC address</sup>와 인터넷 접근을 거치지 않아도 데이터가 생성되자마자 이동될 수 있음을 의미한다.

데이터가 만들어지는 속도는 상상을 초월한다. 보통 지난 2년 동안 만들어진 데이터의 양은 이전에 만들어진 데이터의 양을 초과한다고 알려져 있다.[18] 이렇게 어마어마하게 빠른 데이터 생산 속도를 따라잡고 실시간으로 활용하는 것이 조직의 도전이 되고 있다.

웨어러블 디바이스와 센서가 더 많이 일상으로 들어오면서 헬스케어 영역에서 응용할 수 있는 범위도 확장되고 있다(그림 2-4). 임상적인 가치를 극대화하는 핵심은, 다양하고 이질적인 데이터 소스를 일관된 형태로 통합하는 것이다.

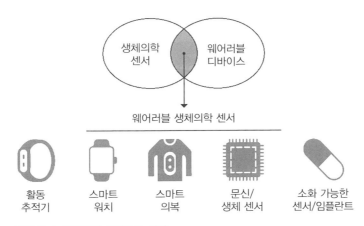

**그림 2-4.** 웨어러블 생체의학 센서

| 데이터 타입 | 사례 | 특징 |
|---|---|---|
| 환자의 행동과 감정 | 소셜 미디어, 스마트폰, 웹 포럼 | 대부분의 데이터는 비정형, 반정형화돼 있다. 데이터는 크고 실시간으로 수집된다. 학습, 참여, 이해의 기회가 존재한다. 일반적으로 오픈소스다. |
| 환자의 건강 데이터 | 혈당기, 스마트폰, 피트니스 트래커, 이미지 | 환자가 소유하고 있다. 전형적으로 디바이스를 통해 보고된다. 저장 요구 사항은 낮다. 이미지 데이터는 저장하고자 하는 내용에 따라 다르다. 센서 데이터는 매우 빠르다. 정형화된 데이터는 패턴 인식, 분류를 쉽게 한다. 일부 항목은 디지털화가 필요하다. |
| 제약과 R&D 데이터 | 임상 데이터와 인구 데이터 | 제약회사, 학계, 정부가 소유하고 있는 인구 집단과 질환의 데이터를 망라한다. |
| 웹상의 건강 데이터 | 환자 포털(Diabetes.co.uk), 디지털 치료 데이터(예, Low Carb Program, Gro Health, Hypo Program) | 유용한 메타데이터다. 전형적으로 임상보다는 디바이스에서 보고된다. |
| 임상 데이터 | 환자 의무기록, 의료 영상 데이터 | 본질적으로 정형 데이터로서 서비스 제공자가 소유한다. |
| 청구, 비용, 행정 데이터 | 청구 데이터, 비용 지불 데이터 | 본질적으로 정형화된 데이터로서 보험 청구와 관련된 여러 데이터로 구성된다. |
| 거래 데이터 | 건강 정보 교환 데이터 | 유용한 데이터가 되려면 사전 작업이 필요할 수 있다. |

전통적인 3Vs라는 개념은 데이터의 양과 데이터가 증가하고 다양해지는 빠른 속도에 대한 통찰력을 준다. 그러나 데이터 다양성의 경우 빅데이터의 깊이와 도전이라는 측면에서 아직은 처음 이해하는 단계에 불과하다.

빅데이터의 힘은 2009년 미국에서 있었던 신종 플루 사례에서 가장 잘 드러난다. 관련된 검색 용어를 분석하는 방법을 통해 구글은 미국 질병관리예방센터Centers for Disease Control and Prevention보다 더 빠르게 하루 간격을 두고 플루의 전파를 추적할 수 있었다. [19]

하지만 2013년에 다시 분석한 바에 의하면 구글의 플루 경향 분석은 잘못됐음이 밝혀졌다. 이런 재분석 결과는 데이터의 가치와 유효성의 개념을 촉발하는 계기가 됐다.

임상적인 상황에서 데이터의 가치와 신뢰성은 더 중요해진다. 이런 데이터는 환자의 생명과 연관된 의사 결정을 내리는 데 쓰이는 만큼 통상적인 상거래에서의 문제보다 훨씬 더 중요하기 때문이다.


## 가치

여기서 가치Value는 데이터의 유용성을 말한다. 데이터에 대한 신뢰를 구축하는 핵심 요건은 정확성과 유용성을 확보하는 것이다. 헬스케어에서는 질적, 양적 분석을 통해 유용성이 평가된다. 가치는 여러 가지 측면에서 논의된다. 가장 기본적으로 환자의 치료 결과나 행동 변화의 영향, 환자와 이해관계자의 참여, 프로세스와 일의 흐름에 따른 영향, 비용 절감이나 비용 대비 이익과 같은 경제성과 같은 관점에서 바라볼 수 있다.

맥킨지McKinsey는 미국 헬스케어 분야에서 빅데이터의 매년 연간 가치를 3천만 달러라고 했다. 그리고 유럽 공공 행정 분야에서는 연간 2500억 파운드의 가치를 가진다고도 언급했다. 2011년, 잘 평가된 보고서를 통해 글로벌로 발생하는 개인 위치 정보를 사용하는 연간 소비자 가치는 2020년에 6천억 달러라고도 언급했다.[20]

데이터의 가치는 해당 데이터를 대상으로 수행된 분석에서 나온다. 데이터가 정보로 변화되고, 궁극적으로 지식으로 전환되게 하는 것은 바로 데이터 분석이다. 가치는 기관이 사용 가능한 데이터를 어떻게 사용하고, 어떻게 데이터 중심적인지, 의사 결정에 있어 데이터 기반 방법을 채용하고 있는지에 따라 달라진다. 가치는 발견되는 것이 아니고 만들어지는 것이다. 데이터가 고객과 기관에게 의미를 갖게 하는 핵심은 잘 관리하는 데 있다.

구글은 2013년 신종 플루 증상의 검색 프로젝트를 훌륭하게 해냈다. 그런데 플루 예방 예측이라는 관점에서 그 결과는 어떤 가치를 부여할 길이 없었다. 구글 플루 트렌드는 그 자체로는 사용 가치가 있는 결과가 아니었다. 일을 더 꼬이게 만든 것은 플루 실제 사례가 검색의 분포와 빈도 매칭에 실패하고 있음을 전혀 알지 못하고 있었다는 점이다. 따라서 그에 대한 어떤 일도 할 수 없었다. 이 프로젝트가 더 확장됐다면 소셜 미디어 포스트의 분석이 플루 유병을 결정하는 데 더 값진 역할을 했을 수도 있다. 소셜 미디어와 더 광범위한 비정형 데이터 소스는 풍부하지만 아직 탐색되지 않은 정보를 제공한다.

제2형 당뇨병의 위험 파악, 심방 세동 예측, 질병의 회복을 돕는 일이나 환자에게 최신 근거 중심 치료를 권고하는 등의 일은 명백히 투자 가치가 있는 일이다.


## 정확성

양이 풍부하더라도 가치 없는 데이터는 항상 가치가 없다. 데이터 정확성$^{Veracity}$은 데이터 신뢰성을 말하는 것으로, 데이터가 최적의 질을 갖고 있고 편향, 노이즈, 이상함과 관련해 데이터 사용이라는 맥락에서 적절한지 여부다.

다음과 같은 다양한 요인이 데이터의 정확도에 영향을 줄 수 있다.

- **데이터 입력:** 데이터가 정확하게 입력됐는가? 어떤 오류나 사건이 있었는가? 데이터 입력의 감사 추적$^{audit\ trail}$ 기능이 있는가?
- **데이터 관리:** 시스템에서 데이터 이동의 통합성을 갖추고 있는가?
- **통합의 질:** 데이터에 적절하게 접근하고, 주석을 붙일 수 있고, 고유한가?
- **부패:** 데이터가 사용하기에 적절한가? 시의적절하고 목적에 적합한가?
- **활용:** 데이터가 어떤 행동에 변화를 줄 수 있는가? 비즈니스 목적을 획득하는 데 데이터가 유용한가? 이런 데이터를 사용하는 것이 윤리적인가?

신뢰받는 데이터의 '6C'는 프로젝트에 사용되는 데이터가 정확한지 판단하는 데 도움이 된다. 데이터셋이 깨끗하고$^{clean}$, 완전하고$^{complete}$, 현실성이 있고$^{current}$, 일관되고$^{consistent}$, 기준을 준수하게$^{compliant}$ 보장하는 것이 핵심이다.

- **깨끗한 데이터**$^{clean\ data}$: 이는 중복 방지, 표준화, 검증, 매칭, 프로세싱 등과 같이 좋은 데이터 질을 확보하기 위한 절차를 거쳐 나온 결과다. 깨끗한 데이터는 질이 좋고 부패하지 않은 데이터에 대해 강력한 의사 결정으로 이어진다. 깨끗한 데이터는 사용자 신뢰를 얻는 데 가장 중요한 요건이다.

- **완전한 데이터**$^{complete\ data}$: 이는 강력한 의사 결정을 가능하게 하는 잘 확립된 데이터 인프라스트럭처, 기술, 프로세스의 결과다.

- **현실성 있는 데이터**$^{current\ data}$: 보통 신선한 데이터가 오래된 데이터보다 더 신뢰할 수 있다고 여겨진다. 그러면 어떤 관점에서 데이터가 현실성이 없는가라는 질문이 따른다. 실시간, 현실성 있는 데이터가 점점 많아지면서 노이즈에서 시그널을 분별하는 작업은 더 큰 도전이 되고 있다.

- **일관된 데이터**$^{consistent\ data}$: 데이터는 일관성이 있어야 한다(그래야 기계에 의한 가독이 가능하다). 시스템끼리 호환되게 할 필요가 있다. 메타데이터에도 이 원칙이 적용된다.

- **기준을 준수하는 데이터**$^{compliant\ data}$: 준수해야 하는 기준은 이해관계자, 고객, 사법 당국이나 새로운 정책에 의해 마련된다. 여러 데이터 인프라스트럭처와 표준이 있지만, 한 분야로서 데이터 과학은 통제와 법제화를 필요로 하는 신생 문제를 수면 위로 올리고 있다. 규정 준수는 이해관계자가 내부인지 외부인지에 따라 다른 의미를 가진다. 내부적으로는 데이터 질, 보안, 프라이버시 보호 조치를 하는 표준이 있을 것이다. 모든 이해관계자는 데이터가 내부와 외부 규정에 따라 제대로 접근되고 사용되는지를 신뢰할 필요가 있다. 전형적으로 기관은 데이터와 정보에 대한 감독 위원회가 있다.

'6C'의 마지막은 **협업적 데이터**<sup>Collaborative data</sup>에 대한 것이다. 이는 데이터에 대한 협업을 통해 데이터 관리와 비즈니스 관리 목적을 일치시키고자 하는 것을 말한다. 이런 '6C'는 데이터 자체라기보다는 데이터에 어떻게 접근할지에 대한 것이다.

대부분의 사람이 임상 케어에서 완벽한 데이터의 정확성을 지지한다. 하지만 너무나 많은 데이터 입력이 있는 실세계 시나리오에서는 임상 케어의 최적 표준<sup>gold standard</sup>을 확보하기는 어렵다. 데이터의 질 강화라는 문제를 비용 효율적으로 획득하기에는 너무나 어렵다고 여길 수 있다. 이런 경우 보이지 않는 파라미터를 추정하고자 지능적인 시스템을 훈련하는 것이 도움이 될 수 있다. 정확성은 풍부한 모델 구축과 검증을 하고자 충분한 훈련 샘플을 확보해 전체 집단의 분석에 힘을 부여하게 보장하는 것을 의미할 수도 있다.

정확성은 정확한 결과를 보장하려는 데이터 분석 과정에도 적용될 수 있다. 데이터를 신뢰할 수 있게 하는 것이 필요할 뿐만 아니라, 데이터를 해석하는 알고리즘과 시스템의 신뢰도 필요하다.

데이터 입력 부분은 좋은 데이터 과학 없이는 간과될 수 있는 위험한 지점이 될 수 있다. 이는 전형적인 인간 기반의 문제다. 작은 데이터 설정에서조차도 인간은 실수를 한다. 임상적으로 적합하려면 데이터는 최대한의 정확성을 확보해야 한다. 데이터 정확성이 개선될수록 이런 데이터를 사용한 머신러닝이 좀 더 정직한 결론에 이를 수 있다.


## 타당성

빅데이터 정확성과 유사한 개념으로 데이터 타당성<sup>Validity</sup> 이슈가 있는데, 이는 데이터가 사용되는 의도가 정확한지에 대한 것이다. 임상 응용에서 타당성은 다른 것에 비해 우선순위를 갖는 V이다. 유용하고 적합한 데이터만을 보장하기 때문이다. 데이터 정확성은 절대적인 개념인 반면 데이터 타당성은 맥락 의존적이다.

## 가변성

빅데이터는 가변적이다. 가변성$^{Variability}$은 그 의미가 변하는 것을 말한다. 이런 가변성 개념은 감성 분석을 수행할 때 딱 들어맞는다. 예를 들어 일련의 트윗에서 하나의 단어는 완전히 다른 의미를 가질 수 있다.

가변성은 종종 다양성과 헷갈린다. 비유를 들어보자. 꽃집 주인은 다섯 종류의 장미를 판다. 이것이 다양성이다. 이제 2주에 걸쳐 꽃집에 가서 매일 같은 백장미를 산다고 했을 때 백장미들은 형태나 향이 약간씩 다를 것이다. 이것이 가변성이다.

적절한 감성 분석을 수행하고자 알고리즘은 텍스트의 맥락을 이해하고 특정 맥락에서 어떤 단위의 정확한 의미를 파악할 수 있어야 한다. 이런 일은 자연어 처리 능력의 발전에도 불구하고 여전히 매우 어렵다.

## 시각화

시각화$^{Visualization}$는 '7V'의 마지막으로 적절한 분석과 시각화를 통해 빅데이터의 가독성, 이해성, 활용 가능성을 높인다는 의미다. 시각화는 복잡하지 않다고 생각될 수도 있다. 하지만 복잡한 데이터셋 시각화를 제대로 해내는 일은 이해관계자의 이해와 지원을 위해 핵심적인 부분이다. 흔히 데이터셋에서 배운 지식을 이해관계자에게 전달하는 핵심 요소가 되는 것이 바로 데이터 시각화다.

# 작은 데이터

작은 데이터Small Data는 빅데이터의 반대말이다. 빅데이터가 여러 저기 퍼져 있고, 다양하고, 실시간으로 다가오는 반면 작은 데이터는 포맷과 양에 있어 쉽게 접근할 수 있고 간단하게 정보를 제공하며 실용성이 있다. 작은 데이터의 예로는 환자의 의무기록, 처방 데이터, 생체 측정 기록, 영상 데이터, 인터넷 검색 기록 등이 있다. 구글, 아마존 같은 기관이나 서비스에서 모여지는 데이터와는 대조적으로 크기가 훨씬 작다.

분석 기술은 빅데이터의 채용과 요구에 힘입어 매우 빠르게 진화해왔다. 전통적인 데이터셋으로 돌아가서 머신러닝과 같은 좀 더 현대의 기술을 적용하는 장점을 간과해서는 안 된다. 이 부분은 데이터 과학자가 뭔가를 시작하기에 좋은 지점이다. 중요한 것은 데이터의 크기가 아니고, 그것으로 무엇을 할지에 달려있다.

# 메타데이터

메타데이터는 데이터에 대한 데이터로, 데이터 자산을 설명하는 데이터다. 메타데이터는 여러 목적에 사용될 수 있는 데이터의 세부 정보를 담고 있다.

메타데이터는 어떤 파일의 기원, 날짜, 시간, 포맷 등의 정보를 담고 있다. 메모나 주석을 포함할 수도 있다. 기관의 다른 자산과 일관되는 용어를 사용해 이름을 부여하고, 태깅하고, 저장될 수 있게 전략적 정보 관리에 자원, 특히 시간을 투자하는 것이 핵심이다. 이는 더 빠른 데이터셋 링크를 촉진하고 자산 관리에서 일관된 방법론을 유지해 파일의 검색, 배포, 열람을 쉽게 해준다.

빅데이터 유행은 메타데이터에 그늘을 드리웠다. 하지만 빅데이터에는 빅메타데이터가 뒤따르며, 이를 통해 조직이 지식을 만들고 가치를 올릴 수 있다. 예를 들어 구글과 페이스북은 오픈 그래프Open Graph[21]와 같은 분류학 언어를 사용해 좀 더 구조화된 웹을 통해서 사용자에게 좀 더 강력하고 설명적인 정보를 제공할 수 있게 한다. 그리고 이는 사용자에게 클릭이나 대화 기능을 최적화해 사용자 경험을 높인다.

메타데이터는 데이터 기반 프로젝트에서 매우 유용하게 사용될 수 있다. 예를 들어 어떤 머신러닝 알고리즘은 실제 음악 자체가 아닌 음악과 관련된 메타데이터를 이용해 더 적합한 음악을 추천할 수도 있다. 더 적합한 결과를 얻고자 장르, 아티스트, 제목, 출시 연도와 같은 특징을 메타데이터에서 얻을 수 있다.

## 헬스케어 데이터: 작은 또는 큰 사용 사례

헬스케어 이해관계자는 환자, 전문가, 거래 등으로 오는 데이터로 둘러싸여 있다는 것을 이해한다. 거기서 가치를 찾고 KPI에 맞춰 나가는 방법을 아는 것이 핵심이다. 다음은 헬스케어 데이터가 활발하게 사용되는 예다.

### 대기 시간 예측

프랑스 파리의 어시스탕스 퍼블리크-오피토 드 파리[AP-HP, Assistance Publique-Hôpitaux de Paris]에 속한 네 개의 병원이 인텔과 팀을 이뤄 10년간의 병원 입원 기록을 포함한 내부 및 외부 데이터를 활용해 시설을 찾는 환자의 수를 일별과 시간별로 예측할 수 있었다.[22]

시계열 분석 기술이 서로 다른 시간대의 입원율을 예측하는 데 사용됐다. 이 데이터는 모든 수술과 외래에 제공됐으며, 효율성을 개선하고 이해관계자에게 즉각적인 도움이 된다는 것을 보여줬다.

모두는 아니지만 전 세계 병원의 대부분은 비슷한 데이터를 갖고 있다. 이 사례는 헬스케어 영역이 이제 겨우 데이터를 활용한 서비스를 시작하고 있음을 보여준다.

## 재입원 줄이기

대기 시간에 대한 접근과 같은 방법을 입원비 관리에도 사용할 수 있다. 데이터 분석 방법을 사용해 과거력, 인구학적 특성, 행동 데이터에 기반을 두고 위험 환자군을 선별할 수 있다. 이는 재입원율을 줄이기 위한 돌봄 서비스에 활용할 수 있다. 미국의 유티 사우스웨스턴 병원<sup>UT Southwestern Medical Center</sup>에서는 전자의무기록 분석을 통해 위험 환자를 성공적으로 알아냄으로써 심장 환자의 재입원율을 26.2%에서 21.2%로 줄일 수 있었다.[23]


## 예측 분석

앞의 사례에서는 정적인 데이터(실시간 데이터가 아닌 작은 데이터)를 잘 활용해 비교적 정확하게 대기 시간과 재입원 기간을 예측할 수 있었다. 데이터 분석에 대한 똑같은 개념을 대규모 데이터를 이용한 질환 예측과 케어 혁명에 적용할 수 있다.

미국의 옵튬 랩<sup>Optum Labs</sup>이라는 회사는 환자 3천만 명의 전자의무기록을 수집해 케어 전달을 개선하는 예측 분석용 데이터베이스를 만들었다. 그 목적은 의사가 데이터에 기반을 둔 의사 결정을 쉽게 할 수 있게 해서 환자 치료를 개선하기 위함이다.[24]

3천만 명의 건강 기록이라는 데이터의 힘을 통해 고혈압, 제2형 당뇨병, 심장병, 대사 증후군과 같은 질환의 위험을 예측하는 모델을 훈련하고 검증할 수 있었다.

나이, 사회적, 경제적 상황, 건강 상태, 기타 바이오마커 등을 포함하는 환자 데이터를 분석함으로써 헬스케어 제공자는 위험을 예측하는 것뿐만 아니라 환자의 건강 결과를 최적화시키는 치료를 제공함으로써 개인 수준과 인구 집단 수준에서 더 나은 케어를 제공할 수 있다.

## 전자의무기록

전자의무기록은 아직 그다지 큰 성과를 내지는 못하고 있다. 이론적으로 아이디어는 간단하다. 모든 환자는 자신의 건강에 대한 인구학적 특성, 과거력, 알레르기, 검사 결과 등으로 구성된 디지털 건강 기록을 가진다. 이런 기록은 환자의 동의하에 보안성이 있는 컴퓨터 시스템을 통해 공중 보건 및 개인 진료를 제공하는 헬스케어 제공자가 사용할 수 있게 공유된다. 이런 기록에는 하나의 수정 가능한 파일을 갖고 있고, 데이터의 복제나 불일치가 일어나지 않게 하면서 의사가 환자의 시간 변화에 따른 변화를 기록한다.

전자의무기록은 개념적으로 완벽하다. 하지만 실제 전국 단위로 구현하는 것은 어려운 일이다. HITECH 리서치에 따르면 미국에서는 94%의 병원이 전자의무기록 시스템을 채용하고 있다. 유럽은 한창 뒤처져 있다. 유럽 연합은 2020년까지 중앙 집권화된 유럽 의무기록 시스템을 구축한다는 목표를 세웠다.[25]

미국의 카이저 퍼머넌트<sup>Kaiser Permanente</sup>사는 자신의 병원끼리 데이터를 통용시킬 수 있는 시스템을 구현해 전자의무기록 사용을 용이하게 했다. 맥킨지는 데이터 공유 시스템을 통해 병의원 방문과 진단 검사 숫자를 줄임으로써 약 10억 달러를 절약할 수 있다고 강조했다. 한 보고서에 따르면 심혈관 질환에서 데이터 공유 시스템을 통해 환자 건강 결과를 개선시킬 수 있었다고 한다.[26]

전자의무기록은 블록체인으로 진화해서 탈중앙화된 분산 시스템을 통해 데이터를 공유할 수 있는 길을 모색하고 있다.

## 가치 기반 케어/참여

환자가 케어의 수동적 수취인으로 더 이상 여겨지지 않는다. 헬스케어는 이제 건강, 헬스케어 의사 결정, 케어와 치료에서 환자를 참여시켜야만 한다. 참여는 디지털 수단을 통해 유지될 수 있다. 환자 참여를 환자가 경험하게 되는 경로를 의미하는 환자 경험과 혼동해서는 안 된다는 점을 주의해야 한다.

서비스의 만족도와 질을 보장하고자 헬스케어에서 점점 더 개별 환자의 참여를 장려하는 것이 재정적으로도 중요하다는 점이 드러나고 있다.

데이터 기반 솔루션의 핵심 동인 가운데 하나는 환자 참여의 수요와 가치 기반 케어로의 전환이다. 더 나은 환자의 참여는 환자, 치료 제공자, 의료보험 지불자 간의 신뢰를 강화한다. 나아가 비용 절감과 더 나은 건강 결과로 이어진다.

선구적인 의료보험 회사는 건강한 상태의 경우 다양한 할인 혜택과 더 나은 건강 결과를 연결하는 것을 목표로 환자의 참여 방법을 고민하고 있다. 영국의 워릭 Warwick에 있는 다이어비티즈 디지털 미디어Diabetes Digital Media라는 혁신 기업은 글로벌 보험 회사 및 의료기관과 함께 사용자가 자신의 건강과 웰빙을 최적화시킬 수 있는 확장 가능한 디지털 헬스 기술을 제공하고 있다.[27]

캘리포니아에 있는 블루 실드Blue Shield는 의사, 병원, 보험자를 연결하는 통합 시스템을 통해 근거 중심의 개인 맞춤 케어를 제공하고자 좀 더 광범위한 환자의 건강 데이터에 접근할 수 있게 함으로써 환자의 건강 결과를 개선하고 있다.[28] 그 목적은 질병의 예방과 적절한 케어를 보장하게 돕는 것이다.


## 헬스케어 사물인터넷: 실시간 알림, 경고문 발송, 자동화

수백만 명이 디바이스를 사용해 일상을 데이터화해 정량화된 자아를 향해 나아가고 있다. 현재 인터넷에 연결된 디바이스를 보면 체중계, 심박수, 운동, 수면 등을 기록하는 핏빗, 애플 워치, 마이크로소프트 밴드 등과 같은 활동 모니터링 디바이스, 혈당계 등이 있다. 이 디바이스들은 실시간으로 여러 지표를 전송하고 초 단위로 사용자의 행동을 추적한다. 2018년도 초에는 태아 심박을 측정하는 웨어러블을 선

보이기도 했다.[29] 기록된 데이터는 질환의 위험도를 감지하고, 의사에게 경고문을 보내고, 주어진 생체 신호에 기반을 두고 응급 서비스를 요청하기도 한다. 통합된 장비가 측정하는 것은 심박, 운동을 넘어서 발한, 산소포화도, 혈당, 니코틴 소비 등으로 넓어지고 있다.

정교한 디바이스를 사용함으로써 새로운 문제의 정교한 해법을 제공해줄 수 있다. 예를 들어 현재 심박 모니터링은 가격이 저렴하고 널리 퍼져 있어서 심방세동 같은 상황을 이전과는 달리 아주 쉽고 일찍 발견할 수 있다. 분당 300회 이상(대개 분당 60~80회)의 심장 박동은 심방세동의 증후일 수 있다.[1] 심방세동 환자는 치매로 갈 확률이 정상보다 33% 높고, 70% 이상의 환자가 뇌졸중으로 사망한다.[30] 치료는 비교적 간단하다. 항응고제를 사용하면 80% 가량 효과가 있다. 헬스케어 제공자는 환자에게서 생성되는 광범위한 데이터를 사용해 어떤 문제가 발생했을 때 즉시 반응할 수 있는 정교한 도구를 향해 천천히 움직이고 있다. 이런 방법의 채용은 의료보험 지불자와 기존 IT 기업이나 스타트업과 협업을 통해 촉진되고 있다.

또 다른 사용 예는 캘리포니아 어바인 대학의 혁신적인 프로그램이다. 여기서는 심장 질환이 있는 환자에게 퇴원할 때 무선 체중계를 가져갈 기회를 줘서 정기적으로 체중을 측정하게 한다. 따라서 위험한 체중 증가 임곗값을 학습한 예측 분석 알고리즘을 통해 그런 경우가 발생했을 때 의사에게 알려서 사전에 환자를 재진할 수 있게 함으로써 가급적 응급 재입원을 피하게 한다.[31]

인지하고 있어야 할 흥미로운 사항은 이런 연결된 헬스 디바이스가 건강 위험 요소를 가진 사용자의 기기 사용 동기를 반드시 잘 이끌어내지는 못한다는 사실이다. 여러 무작위 임상 연구에 따르면 핏빗을 착용한 사람은 운동을 더 많이 하기는 하지만, 이를 통해 체중 감량과 개선된 건강 상태를 보장하는 단계로 이끌기에는 충분하지 않았다고 한다. 사실 어떤 연구에서는 동기를 더 저하시켰다고 결론 내렸다.[32]

---

1. 저자가 심장 내과 전문의가 아님을 감안할 필요가 있다. - 옮긴이

그리고 정확도에 따른 의문이 있다. 2016년 실행된 클리블랜드 클리닉의 연구를 보면 시판되는 네 개의 심박 모니터링 장비의 측정 횟수에서 10~20% 가량은 부정확하다고 했다. 이는 기술의 정밀도를 더 개선할 필요가 있음을 시사한다.[33]

이러한 디바이스가 가능성을 보여주고는 있지만 아직은 처음 사용하고 나서 30% 이상이 기기 사용을 유지하지 않는다는 것은 문제다. 이제 소프트웨어 애플리케이션은 사용자 참여의 창구이며, 디바이스나 사물인터넷 위에 있는 지적인 레이어 역할을 한다. 또한 지속하는 행동 변화와 사용을 위한 행동 변화 심리학을 유도할 수도 있다.

디바이스 사용사에게 보험료를 할인해주는 실질적인 인센티브를 주는 사례가 늘고 있다. 이런 조치는 마치 블랙박스를 단 차량에는 자동차 보험료를 할인해주는 것과 같이 생활 습관과 관련된 여러 만성 질환을 예방하게끔 독려할 수 있다.

실시간 알림 기능은 처방된 약물의 부작용을 환자에게 알려주는 데 사용할 수 있다. 현재는 환자가 치료 제공자에게 등록된 상태가 아니면 어떤 알림도 받지 못한다. 헬스케어 제공자는 부작용의 가능성을 공공 피드를 사용해 알릴 수도 있다. 이메일이나 문자 메시지도 그런 참여의 도구로 충분한 역할을 하며 의사들의 시간을 뺏지 않으면서도 필요한 지시사항을 전달할 수 있다.

전자의무기록도 환자가 새로운 검사를 받았을 때 경고, 알림 등을 수행할 수 있다. 또는 환자가 치료 지시를 잘 따르고 있는지 처방 추적 기능을 포함할 수도 있다.


## 근거 중심 의학으로 이동

근거 중심 의학Evidence-based medicine은 최적의 건강 결과를 얻기 위한 증명된 과학적 방법에 기반을 둔 치료를 말하는 용어다. 임상실험은 소규모로 진행되며, 내부 타당성(예를 들어 실험군과 대조군의 설정)에 바탕을 두고 소규모 그룹에 새로운 치료를 적용한 후 효과가 있는지, 어떤 부작용이 있는지를 규명한다. 데이터화가 진행되면서 실세계 근거나 실세계 데이터 역시 증가하고 있고, 이를 분석해 개인 수준에서 분석해 환자의 데이터 모델을 세울 수 있고, 이것들이 모여 집단 수준에서 질환의 유병, 치료, 참여, 건강 결과 등의 통찰력을 유도할 수 있다. 이런 접근법은 케어의 질, 투명성, 건강 결과, 가치를 높이고 헬스케어 전달을 민주화한다.

비슷한 특성을 가진 환자 그룹의 데이터로 비슷한 특성을 가진 환자의 치료 계획을 세울 수 있다. 즉, 어떤 치료의 인구 집단에 속하는 다른 환자가 어떻게 반응했는지에 따라 최적의 치료를 권고할 수 있다. 그리고 권고되는 치료 경로가 왜 대상 환자의 최적 치료법이 되는지 환자와 헬스케어 전문가에게 설명할 수도 있을 것이다. 이것의 바탕에는 예측 분석predictive analysis이 있으며, 이는 집단과 치료의 식별을 넘어서는 일이다.

환자의 의무기록, 실시간 데이터, 건강 데이터, 인구학적인 데이터, 질병 유병률, 치료 경로, 치료 결과에 대한 데이터를 포함하는 실세계 환자 데이터를 마이닝함으로써 개인 수준의 맞춤형 의료를 촉진해 최적의 치료 계획을 세울 수 있다는 것이 근거 중심 의학의 핵심이라고 할 수 있다.

실세계 환자 데이터, 임상 데이터, 게놈 데이터를 연결하면 환자와 집단의 유전적 특성을 파악할 수 있기 때문에 다음과 같은 영역에서 맞춤 의료를 제공할 수 있다.

- 약물 처방
- 부작용
- 예방 전략
- 향후 질환 위험 예측


## 공중 보건

공중 보건 분야에서 질병의 패턴과 발병을 파악하는 일은 데이터 분석에 기반을 둔 접근법을 통해 상당한 도움을 받을 수 있다. 빅데이터는 환자의 니즈, 필요한 서비스와 치료를 결정하는 데 도움이 될 수 있다. 또한 향후 위기의 예측과 예방을 통해 인구 집단에 이익을 가져다준다. 환자의 위치 데이터를 통해 인플루엔자와 같은 전염병의 발병을 예측할 수 있고, 특정 지역에서의 전파도 예측할 수 있다. 이런 정보를 활용해 환자를 치료하고, 백신 접종 계획을 세우고, 케어 전달 계획을 더 쉽게 할 수 있다.

서아프리카에서의 사례에서 보듯 모바일폰 위치 데이터는 인구 집단에서 질병이 퍼져 나가는 것을 추적하는 데 매우 가치가 있었으며, 결과적으로 에볼라 비이러스의 확산을 예측하는 데 도움이 됐다.[34]

2010년, 아이티 지진이 발생하고 나서 스웨덴 캐롤린스카 연구소 팀과 미국 콜롬비아 대학 팀은 통신 회사 디지셀 아이티 네트워크를 이용한 2백만 건의 핸드폰 통화를 분석했다.[35] 통화 데이터는 인구의 이동을 이해하는 데 사용됐고, 유엔이 자원을 좀 더 효율적으로 집행하는 데 사용됐다. 해당 데이터는 차기 콜레라 발생 위험 지역을 파악하는 데도 사용될 수 있었다.

## 데이터 진화와 애널리틱스

근접성을 확보하려는 노력이 계속되고 있다. 디지털 세계에서 사람, 환자, 에이전트로서 우리는 주어진 데이터 및 데이터와 연관된 피드백 사이의 시간적 거리가 가깝기를 기대한다. 데이터의 양이 증가하면서 데이터 생성과 데이터에서 받는 통찰력과 행동 사이의 시간이 줄어들기를 바란다. 감지된 이벤트에서 자동 응답에 이르는 시간을 줄이는 것은 상당한 경제적 가치가 있다. 이를 통해 거래가 종료되기 전에 사기 거래를 파악할 수도 있고, 관심과 필요에 따른 정보를 전달할 수 있을 것이다.

데이터가 진화하는 것처럼 데이터의 애널리틱스도 진화한다(그림 2-5). 개념적으로 보면 데이터 분석을 다루는 애널리틱스는 의사 결정용 데이터 접근의 수요에 따라 여러 단계를 거치면서 진화해 왔다.

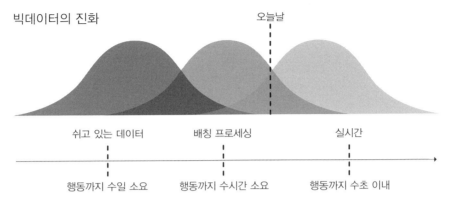

빅데이터의 진화

오늘날

쉬고 있는 데이터

배칭 프로세싱

실시간

행동까지 수일 소요

행동까지 수시간 소요

행동까지 수초 이내

**그림 2-5.** 빅데이터의 진화와 애널리틱스

애널리틱스 1.0은 작고 느린 속도의 데이터셋에 대해 스프레드시트나 정적인 문서 안에서 전통적인 분석을 시도하는 것이었다. 이는 작은 데이터에 적합하다. 보통 애널리틱스는 설명을 위한 것이었고, 보고서를 바탕으로 하고 있었다. 데이터는 보통 정형화된 형태였다. 이 기술은 사전 정의된 쿼리, 자세한 과거 뷰[views]를 갖고 1990년대 비즈니스 인텔리전스를 견인했다. 고객 데이터, 행동 데이터, 판매 데이터, 환자 기록 등과 같은 구조화된 데이터를 사용하는 웹 대시보드가 전형적인 예다. 생산 과정, 판매, 상호관계, 거래 데이터가 수집됐으며, 전통적인 관계형 데이터베이스 안에서 분석됐다. 애널리틱스 1.0 시대에서 데이터 과학자는 분석 자체를 수행하기보다는 데이터를 준비하는 데 상당한 시간을 보냈다.

애널리틱스 2.0은 전통적인 애널리틱스와 빅데이터셋에 실시간 쿼리를 지원하는 인터페이스를 가진 빅데이터 시스템과의 통합을 특징으로 한다. 빅데이터 애널리틱스는 2000년대에 시작됐으며, 소셜 미디어, 행동 데이터와 증가하는 다양한 사용자 데이터를 사용한 예측 분석과 복잡한 쿼리를 결합함으로써 경쟁력을 확보하는 통찰력 생성을 촉진했다. 중앙화된 플랫폼에서 분석하기에는 적합하지 않거나 프로세싱하기에는 시간이 걸리는 빅데이터는 하둡[Hadoop]과 같은 분산 프레임워크를 사용해 프로세싱된다. 하둡은 클라우드나 온프레미스<sup>on-premsise</sup>에서 병렬 서버에게 데이터 프로세싱을 빠르게 할당하는 오픈소스 프레임워크다.

비정형 데이터는 SQL<sup>Structured Query Language</sup> 방식의 데이터베이스를 넘어선 NoSQL 방식의 데이터베이스에서 처리돼 키와 값, 문서, 그래프, 열 형태의 데이터, 지리 데이터 등을 지원한다. 그리고 이 시기에 도입된 다른 빅데이터 기술에는 데이터를 디스크가 아닌 메모리에서 관리하고 처리해 빠른 분석을 가능케 하는 '인메모리' 애널리틱스가 있다.

오늘날 광대한 양의 데이터가 네트워크를 통해 생성되고 있어 전통적인 애널리틱스 방식은 더 이상 독자 생존 가능하지 않다. 고객을 상대하는 기업에서는 기업이 제조업, 운송업, 유통업, 서비스업에 상관없이 고객의 디바이스 등을 통해 정보를 많이 축적해 가고 있다. 모든 디바이스, 선적 행위, 사람의 일은 디지털 잔해<sup>digital exhaust</sup>라고 하는 흔적을 남긴다.

애널리틱스 3.0은 기업이 전통적인 애널리틱스와 빅데이터에서 측정 가능한 비즈니스 임팩트를 깨닫는 성숙 단계로 특징지을 수 있다. 이런 접근법은 재빠른 통찰력 발견과 결정할 시점에서의 실시간 분석이 특징이다. 애널리틱스 3.0은 대부분 전통적인 비즈니스 인텔리전스, 빅데이터, 네트워크에 흩어져 있는 사물인터넷의 결합된 형태를 갖는다. 기업은 고객의 이익과 상업적인 목적으로 이런 데이터셋을 분석할 수 있다. 또한 기업 운영의 최전선에 있는 모든 제품과 서비스 의사 결정에 고도화된 애널리틱스와 최적화를 거의 실시간으로 끼워 넣을 수 있다.


## 데이터를 정보로 변환: 빅데이터 사용

데이터의 가치는 행동과 일의 흐름에 영향을 줄 수 있는 실행 가능한 통찰력으로 이끌기 위한 어떤 정보로 변환시킬 수 있는가에 따라 발휘된다. 데이터 분석/애널리틱스는 원 데이터에서 통찰력을 찾아내는 데이터 과학의 한 분야다. 오늘날의 빅데이터 분석 기술의 발전으로 연구자는 인간의 DNA를 수분 안에 알아낼 수도 있고, 테러리스트의 공격 목표가 어디인지, 어떤 유전자가 특정 질환의 원인일 가능성이 있는지, 페이스북에서 당신이 가장 반응을 잘 할 가능성이 있는 광고는 어떤 것인지 등을 분석할 수 있다.

빅데이터 분석은 기업이나 기관이 데이터 안에 있는 정보를 이해하는 데 도움이 될 뿐만 아니라 비즈니스 목적, 결과, 의사 결정에 가장 중요한 데이터가 무엇인지를 파악하는 데도 도움이 된다. 이해관계자는 보통 데이터 분석으로 얻어진 지식을 원하는데, 이런 지식은 도출된 결과의 종류와 추론하는 접근법에 의해 결정된다.

대부분의 빅데이터는 비정형 상태로 존재한다. IBM은 전 세계 빅데이터의 80%가 사진, 오디오, 동영상, 문서, 기타 메시지 등 정형화되지 않은 상태로 존재한다고 추산했다.[36]

데이터가 가치를 가지려면 처리돼야 한다. 이렇게 되려면 자원이 필요하다. 시간, 재능, 재원이 필요한 것이다. 이런 문제가 빅데이터 접근법 채용을 주저하게 만드는 장애 가운데 하나다. 데이터를 처리해서 사용할 수 있는 통찰력으로 변환시키는 것이 투자할 가치가 있는 것일까, 그런 투자를 감행하는 리스크는 없을까?

데이터 과학 애널리틱스 분류학에 4개의 주요 흐름이 있다(그림 2-6). 이 분류는 생산된 결과의 형태를 기준으로 한 것이다.

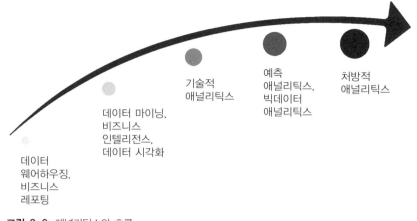

데이터
웨어하우징,
비즈니스
레포팅

데이터 마이닝,
비즈니스
인텔리전스,
데이터 시각화

기술적
애널리틱스

예측
애널리틱스,
빅데이터
애널리틱스

처방적
애널리틱스

**그림 2-6.** 애널리틱스의 흐름

## 기술적 애널리틱스

기술적 애널리틱스descriptive analytics는 어떤 일이 발생했었는지에 초점을 맞추면서 역사적 데이터를 분석해서 과거에 대한 통찰력을 부여한다. 기술적 애널리틱스는 데이터 집계, 데이터 마이닝과 같은 기술을 사용해 과거에 대한 이해를 제공한다. 기술적 애널리틱스를 통해 많은 것을 배울 수 있다. 기술적 애널리틱스의 흔한 사례는 지난 7월 병원에 입원한 환자는 얼마나 있었고, 그중 퇴원 후 30일 이내에 재입원한 경우는 얼마나 있었으며, 입원 중 감염이나 케어 실수로 고통을 받은 환자는 얼마나 있었느냐 하는 것이다. 기술적 애널리틱스는 빅데이터 분석의 첫 단추 역할을 한다.

여전히 이런 기초적 수준의 보고 체계조차 갖추지 못한 병원도 많다. 표준화되지 않은 독자적 데이터 표준 때문에 도움이 되지 않는 정보의 구덩이를 유지하는 꼴이 되고 있다.

전문가의 부재와 기관의 적절하지 못한 투자로 말미암아 데이터가 수집되기는 했으나 사용되지 못하고 있는 경우도 있다.

데이터는 데이터셋의 연결을 통해 가치가 상승한다. 예를 들어 진료 예약 데이터, 병원 입원 데이터, 교육 참여, 약물 순응성, 서비스에 대한 접근 데이터를 서로 연결하면 의료 서비스 제공의 최적화와 비용 절감 방법에 상당한 통찰력을 얻을 수 있을 것이다.

기술적 애널리틱스의 한계는 과거의 스냅샷에 기초하기 때문에 의사 결정으로 이끄는 데 제한적일 수밖에 없다는 점이다. 이것은 유용하지만 미래의 지표를 항상 제공할 수는 없다.

## 진단적 애널리틱스

진단적 애널리틱스diagnostic analytics는 어떤 일이 왜 벌어졌는지의 답을 얻고자 데이터를 분석하는 일을 말한다. 진단적 애널리틱스는 의사 결정 트리decision trees, 데이터 발견, 데이터 마이닝, 상관관계 분석 등과 같은 기술로 구성된다.

다음에 소개하는 두 애널리틱스인 예측 애널리틱스와 처방적 애널리틱스에서는 학습 알고리즘을 필요로 하는데, 이 부분은 3장에서 더 자세히 다룬다.

## 예측 애널리틱스

예측 애널리틱스predictive analytics를 통해 미래를 이해하고 미래에 어떤 일이 일어날 가능성을 예측할 수 있다. 예측 애널리틱스를 할 때는 가용한 데이터를 사용해 최선의 추론을 통해 빠진 데이터를 채우려고 시도한다. 예측 애널리틱스는 회귀 분석, 다변량 통계, 데이터 마이닝, 패턴 매칭, 예측 모델링, 머신러닝 등과 같은 기술을 사용하는 것이 특징이다. 예측 애널리틱스는 과거와 현재의 데이터를 사용해 미래의 이벤트나 행동 가능한 결과를 예측한다.

헬스케어 제공자가 비용을 절약할 수 있는 근거 중심 방법을 찾고, 가치 기반의 의료보험 체계를 잘 이용하고, 만성 질환 조절 실패와 관련된 불이익과 충분히 예방 가능한 유해한 이벤트를 피하려는 노력이 있기 때문에 예측 애널리틱스 기술의 수요가 많다. 예측 애널리틱스는 혁신의 중심에 있다. 지난 5년 동안의 혁신적 변화는 환자의 삶에 측정할 수 있는 임팩트를 주는 의미 있는 발전을 이끌어냈다. 웨어러블 기술과 모바일 앱으로 이제는 천식, 심방세동, 만성 폐쇄성 폐질환과 같은 상태를 진단할 수도 있다.[37]

거의 실시간으로 임상적 의사 결정을 할 수 있게 하려면 실시간 데이터에 접근이 필요하기 때문에 예측 애널리틱스는 여전히 구현하기 어려운 상태다. 이를 지원하고자 의료 센서와 연결된 디바이스가 환자의 건강에 대한 실시간 정보를 제공할 수 있도록 완전한 통합이 필요하다. 그 외에도 임상가가 그와 같은 데이터를 사용해 보는 경험을 갖게 할 필요가 있다. 개별 환자의 데이터와 더불어 집단 수준의 데이터를 포함해 가능한 한 환자에 대한 많은 데이터를 통해 더 정확한 진단과 치료를 이끌어 내게 해야 한다.

데이터 출처와 기술이 발전하면 할수록 인지 컴퓨팅 엔진, 자연어 처리, 예측 애널리틱스를 통한 고급 의사 결정 지원 시스템은 헬스케어 제공자가 족집게 진단을 할 수 있도록 도와준다. 공중 보건에 적용할 경우 병원 재입원 위험에 있는 환자를 가려내고, 비싼 만성 질환이 발생할 위험을 예측하고, 약물의 유해 효과가 있는지 알아내는 데 활용할 수 있다.


## 사용 사례: 개인 맞춤 치료의 구현

대사 건강은 제2형 당뇨병, 고혈압, 일부 치매, 암과 같은 다양한 건강 상태의 위험도에 영향을 준다고 알려져 왔다. 제2형 당뇨병의 디지털 중재 역할을 하는 로우카브Low Carb 프로그램 앱은 환자의 대사 건강을 평가하기 위한 혈당, 체중, 성별, 인종 등과 같은 인구학적 데이터와 건강 바이오마커의 다양한 특성을 사용한다.

앱이 웨어러블 건강 디바이스와 확장해 통합되면서 체중과 혈당의 증가에 따른 데이터를 통해 췌장암의 위험도를 예측하는 알고리즘이 가능하게 됐다. 이런 정보는 환자와 헬스케어 팀에 공유되고, 코호트 데이터cohort data 비교에도 사용된다.[38]

사용자는 자신의 데이터가 해당 인구 집단과 비교해 이상이 있는 경우 그 사실을 통보받고, 자신의 헬스케어 전문가에게 이야기한다. 이 사례에서 보듯이 더 많은 생체 센서와 알고리즘이 개발될수록 예측 애널리틱스의 윤리적 의미는 중요하다.

## 사용 사례: 실시간 환자 모니터링

전형적인 병원의 병동에서는 간호사가 직접 환자를 방문해서 생체 증후를 모니터하고 확인한다. 하지만 정해진 방문 시간 사이에는 환자가 호전되거나 악화되는지 잘 모를 수 있다. 결과적으로 케어 제공자는 종종 나쁜 이벤트가 발생하고 나서야 해당 문제에 반응한다. 좀 더 일찍 조치할 수 있다면 환자의 건강에 의미 있는 차이를 만들 수 있을 것이다. 무선 센서를 통해 사람이 직접 침상으로 찾아가는 것보다 훨씬 자주 환자의 생체 징후를 알아내고 내용을 전송할 수 있다. 앨런 게이트의 호튼웍스Alan Gates' Hortonworks는 이런 데이터를 사용해 실시간으로 케어 제공자가 기대하지 않았던 변화에 좀 더 빠르게 반응할 수 있게 했다.

시간이 지나면 이런 데이터가 병상 방문으로 알아내기 이전에 응급 발생 가능성을 알아내게 하는 예측 애널리틱스 기술에 적용될 수 있을 것이다.

## 처방적 애널리틱스

처방적 애널리틱스prescriptive analytics는 최적의 결과를 위한 의사 결정에 초점을 맞춘다. 즉, 가용한 모든 데이터와 분석 기법을 활용해 어떤 행동의 의사 결정, 즉 더 스마트한 의사 결정의 단초를 제공한다. 처방적 애널리틱스는 의사 결정이 정해지기 전에 가능한 결과에 조언하고자 앞으로 있게 될 의사 결정의 영향력을 정량화하려고 시도한다. 가장 좋게는 처방적 애널리틱스는 예측을 이용하는 행동에 권고사항을 제기하고자 어떤 일이 발생할지 뿐만 아니라 왜 그런 일이 발생할지를 예측한다.

처방적 애널리틱스는 인공지능 기술과 머신러닝, 데이터 마이닝, 컴퓨터 모델링 기법 등을 결합시켜 사용한다. 이런 기술은 과거 데이터, 거래 데이터, 실시간으로 수집되는 데이터, 빅데이터셋을 포함하는 서로 다른 데이터셋에서 입력되는 데이터에 적용된다.

처방적 애널리틱스는 사용 가능한 근거를 고려하면서 맥락 내 예측<sup>in-context prediction</sup>을 수행한다. 예를 들어 전형적인 병원 재입원 애널리틱스는 환자가 앞으로 14일에서 30일 사이에 입원할 가능성을 예측한다. 좀 더 유용한 예측을 한다면 예상되는 비용, 실시간 병상 수, 사용할 수 있는 교육 자료, 추적 케어 등을 망라하는 데이터와 통합할 수 있을 것이다. 이런 부가 정보에 의해 의사는 재입원 위험이 높은 환자를 파악할 수 있을 것이고, 이러한 위험을 최소화시키는 조치를 취할 것이다. 결과적으로 환자의 치료 결과가 호전되고 병원 자원의 소비를 줄일 수 있다. 공중 보건 관리에서는 비만 관리에 제2형 당뇨병과 대사 증후군의 위험과 같은 요소를 추가해 어떤 부분에 치료의 초점을 두고, 치료 목적이 무엇인지를 결정할 수도 있을 것이다. 제약회사는 처방적 애널리틱스를 사용해 임상실험에 가장 적합한 대상이 어떤 사람인지를 알아낼 수 있어 신약 개발을 빠르게 진행할 수 있다. 여기에는 예상되는 환자의 약물 순응도와 부작용이 발생할지 말지 예측하는 내용도 포함된다.

처방적 애널리틱스는 집단 건강 관리 최적화에도 사용된다. 임상 데이터, 환자의 의무기록, 더 넓은 건강 데이터를 결합해 위험도에 따라 환자를 계층적으로 분류하고, 나아가 개별 환자에서 적절한 중재 모델을 파악해 관리할 수 있다.

애널리틱스는 처방적 애널리틱스에서 맥락적 애널리틱스<sup>contextual analytics</sup>로 또 한 번 진화하고 있다. 맥락적 애널리틱스는 최상의 행동 계획을 처방하고자 환경, 위치, 상황과 같은 더 폭넓은 데이터를 고려한다.

### 사용 사례: 데이터에서 치료까지

여러 가지 치료 경로는 환자마다 효과가 다르다. 대규모 데이터 수집을 통해 의사는 최신의 근거 중심과 환자 집단의 예측 및 처방적 애널리틱스의 결과를 바탕으로 환자에게 치료를 처방할 수 있다. 약물 치료와 더불어 디지털 교육을 채용하면서 그와 같은 접근법을 통한 치료는 언제나 가장 정확한 치료를 처방하는 것을 보장함으로써 헬스케어 접근도에 민주화를 가져오고, 의료 자원이 정말 필요한 곳에 집중하게 만들 것이다.

# 추론

어떤 시스템이 지식 베이스에 있는 정보를 활용해 어떤 결론을 내릴 때는 연역, 귀납, 귀추라는 세 가지 방법을 사용한다. 논리학의 배경 지식이 필요한 것은 아니지만 이런 추론 방법의 차이를 이해하는 것은 유용하다. 모든 데이터 과학자는 이런 추론 기술을 잘 알고 있어야 한다.

## 연역

연역적 추론<sup>deductive reasoning</sup>을 사용하면 사실에 따라 필연적으로 따르게 진술을 할 수 있다. 예를 들어 다음과 같은 두 사실이 있다.

1. 토요일마다 비가 온다.
2. 오늘은 토요일이다.

연역적인 추론을 하면 위 사실에 기반을 두고 오늘은 토요일이기 때문에 비가 올 것이라고 진술할 수 있다.

연역적 추론에서 우리는 p라는 전제가 있을 때 논리적으로 맞는 명제 q를 추론할 할 수 있다. 대부분의 보고 시스템과 비즈니스 인텔리전스 소프트웨어는 연역적인 방법을 사용한다.

## 귀납

귀납적 추론inductive reasoning은 지금까지 누적된 근거에 기반을 두고 진술하는 것을 말한다. 그런데 핵심은 근거evidence라는 것이 사실fact이라는 것과 같은 개념은 아니라는 점이다. 어떤 것에 대한 상당한 근거는 오로지 어떤 것이 사실일 것임을 상당히 시사할 뿐이다. 결과적으로 귀납적 접근법에서 어떤 진술은 절대적인 것이 아니고 가장 진실일 가능성이 높은 것에 불과하다는 것이다.

귀납적 추론에서는 어떤 p에서 명제 q를 추론하려고 시도하는데, q는 반드시 p의 논리적 결과가 아닐 수도 있다.

예를 들어 영국 코번트리Coventry의 지난 50년간 기록에서 12월에는 비가 왔었다는 근거가 있으면 귀납적 추론에 따라 오는 12월에도 비가 올 것이라는 귀납적 진술을 할 수 있다. 하지만 이것이 반드시 발생할 것이라는 의미는 아니다. 즉 사실fact이 아니다.

통계적 학습statistical learning이란 이런 귀납적 추론을 사용한다는 의미다. 어떤 데이터를 보고, 과학적으로 일반적인 가설을 생각하고, 이런 가정하에서 테스트 데이터에 대한 어떤 진술을 하거나 예측을 한다.

## 귀추

귀추$^{abduction}$는 추론의 한 응용이다. 귀추에 의한 추론은 가설 p를 사용해 명제 q를 설명한다. 귀추에서 추론은 연역적인 추론과는 반대 방향으로 흐른다. 즉, 최선의 가설(가장 효과적으로 데이터를 설명하는 것)이 아마도 가장 정확한 것으로 추론된다.

전형적인 예를 보면 다음과 같다.

- **(q) 관찰:** 내가 깨었을 때 창밖의 잔디가 젖어 있었다.
- **(p) 지식 베이스는 다음 정보를 포함하고 있다:** 비는 잔디를 젖게 할 수 있다.
- **귀추적 추론:** 아마도 밤에 비가 왔었나 보다.

상상할 수 있는 결과는 거의 무한대로 존재할 수 있는 경우가 많다. 그런 경우 귀추적 추론은 앞으로 조사하게 될 어떤 설명적 가설의 우선순위를 결정하는 데 유용하다. 빅데이터셋은 머신러닝을 통해 귀납과 추정의 기회를 제공한다.


## 나의 프로젝트에 얼마나 많은 데이터가 필요할까?

빅데이터가 분산된 시스템에 저장된다는 사실에 의해 정의되기는 하지만, 머신러닝 알고리즘을 개발하는 측면에서 보면 중요한 것은 질이지 양이 아니다. 예를 들어 한 환자에 대해 1,000개 이상의 데이터 포인트를 갖고 있다면 어떻게 노이즈를 걸러 내고 가장 중요한 속성인지를 이해할 수 있겠는가? 더 나아가 5천, 1만, 또는 10만 데이터 포인트에서 더 나은 결과를 얻을 수 있을 것 같은가? 이런 문제는 데이터 과학에 의해 가장 잘 해결될 수 있을 것이고, 전적으로 전문 영역과 데이터 샘플의 질에 달려 있다.

근거 중심 의학의 미래는 데이터가 주도하는 개인화된 헬스케어의 구현이다. 데이터가 주도하는 헬스케어는 헬스케어 제공자와 환자의 시너지 관계가 형성되고 모든 임상 자료에서 얻어진 데이터가 있을 때 구현된다. 그 결과 실시간으로 행동할 수 있는 통찰력, 강화된 환자의 경험, 편리하고 간단해진 임상 및 행정 업무로 이어질 것이다.

## 빅데이터의 난관

빅데이터 계획을 진행시키는 데 여러 가지 난관이 있다.

### 데이터의 증가

빅데이터가 갖고 있는 본질적인 특성으로 저장이 문제가 된다. 일반적으로 매 2년마다 디지털 우주의 크기는 2배로 증가한다는 것에 일반적으로 의견이 일치하고 있다. 이 기준으로 보면 2010년에서 2020년까지 50배 증가한다. 대부분의 데이터가 비정형화돼 있다는 의미는 데이터가 전통적인 관계형 데이터베이스에 저장돼 있지 않다는 의미다. 문서, 사진, 오디오, 동영상과 같은 비정형 데이터는 검색, 분석, 회상하기 어렵다. 따라서 비정형 데이터의 관리는 갈수록 어려워지고 있다. 빅데이터 프로젝트의 크기 역시 사용되는 데이터의 크기에 비례해 증가할 수 있다.

### 인프라스트럭처

빅데이터는 저장 장치, 대역폭, 데이터베이스 등과 같은 인프라스트럭처에 들어 있는 자원을 소비한다. 문제는 기술적인 것이라기보다는 믿을 수 있는 서비스와 지원을 제공하는 전문 회사를 찾아 얼마만큼의 비용을 지불할 것인가에 대한 것이다. 클라우드를 통해 제공하는 솔루션은 확장성이 좋고, 비용 대비 효과적이고, 직접 설치해 사용하는 것에 비해 효율성이 좋다.

## 전문가

데이터 분석과 데이터 과학 분야의 좋은 전문가를 찾아내는 것은 많은 기관이 직면한 난관이다. 데이터가 생산되는 양에 비교해 데이터 과학자의 수는 매우 적기 때문이다.

## 데이터 소스

빅데이터의 중대한 문제 가운데 하나는 데이터가 생성되고 전송되는 양과 속도다. 들어오는 데이터의 소스를 관리하는 것 자체가 도전 과제다.

## 데이터의 질

데이터의 질이 새로운 문제는 아니다. 하지만 실시간으로 생성되는 데이터를 저장할 수 있어야 한다는 점은 데이터의 질 문제를 더 어렵게 한다. 더러운 데이터의 흔한 원인을 잘 알고 처리할 수 있어야 하는데, 입력 오류, 중복 데이터, 잘못된 데이터 연결 등이 여기에 포함된다. 빅데이터 알고리즘은 데이터를 정제하는 데 도움이 되기도 한다.

## 보안

환자 데이터와 관련해서는 사생활 보호와 보안이 아주 중요하다. 민감한 건강 데이터를 다룰 때는 보안과 사생활 보호를 예민하게 고려해야 한다. 데이터 분석, 저장, 관리, 활용에 사용되는 툴은 아주 다양하기 때문에 사용하면서 데이터를 위험에 노출시킬 수 있다. 사이버 보안은 아주 중요하다. 헬스케어 산업에서 중대한 데이터 누출 사건이 있었다. 영국에서 이베이 경매에 올려진 하드 드라이브에 수천 명의 민감한 데이터가 들어 있었다는 사실이 발각돼 브라이튼 앤 수섹스 대학병원<sup>Brighton</sup> <sup>and Sussex University Hospitals</sup>이 영국 정보 위원회<sup>IOC, Information Commissioner</sup>에서 벌금을 부과 받은 사건이 있었다.[39] 지금까지 가장 심각한 데이터 누출 사건은 미국의 의료보험 회사 앤섬<sup>Anthem</sup>에서 발생한 것이었다.[40] 현재와 이전 회원 7천만 명의 집 주소와 프라이버시를 포함한 개인 정보가 누출됐다. 데이터 도둑질을 포함한 데이터 소실 은 끝까지 검증하고 예방하는 조치를 필요로 하는 진정한 문제 가운데 하나다.

보안에서 중요한 문제는 데이터셋에 접근하는 모든 팀과 팀원에 대한 인증, 사용자 의 니즈에 기반을 둔 접근 제한, 데이터 접근 기록의 보관, 준수 규정을 지키는 것, 침입자나 악의적 접근에 대응하는 데 필요한 데이터 암호화 등이다.

기기의 기술적인 다양성 때문에 의료 장비의 보안도 독특한 위협이 된다. 스마트폰 의 건강 애플리케이션에서 인슐린 펌프까지 의료 장비는 점차 네트워크로 연결돼 가고 있어서, 이 부분이 해커에게 입구를 제공하고 있다.[41] 이런 해커의 활동은 위험한 것으로 여겨지지만, 좀 더 기술을 좋아하는 사람은 이런 활동이 긍정적인 측면도 있다고 생각하기도 한다. 인슐린 펌프와 지속적 혈당 모니터링 장비는 해킹 돼 인공 췌장으로 기능하도록 만들어진 적도 있다. 이는 제약회사나 디지털 회사가 시도해 보기 전에 있었던 일이다. 그러나 가장 큰 걱정은 비슷한 장비의 취약성이 악의적인 용도로 사용되는 경우 데이터 유출뿐만 아니라 해당 장비에 의존해서 살 아가는 사람의 생명에도 영향을 줄 수 있다는 점이다. 오늘날 혁신과 진보 사이의 균형은 늘 있는 일이다.

그리고 보안과 관련해 서드파티 서비스와 전문 회사에 관련된 주제가 있다. 대부분 의 헬스 디바이스와 헬스 앱은 API<sup>Applicaton Programming Interface</sup> 접근을 제공한다. 외부 전문 회사의 서비스와 API는 그것을 개발한 개발자의 수준만큼의 질을 갖는다는 점을 기억하면 유용하다.

## 저항

머신러닝 프로젝트의 가치와 결과에 대한 이해 부족으로 내부 이해관계자의 저항을 불러올 수 있다. 프로젝트를 성공적으로 운영하려면 이해관계자에게 프로젝트의 결과물을 명확하게 설명할 수 있어야 한다. 더불어 핵심 패턴이 발견된 경우 기관이 필요한 조치를 취하고 프로젝트에서 얻은 가치를 얻고자 변화할 수 있는 준비를 갖추게 해야 한다. 이것이 종종 가장 중요한 걸림돌이 될 수 있기 때문에 정교하며 전문 용어가 없는 문서를 준비하고 주도권을 분명히 하는 것이 프로젝트의 이해와 거버넌스를 적절히 지정하는 데 유용하다.

## 정책과 거버넌스

웨어러블 디바이스와 센서에서 취득되는 빅데이터의 막대한 양은 데이터를 수집하고, 처리하고, 분석되고, 정책 결정 과정에 어떻게 사용되는지 질문을 불러일으킨다. 더불어 데이터 프라이버시와 보안은 항상 주의해서 개발하고 발전시켜야 하는 법적 영역이다.

## 단절화

대부분의 기관의 데이터는 심하게 단절돼 있다. 병원의 팀, 1차 진료의, 3차 진료의는 각자 자신의 환자 데이터를 따로 갖고 있다. 이런 점은 여러 가지 수준에서 어려움을 유발한다. 데이터 생산에서 팀 간, 사이트 간, 기관 간에 통용될 수 있는 데이터 포맷을 지정하는 일, 데이터의 의미 파악에서 일치된 정의를 만들어내는 일, 정치적 측면에서 소유권과 책임을 결정하고 확정하는 일 등이 그것이다. 환자의 폰, 헬스 앱, 영양 관리 앱 등과 같은 환자 스스로 만들어내는 데이터는 고려하지 않았음에도 문제가 벌써 심각하다.

## 데이터 전략의 부재

데이터 과학에 투자함으로써 얻어지는 이익을 실현하려면 기관은 일관된 데이터 정책을 갖고 있어야 한다. 데이터의 니즈를 확립하고 적절한 데이터의 타입과 데이터의 소스를 파악하는 것이 핵심이다. 원하는 목표와 목적은 무엇인가? 데이터의 니즈를 파악하는 것은 사용하지 않을 데이터를 수집하는 데 자원과 노력을 낭비하지 않게 하려면 중요하다.

## 시각화

데이터 과학에 투자함으로써 진정한 이득을 얻으려면 이해관계자가 데이터 분석 결과물을 이해할 수 있어야 한다. 불량한 데이터 시각화는 데이터 전략의 부재와 연결돼 있다. 특정 사용 사례와 목적이 결정돼 있지 않다면 데이터에서 얻어진 결과를 시각화함으로써 명확한 방향의 부재 때문에 발생하는 문제를 증명할 수도 있다.

## 분석 시간의 고려

근접성proximity이라는 관점에서 보면 데이터의 가치는 시간이 갈수록 떨어진다. 은행의 사기 감지와 같은 애플리케이션은 효과적으로 사용될 수 있으려면 거의 실시간으로 필요한 데이터가 전달돼야 한다.

## 윤리

데이터 윤리는 데이터가 충분히 커져 이론적이 아닌 실질적인 윤리 문제를 유발할 수 있는 상황이 됨에 따라 중요한 주제로 떠오르고 있다. 환자는 센서, 웨어러블, 거래, 소셜 미디어, 이동을 통해 지속적인 데이터 흔적을 남기고 있다. 예를 들어 유전자 분석 기업인 23andMe가 알츠하이머병과 파킨슨병을 포함한 10개 질환의 유전적 위험도에 대한 개인 보고를 판매할 수도 있다. 이런 상황은 무엇이 적절하고 적절하지 않은지 도전적인 대화를 하게 한다. 이 내용은 8장에서 다룬다.

## 데이터 거버넌스와 정보 거버넌스

데이터는 모든 기업과 기관에 소중한 자산이다. 헬스케어 분야에서 데이터 거버넌스는 일관성과 안정성 그리고 기관이 데이터에 의해 주도되고, 분석에 의해 주도되는 기관으로 나아가고 발전하는 데 있어 상당히 중요하다. 위험을 회피하려는 산업에서 책임 소재를 분명하게 해야 한다는 필요성에서 데이터 거버넌스를 분명히 할 필요가 있다. 데이터의 가치를 깨닫기 시작하면서 데이터 거버넌스 역시 기관 안에서의 데이터 접근, 관리, 사용에 대한 정의로 세분해 진화하고 있다. ISO<sup>International</sup> <sup>Organization for Standardization</sup> 10027과 GDPR<sup>General Data Protection Regulation</sup> 같은 표준이 전체 데이터 산업에 적용될 수 있는 표준 지침을 마련하는 데 사용된다.

데이터 거버넌스와 정보 거버넌스는 서로 혼용돼 자주 사용되기는 하지만 다른 개념이다.

데이터 거버넌스는 데이터 질과 통합성의 표준을 지키게 하고자, 생애 주기 동안 데이터를 관리하는 방법을 말한다. 데이터 거버넌스의 목적은 데이터의 최적 검증과 책임성을 통해 데이터의 사용자 신뢰를 제공하는 것이다. 따라서 질 높은 데이터를 생성하고 안전하고 윤리적이며 동의된 방식을 통해 데이터가 사용되게 하는 기준을 제공한다. 헬스케어 분야의 데이터 거버넌스는 서비스 제공자와 환자가 적절한 건강 의사 결정을 내리는 데 사용될 수 있도록 데이터 사용의 효율성과 책임성, 좋은 데이터 풀을 확보하는 것을 목적으로 한다.

종종 데이터 거버넌스의 가장 괜찮은 접근법은 최선의 것을 얻고자 가능한 최소의 범위 안에서 관리하는 것이다. 아직 거버넌스가 필요하지 않은 상황에서 거버넌스를 적용하는 경우가 있다. 그렇게 되면 기관은 데이터의 제한 등을 포함한 관리와 의사 결정에 상당한 시간을 낭비하고, 결과적으로 프로젝트 개발과 방향을 방해하게 된다. 헬스케어 기관은 더 많은 데이터를 수집하는 데 목적이 있어야 하고, 그를 통해 위험을 줄이고 결과를 개선하게 해야 한다.

데이터 거버넌스는 질 높은 정보를 얻고자 다양한 기준을 지키게 하는 데 필요하다.

## 데이터 관리

데이터 관리자<sup>data steward</sup>는 데이터가 정의된 대로 적절히 사용되게 할 책임을 진다. 데이터 관리자를 두는 목적은 데이터의 정확도, 접근성, 일관성, 완전성, 업데이트 등의 질을 보장하기 위함이다. 프로젝트를 운영하는 기관에는 이런 제도를 두고 있으며, 더 나아가 높은 지위의 특별히 지정된 담당자를 둬서 이런 일을 전담하게 한다.

## 데이터의 질

데이터의 질을 확보하는 것은 보안과 더불어 데이터 거버넌스의 가장 중요한 기능이다. 질 나쁜 데이터는 특히 학습 프로젝트를 할 때는 정확성에 치명적인 영향을 준다. 데이터 거버넌스는 질, 정확도, 데이터의 시간 적절성을 확보해야 한다.

## 데이터 보안

데이터의 보안은 핵심적인 것이다. 무엇보다 데이터 거버넌스는 데이터 보호 방법을 명확히 해야 하는데, 이 부분에서는 어떻게 데이터를 암호화할지, 누구에게 접근하고 이용할 권리를 줄지, 데이터 유출 시 어떻게 대처할지 등을 다룬다. 이 분야는 여러 가지 요인에 의해 추진된다. 먼저 유럽에서 실행되고 있는 GDPR과 같은 준수 규정을 지켜야 할 필요성이 있고, 사이버 보안의 증가하는 위험도와 디지털 약점의 인식이 명성과 신뢰에 악영향을 준다는 사실 등이 그런 요인에 해당한다. 2012년 이후 더 안전한 https:// 프로토콜을 사용하는 웹 사이트가 4,000% 증가했다는 사실은 이 분야에 사람들의 관심이 높음을 보여준다.[42] 환자는 자신의 데이터가 안전하게 보호받기를 기대한다.

## 데이터의 이용 가능성

데이터의 단절화는 헬스케어 기관이 직면하고 있는 가장 큰 문제 가운데 하나다. 이해관계자, 서비스 제공자, 환자가 데이터에 접근할 수 있게 보장하는 것은 아주 중요하다. 환자는 자신의 데이터를 소유한다. 결과적으로 데이터 접근은 모두에게 투명하고, 빠르고, 효율적이라야 한다는 니즈가 있다. 데이터 접근의 거버넌스는 시스템에 사용자의 역할을 명시해 허가와 인증을 통해 이뤄진다.

## 데이터의 내용

어떤 프로젝트에 관련된 데이터와 정보 거버넌스는 건강 데이터, 메타데이터, 위치, 환자 프로필, 행동 데이터 중 어떤 종류의 데이터를 수집할지 명시해야 한다. 그리고 데이터 거버넌스는 데이터 사용 목적도 상세하게 기술해야 한다.

## 마스터 데이터 관리

여러 곳으로 데이터가 이동돼 사용하는 추세가 있기 때문에 마스터 데이터 관리<sup>MDM,</sup> <sup>Master Data Management</sup>는 기관 간의 일관된 데이터 사용을 보장하고자 마스터 기준을 관리하는 것이다. 마스터 데이터 관리의 목적은 데이터가 공유될 때 하나의 공통된 참고 지점을 만드는 것이다.


## 사용 사례

대부분의 경우 데이터 거버넌스 정책에는 데이터 접근과 어떤 일이 벌어진 경우의 대응 시나리오를 담고 있다. 모든 팀 멤버가 데이터 접근과 데이터 요청에 바로 응대할 수 있도록 시범 기간 동안 자신이 해야 할 것을 파악할 수 있게 하면 좋다.

적용 사례에는 환자의 데이터 접근 요청, 삭제 요청, 데이터 접근의 적절한 역할 설정, 적절한 거래 로그 기록을 남기는 등과 같은 상황에서 발생하는 일련의 프로세스가 포함된다.

데이터 거버넌스는 내부의 목적과는 별개로 다음과 같은 여러 이익을 제공한다.

- 데이터 이해관계자, 특히 데이터 제공자의 이익을 보호한다.
- 절차와 프로세스를 표준화하고 반복 작업을 원활하게 하며 오류를 최소화한다.
- 비용을 절감하고 효과를 증대시킨다.
- 데이터를 이동해 사용하는 당사자끼리의 책임감과 투명성을 높인다.

정보 거버넌스는 약간 다른 목적을 갖고 있다. 정보 거버넌스는 정보의 관리와 조절에 관한 것이다. 이 정보는 데이터 자산의 사용을 통해 형성된다(그림 2-7). 한 번 측정한 혈당처럼 단 하나의 데이터 포인트는 추가 맥락이나 메타데이터가 없는 상태에서는 아무런 의미가 없다. 하지만 지난 3개월 동안 측정된 혈당 수치는 환자의 혈당 조절 상태가 좋은지 나쁜지를 보여줄 수 있다. 이런 정보는 나아가 당뇨 합병증의 위험 인자가 될 수도 있다. 정보 거버넌스는 환자 및 직원과 연관된 개인이나 민감한 정보에 주의를 기울인다.

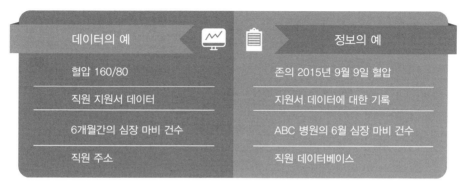

**그림 2-7.** 데이터와 정보: 그 차이

대부분의 기관에서는 데이터 거버넌스와 정보 거버넌스를 한꺼번에 다루지만 차이를 이해하는 것이 유용하다.

엄격한 데이터 거버넌스는 집행 기관이나 위원회를 구성하고, 정해진 절차와 그 절차가 어떤 방식으로 검증돼야 하는지 등을 정하고 있다.

학습 시스템이 발전하면서 정보 거버넌스가 점차 더 중요해지고 있다. 디지털 헬스 앱과 통합된 바이오-휴먼 헬스 디바이스는 데이터셋이 무한대로 커지면서 질병 위험도를 예측하고 질병이 걸릴 때까지의 시간을 예측하는 것이 곧 가능해질 것이다. 정확도와는 별개로 이 정보로 무엇을 하고 무엇을 하지 말아야 하는지 규칙을 정할 필요가 있다.

# 빅데이터 프로젝트 배치

대부분의 빅데이터 프로젝트를 시작할 때는 다음과 같은 세 단계를 거친다.

1. 프로젝트가 자신이 속한 조직에 미칠 영향을 이해한다.

   이 단계에서는 비즈니스 효용을 파악한다. 목적(얻고 싶은 것이 무엇인가?), 현재 갖고 있는 그리고 앞으로 필요하게 될 인프라스트럭처, 데이터 소스, 질, 도구, 성공을 측정할 KPI 등을 명시한다. 성공과 성능을 평가할 수 있는 양적인 지표를 찾는 것이 핵심이다. 프로젝트의 성공을 결정하는 측정할 수 있는 ROI에 대한 결정은 이해관계자를 설득하는 데 유용하다. 기술, 의학, 운영 팀의 팀원과 목적을 공유하는 것이 방향과 초점을 명확하게 유지하는 데 도움이 된다. 가능한 사용 사례도 파악한다.

2. 필요한 기술을 파악한다.

   프로젝트의 사용 사례를 파악하는 것이 프로젝트에 필요한 기술, 인프라스트럭처, 능력을 정의하는 데 도움이 된다. 가장 필요로 하는 기술은 R과 파이썬 언어의 지식일 것이고, 이외에도 데이터 과학용 여러 가지 기술을 필요로 한다. 이런 기술은 아웃소싱하거나 풀타임 근무자를 고용해 진행시킬 수도 있다.

3. 프로젝트를 구현한다.

   포함시키고자 하는 데이터를 파악하고, 사용 사례에서 제외될 수도 있는 데이터를 파악한다. 원하는 프로젝트 결과를 얻고자 수집할 데이터의 분석 방법을 파악한다. 데이터를 수집하고 알고리즘에 적합한 데이터 포맷으로 변환시키는 데 필요한 것을 탐색한다. 데이터 수집과 사용의 거버넌스를 정하고, 이해관계자와 최종 사용자에게 전달할 방법을 결정한다. 데이터베이스 구조, 플랫폼 제공자, 모델의 타입과 같은 구조적인 결정은 이 과정에서 이뤄진다. 그리고 데이터에 적용할 애널리틱스를 고민하는 단계가 이 지점이다.

프로젝트의 단계와 해결해야 할 현재와 미래의 능력 사이에 있는 능력의 차이도 고려할 필요가 있다.

테스트 환경에서 프로젝트를 개발하고 결과를 의미 있는 방법으로 사용자에게 보고한다.

## 빅데이터 도구

빅데이터 수집과 머신러닝 프로젝트에 사용되는 다양한 오픈소스와 상용 도구가 있다. 가장 기초적인 것은 하둡$^{Hadoop}$과 NoSQL(관계형이 아닌) 데이터베이스다.

하둡은 빅데이터와 동의어처럼 사용되는데, 거대 데이터셋을 컴퓨터 클러스터에 분산 저장하고자 사용되는 자바 기반의 오픈소스 프레임워크다. 하둡은 크고 복잡한 데이터셋을 프로세싱해 통찰력과 해답을 얻는 데 사용된다. 하둡 분산 파일 시스템$_{HDFS, Hadoop\ Distributed\ File\ System}$은 하둡에서 사용되는 저장 시스템으로 빅데이터를 나눠서 클러스트의 노드에 분산 배치한다. 클러스터에서 데이터 복제$^{replication}$ 기능을 통해 높은 가용성을 제공한다. 자바 자체를 깊이 알지 못한다면 마이크로소프트 애저$_{Microsoft\ Azure}$, 클라우데라$^{Cloudera}$, 구글 클라우드 플랫폼$^{Google\ Cloud\ Platform}$, 아마존 웹 서비스$^{Amazon\ Web\ Services}$와 같은 서비스는 하둡을 기반으로 제공된다고 이해하면 된다.

몽고DB$^{MongoDB}$는 빠르게 변화하거나 비정형 또는 반정형 데이터 관리에 유용한 데이터베이스 시스템이다. 더 나은 데이터 기록 성능, 압축 시 더 적은 저장 용량과 더 효율적인 작동 능력을 갖추고 있다. 몽고DB는 비정형 데이터를 스키마 없이 저장할 수 있는 NoSQL라고 알려진 데이터베이스의 일종이다. 모든 행$^{row}$은 독자적인 열값$^{column\ value}$의 집합을 가질 수 있다. NoSQL은 더 우수한 빅데이터 저장 능력의 필요성에 따라 발전해 왔다.

R은 데이터 마이닝, 통계 분석, 뛰어난 그래픽을 위해 사용되는 오픈소스 프로그래밍 언어다.

파이썬<sup>Python</sup>은 데이터 프로세싱, 컴퓨팅, 모델링과 같은 머신러닝과 데이터 마이닝에 사용되는 인기 있는 오픈소스 프로그래밍 언어다.

## 결론

빅데이터와 헬스케어의 결합을 통해 의미 있는 발전을 이룰 수 있는 많은 가능성이 열린다. 여기에는 원거리 환자 모니터링, 정밀 의학, 재입원 예빙, 너 나은 질병의 이해 등이 포함된다. 데이터 입력과 보관이라는 간단한 일에서부터 환자의 혈당 패턴을 관찰하고 이해하는 고급의 기능적인 애플리케이션에 이르기까지 데이터는 일상생활의 기본 요소가 돼 가고 있다.

빅데이터 기반 솔루션이 갖는 긍정적인 가능성은 겉보기에도 부정적인 측면을 앞지른다. 의무기록의 중앙화와 환자의 관리자 권한 의식의 증가는 걱정거리다. 하지만 개인 정보와 보안이 잘 유지된다면 빅데이터는 새로운 치료법의 개발을 촉진하고 의학의 발전에 기여할 것으로 보인다. 헬스케어 산업은 빅데이터를 사용해 임상과 비즈니스에 이용하는 측면에서는 아직 걸음마 단계다. 웨어러블 디바이스가 많아져서 심박수와 하루 보행 거리를 측정하는 것이 가능해졌는데, 이런 데이터는 상대적으로 평범한 데이터셋으로 보일 수 있다. 하지만 이런 데이터가 예방 의학과 대중의 공중 보건에 활용되는 경우 그 가치는 어마어마하게 커진다.

빅데이터는 데이터에 기반을 둔 근거 중심 의학을 전달하는 방식을 통해 정밀 의학의 가능성을 제공한다. 장점은 많다. 무엇보다 환자에게 좀 더 정밀한 치료를 제공할 수 있다. 그리고 실수, 병원 입원, 사망률을 줄여서 비용을 절감할 수 있으며, 환자의 만족도를 높일 수 있다. 그리고 의사와 많은 헬스케어 팀의 불필요한 시간을 줄이고, 필요한 환자에게 더 많은 시간을 할애하는 최적화를 통해 비용을 절감할 수도 있다.

# 3장

# 머신러닝

머신러닝의 선구자인 아서 사무엘[Arthur Samuel]이 1956년에 내놓은 체커스[Checkers] 프로그램에도 제한적이지만 인공 '지능' 기능이 있었다.[43] 그 이후 인공지능의 응용 범위는 확장돼 왔으며, 지금은 전례를 찾아볼 수 없을 정도로 데이터 속도[data velocity], 분량[volume], 다양성[variety]을 경험하고 있다. 사무엘의 소프트웨어는 IBM 701 컴퓨터에서 실행됐는데, 당시 컴퓨터의 크기는 더블사이즈 침대만 했고, 데이터는 흩어져 있었다. 그 후 70년이 지난 현재 데이터는 흔해졌고, 컴퓨터는 더 강력해져서 기능적으로 따지면 IBM 701 100대 정도가 손안에 들어갈 정도가 됐다. 그 영향으로 인공지능 분야의 머신러닝과 딥러닝에 관련된 여러 전문 영역의 발전으로 이어졌다 (그림 3-1).

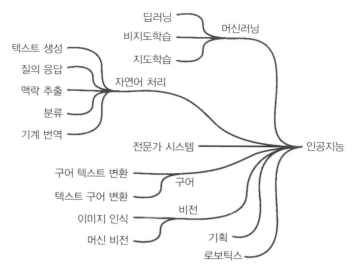

**그림 3-1.** 인공지능의 영역

우버$^{Uber}$를 부르고, 음식을 주문하고, 에어비앤비$^{Airbnb}$로 숙박 장소를 찾고, 이베이$^{eBay}$를 검색하고, 알렉사$^{Alexa}$에게 질문을 던지고, 디지털 교육 프로그램을 사용하는 것처럼 일상생활에서 머신러닝과 같은 기술로 개발된 '인공적인' 지능을 늘 사용하게 된 것이 우리가 직면한 현실이다. 인간과 비슷한 수준의 인공지능을 개발할 수 있을지는 사람의 상상력에 의해서만 제한된다. 새롭고 혁신적인 디바이스가 클라우드에 지속적으로 연결되고 있고, 헬스케어 분야에서도 기회가 늘어나고 있다. 산업으로 풍부한 데이터를 바탕으로 인공지능 분야는 기계 스스로 학습이 가능한 머신러닝과 딥러닝으로 관심이 옮겨가고 있으며, 이것이 최근 인공지능 영역의 혁신을 가속화하고 있다. 사무엘의 체커스 프로그래밍이 단순한 인공지능의 사례를 보여주는 것이라면 최신 머신러닝 프로그램인 알파고 제로$^{AlphaGo Zero}$는 자신을 상대로 체커를 두는 것이 가능하고, 인간의 능력을 넘어설 뿐만 아니라 이전 버전인 알파고$^{AlphaGo}$를 100 대 0으로 이길 수 있는 수준이다.

헬스케어 영역에서 머신러닝이 아주 드물지는 않다. 텍사스에 있는 휴스턴 메서디스트 연구소$^{Houston Methodist Research Institute}$의 연구원은 99%의 정확성으로 인간 의사보다 30배 빠르게 유방 조영 이미지를 판독할 수 있는 인공지능 에이전트를 개발했다.[44] 미국 암 학회American Cancer Society에 따르면 해마다 1,210만 건의 유방 조영 이미지의 50%는 (영상 의학과 의사가) 판독을 잘못한다고 한다. 이는 상당수의 건강한 여성이 암에 걸렸다고 오진하는 경우가 발생한다는 것을 의미한다.[45] 하나의 자동화된 객체인 유방 조영 이미지 판독 소프트웨어는 수백만 건의 유방 조영 기록에서 학습해 거짓 양성false positive의 위험을 줄이는 역할을 한다.

이미 인공지능과 머신러닝 분야에 여러 책과 자료가 많다. 이 책은 포괄적이고, 기저에 깔린 수학적인 원리를 설명하면서도 선형 대수, 확률론, 통계학에 너무 깊이 들어가지 않으면서 독자에게 관련 주제를 잘 설명하는 데 목적이 있다.

3장에서는 인공지능의 기초, 관련 용어의 개론으로 시작해 인공신경망, 퍼셉트론, 자연어 처리, 전문가 시스템 등의 주제를 다루면서 머신러닝에 관련된 여러 주제를 설명한다. 본격적인 알고리즘은 4장에서 다룬다.

## 기초

인공지능과 머신러닝에 깊이 들어가기 전에 몇 가지 핵심 정의를 이해하는 것이 도움이 된다. 여기서는 용어를 간략히 설명하고 더 자세한 용어는 책 뒤편의 용어 목록에 정리해뒀다.

### 에이전트

에이전트는 센서를 통해 주변을 식별하고 이펙터effectors를 통해 어떤 일을 할 수 있는 것을 말한다. 이는 러셀Russell과 노빅Norvig의 에이전트에 대한 정의다. 따라서 여기에는 사람, 로봇, 소프트웨어 프로그램이 모두 포함된다. 여러 종류의 에이전트가 있으며, 특성에 따라 몇 가지로 나눌 수 있다. 『Artificial Intelligence: A Modern Approach, AIMA』[1]는 인공지능 전문가 스튜어트 러셀[Stuart J. Russell]과 피터 노빅[Peter Norvig]이 저술한 인공지능의 포괄적인 교과서다.[46]

에이전트는 어떻게 행동해야 하는가? 이성적인 에이전트[rational agents]는 적절한 것[right thing]을 하는 에이전트다. 적절함은 에이전트가 최적화하려는 수학적인 척도나 에이전트 성능 평가로 표현된다.

하나의 에이전트는 퍼셉트 시퀀스[percept sequences]에 대한 액션[actions]으로의 대응으로 이해될 수 있다. 병원에서 환자를 치료하는 데 사용되는 의학 진단 시스템의 예를 살펴보자. 환자의 증상을 인식하고 환자에게서 어떤 징후를 발견하고 환자의 응답을 청취한다. 이 에이전트의 목표는 건강한 사람이며, 이런 목표를 달성하고자 질문, 검사, 치료를 수행한다. 이러한 에이전트의 개념은 소프트웨어나 알고리즘에 적용된다.


## 자율성

인공지능에서 자율성[autonomy]이란 에이전트가 자신의 경험을 바탕으로 어느 정도까지 행동을 결정하는지를 의미한다. 모든 의사 결정이 정적인 데이터셋과 지식 기반에 의존하는 경우에는 자율성이 없다고 한다. 모든 의사 결정을 임의로 내리는 경우 완전 자율 상태라고 한다. 에이전트는 시간이 지나면서 더 자율적으로 될 수 있는 명백한 능력을 갖고 있다. 사람처럼 소프트웨어도 일정 기간의 경험을 통해 학습할 수 있다. 시스템은 환경에서의 경험을 바탕으로 배우고, 그 안에서 좀 더 자율성을 확보해 나간다.

---

1. 우리나라에서는 『인공지능: 현대적 접근 방식』(제이펍, 2016)이라는 책으로 번역 출간됐다. - 옮긴이

## 인터페이스

인터페이스<sup>Interface</sup> 에이전트는 복잡한 시스템의 인터페이스를 제공한다.

## 성능

성능<sup>Performance</sup>은 에이전트가 환경에서 행하는 행동의 평가다. 질문의 대답이나 어떤 환경에서 기대되는 행동을 하는지 등을 말한다.

## 목표

목표<sup>Goal</sup>란 에이전트가 애써 획득하려는 것을 말한다. 머신러닝에서 목표란 에이전트가 학습할 수 있게 하는 것을 의미하지 않는다. 대신 좀 더 큰 의미의 전체적인 목표를 말한다.

이런 목표는 좀 더 작은 과업<sup>tasks</sup>으로 나뉜다. 예를 들어 제왕절개 수술의 목표를 이루려면 복부의 절개, 태아 꺼내기, 출생아의 상태 체크, 복부 수술 부위를 닫는 세부 과업이 필요하다.

## 효용

효용<sup>Utility</sup>은 에이전트 내부의 성과 측정을 지칭하는 것이다. 즉, 어떤 주어진 상태에서 에이전트 자신의 성과를 측정하는 것을 말한다. 이는 에이전트의 외부 성능과는 다를 수 있다. 효용 함수가 성능 측정 함수와는 같을 수도 있겠지만, 반드시 그럴 필요는 없다는 것을 주지할 필요가 있다. 에이전트는 항상 어떠한 성능 측정 방법을 갖고 있는 반면 명시적인 효용 함수를 갖고 있지 않을 수도 있다. 효용 함수<sup>utility</sup>

function는 어떤 상태를 실수real number에 대응시킨다. 이는 행복의 정도 또는 목표나 목적에 어느 정도 근접해 있는지를 설명하는 지표가 된다. 그렇게 해서 같은 목표에 도달하기까지 여러 가지 경로가 있을 때 에이전트가 어떤 경로가 더 나은 것인지를 구분할 수 있게 하는 합리적 의사 결정을 하게 된다.

## 지식

에이전트는 센서나 환경에 관련된 지식Knowledge을 통해 시식을 획득한다. 지식은 어떻게 행동할지 결정하는 데 사용된다. 지식이 저장될 수 있다면 이전 지식 상태(히스토리)를 저장하고 에이전트의 행동actions이 환경에 어떻게 영향을 미치는지 결정하는 데 사용될 수 있다.

머신러닝은 데이터에 의해 주도된다. 따라서 데이터가 아주 흔해지고 컴퓨팅 환경이 잘 갖춰지기 시작하는 지금이 실제 생활에 응용되는 시스템을 개발하기에 아주 환상적인 상황이라고 볼 수 있다.

## 환경

하나의 에이전트에 있어 환경Environment이란 세상의 상태를 말한다. 러셀과 노빅의 견해에 따르면 환경은 다음과 같은 여러 가지 특징을 갖고 있다.

- 접근 가능성
  이것은 에이전트가 어느 정도까지 환경에 접근 가능한지를 말한다. 빠진 정보가 있는 경우 에이전트는 합리적으로 행동하고자 주변 환경의 정보를 기반으로 합리적인 짐작을 할 필요가 있다.

- 결정론

  환경은 결정론적$^{deterministic}$이거나 비결정론적$^{nondeterministic}$일 수 있다. 결정론적 환경이란 세계의 정확한 상태를 이해할 수 있는 있는 환경을 말한다. 이런 경우에는 효용 함수가 그들의 성능$^{performance}$을 이해할 수 있다. 비결정론적 환경은 세계의 정확한 상태가 결정될 수 없는 것을 말하는데, 이런 경우 효용 함수는 최선의 짐작에 기반을 둔 의사 결정에 의존해야 한다.

- 일화성

  일화성 환경$^{episodes\ environment}$에서는 에이전트가 현재의 행동을 선택함에 있어서 과거의 행동에 의존하지 않는다. 비일화성 환경$^{non-episodic\ environments}$에서는 에이전트가 현재 행동이 미치는 영향을 고려해서 계획을 세워야 한다.

- 환경의 종류

  정적 환경$^{static\ environment}$은 에이전트가 의사 결정을 함에도 바뀌지 않는 환경을 말한다. 동적 환경$^{dynamic\ environment}$은 프로세싱하는 동안 바뀌는 환경을 말하는데, 이런 경우 에이전트는 환경에 대한 피드백을 줄 필요가 있거나 입력, 출력 사이의 시간 동안 어떤 변화가 있을지 예상할 필요가 있다.

- 환경으로 가는 데이터의 흐름

  에이전트 디자인에 있어 핵심적인 측면 가운데 하나는 어떻게 데이터를 받을지 결정하는 것이다. 이를테면 체스 게임에서는 에이전트가 선택할 수 있는 수는 유한하다. 이런 경우 이산 환경$^{discrete\ environment}$이라고 볼 수 있는데, 실행할 수 있는 수가 한정돼 있기 때문이다. 반면 하나의 예로서 운영 데이터베이스 테이블에서는 1,000분의 1초 동안에도 변화가 있을 수 있다. 이런 지속적 데이터 환경은 데이터가 무한정이고 끝이 없는 환경을 말한다.

지능적인 에이전트란 핵심적으로 학습, 독립성, 적응력, 추론, 어느 정도의 독창성이라는 특성을 발휘하는 것을 말한다.

이렇게 되려면 에이전트는 검색, 계획, 환경 변화의 적응, 과거 경험을 통한 피드백을 통해 자율적으로 행동의 순서를 결정할 수 있어야 한다. 이제 머신러닝과 관련된 몇 가지 용어를 소개한다.

## 훈련 데이터

훈련 데이터<sup>Training Data</sup>는 가능한 가설을 학습하고자 학습 알고리즘에 의해 사용되는 데이터를 말한다. 이를테면 샘플 $x$와 그 값에 대한 타깃 함수의 결과를 포함하는 데이터다.

## 타깃 함수

타깃 함수<sup>Target Function</sup>는 값 $x$에 대해 $f(x)$ 값으로 대응시키는 함수다.

## 가설

가설<sup>Hypothesis</sup>이란 학습 알고리즘이 만들 수 있는 함수 $f$의 가능한 근사치다.

## 학습자

학습자<sup>Learner</sup>는 분류자<sup>classifier</sup>를 만들어내는 학습 알고리즘이나 프로세스를 말한다.

## 검증

검증<sup>Validation</sup>은 머신러닝 개발에서 모델의 성능을 평가하는 방법이다.

## 데이터셋

데이터셋<sup>dataset</sup>이란 사례<sup>examples</sup>의 모음이다.

## 특징

하나의 특징<sup>feature</sup>은 데이터의 속성과 그 값을 말한다. 예를 들어 황색 피부색은 하나의 특징으로, '피부색'은 속성이고 '황색<sup>brown</sup>'은 그 값이다.

## 특징 선택

특징 선택<sup>feature selection</sup>은 무관한 특성을 버리고 통계적 모델의 결과를 설명하는 데 적절한 특징을 선택하는 과정이다.

# 머신러닝이란?

1959년, 체커스<sup>Checkers</sup>를 만든 아서 사무엘<sup>Arthur Samuel</sup>은 머신러닝을 "명확한 프로그램 없이도 학습할 수 있는 컴퓨터를 연구하는 분야"라고 정의했다.[47]

머신러닝은 패턴 인식과 특정 과업을 수행하고자 프로그램 없이도 컴퓨터가 학습할 수 있다는 이론에서 출발했다. 즉, 명확한 프로그램 없이도 학습할 수 있는 시스템이 가능하다는 이론을 바탕으로 했다. 학습은 데이터에 의해 이뤄지는데, 지능은 신호와 피드백의 성격에 기초해 효과적인 의사 결정을 할 수 있는 능력을 통해 획득된다. 이런 의사 결정의 유효성<sup>utility</sup>은 목표<sup>goal</sup>와 비교해 평가된다.

머신러닝은 새로운 데이터와 발견을 능동적으로 처리할 수 있는 알고리즘 개발에 초점을 두고 있다. 머신러닝은 데이터 마이닝의 원리를 갖고 있을 뿐만 아니라 연관성을 추론할 수 있다. 또한 그런 지식을 활용해 더 새로운 알고리즘에 적용할 수 있다. 머신러닝의 목표는 경험을 통한 인간의 학습 능력을 모방하는 것이다. 그리해서 외부의 도움을 받지 않거나 아니면 최소한의 (사람의) 도움만으로 주어진 과업을 실행하는 것이다.

사람이 배우는 것과 마찬가지로 머신러닝은 여러 가지 방법으로 배울 수 있다. 사람이 배우는 가장 기초적인 방법은 어떤 것을 암기하는 것이다. 두 번째는 독서, 듣기, 새로운 것에 대한 학습 등의 과정에서 정보를 추출한다. 세 번째는 사례에서 배운다.

예를 들어 제곱을 배운다고 해보자. 학생에게 $Y = \{1, 4, 9, 16, \ldots\}$이라는 집합과 함께 $Y = n \times n$이라고 가르친다고 생각해보자. 그러면 학생은 명시적으로 모든 숫자에 대한 제곱을 가르치지 않아도 제곱의 개념을 이해한다.

## 머신러닝이 전통적인 소프트웨어 엔지니어링과 다른 점

전통적인 소프트웨어 엔지니어링과 머신러닝은 어떤 문제를 해결하려고 한다는 점에서는 공통적인 목적을 갖고 있다. 그런데 문제 해결법에 접근하는 방법에서 차이가 난다.

전통적인 소프트웨어 엔지니어링이나 프로그래밍은 주어진 입력에 대해 어떤 출력을 만들어내는 함수나 프로그램을 통해 어떤 과업을 컴퓨터화하거나 자동화하는 것을 의미한다. 다시 말해 주어진 입력 $x$에 대해 함수 $f$를 작성해 $y = f(x)$라는 출력을 만든다. 이런 과정에는 **if-else**문, 루프, 논리 연산 등과 같은 논리가 사용된다.

머신러닝은 함수 f를 통해 지시를 내리는 전통적인 프로그래밍과는 다르다. 머신러닝에서는 입력 $x$와 출력 $y$를 주고, 함수 $f$를 예측하거나 결정하는 것을 목표로 한다 (그림 3-2). 전통적인 프로그램은 사람이 어떤 문제를 해결하고자 작성하는데, 머신러닝 프로그램은 어떤 문제를 해결하고자 사례, 규칙, 정보 등을 기반으로 추론을 통해 학습한다. 머신러닝의 여러 가지 분류기classifiers는 예측에 사용된다. 머신러닝은 어떤 것을 일반화하고 통계학과 확률론에 기반을 둔 기술을 적용하기 때문에 불확실성을 다루는 데 도움이 된다. 모델은 과거 계산 결과나 경험에서 학습을 통해 더 안정되고 반복 가능한 의사 결정과 결과를 만들어낼 수 있다.

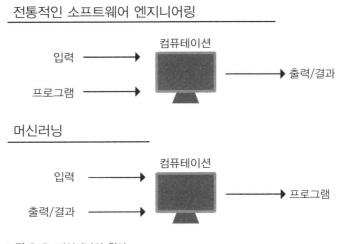

**그림 3-2.** 머신러닝의 원리

데이터 가용성, 인터넷에서의 정보, 데이터 생산/저장, 접근성이 용이한 디지털 데이터의 양적 급성장으로 개발자는 우리가 좋아하는 것을 학습시키고, 우리의 요구에 맞춰진 기계를 현실화하는 것이 가능해지고 있다. 머신러닝은 인터넷 검색 순위, 약물 개발, 개인 선호도, 소셜 네트워크 피드, 웹 페이지 디자인, 자율 주행 자동차, 가상 비시 등으로 구현된다.

# 머신러닝의 기초

머신러닝 알고리즘은 크게 다음과 같이 구분된다(그림 3-3).

- 지도학습<sup>Supervised learning</sup>이나 연역적인 학습<sup>inductive learning</sup>
- 비지도학습<sup>Unsupervised learning</sup>
- 준지도학습<sup>Semi-supervised learning</sup>
- 강화학습<sup>Reinforcement learning</sup>

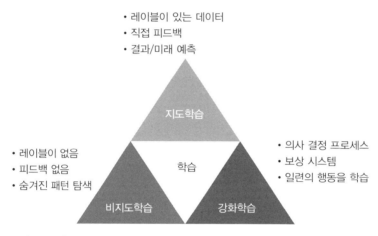

**그림 3-3.** 학습의 방법

## 지도학습

지도학습에서는 알고리즘에 훈련용 데이터로서 사례 입력과 그 값에 대응해 기대되는 출력을 동시에 주어서 입력에 출력이 대응되는 일반적인 규칙을 학습하는 것을 목표로 한다(그림 3-4). 입력하는 데이터를 훈련 데이터<sup>traning data</sup>라고 하는데, 훈련 데이터는 입력하는 값과 그 값에 연관된 결과로 구성된다. 훈련 데이터가 알고리즘 개발을 이끈다. 모델이 예측을 하고, 예측이 어긋난 경우 수정하는 훈련 프로세스를 거쳐 모델이 완성된다.

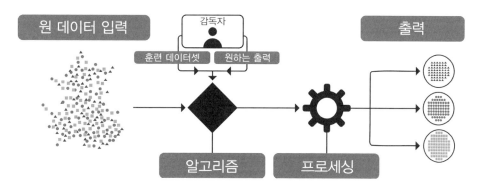

**그림 3-4.** 지도학습의 원리

훈련은 훈련 데이터의 정확성이 원하는 수준에 도달할 때까지 진행된다. 이런 지도학습에는 로지스틱 회귀도 포함된다. 지도 머신러닝 알고리즘은 '레이블이 있는 데이터'로 학습하고, 미래의 데이터를 예측하는 것이다. 그리고 학습 알고리즘의 모델이 예측한 결과를 정답과 비교해 오류를 수정하고 모델도 수정해나가는 절차를 밟는다.

지도학습은 다음과 같은 형태로 이뤄진다.

- **분류**Classification: 출력 변수가 특정 카테고리를 나타내는 카테고리형 변수인 경우에 훈련 데이터셋에 근거해서 해당 카테고리를 예측한다. 모델은 레이블이 있는 데이터 형태로 된 입력으로 만들어진다. 분류 기술을 통해 의사 결정 경계decision boundary가 정의되는데, 이 방법에는 서포트 벡터 머신support vector machine, k-최근접 이웃KNN, k-Nearest Neighbors, 로지스틱 회귀logistic regression 등이 있다. 어떤 환자가 가진 여러 증상으로 정말 질병이 있는지 여부의 레이블(진단)을 부여하는 알고리즘을 실례로 들 수 있다.

- **회귀**Regression: 분류와 매우 유사하다. 분류와 회귀의 유일한 차이점은 회귀인 경우 출력 변수가 실수 값을 가진다는 점이다. 이를테면 분류가 뜨거운지, 차가운지를 가리는 것이라면 회귀인 경우 실제 온도를 예측한다. 이런 변수에는 키, 체온, 체중 등이 있다. 선형 회귀, 다항 회귀, 서포트 벡터 머신, 앙상블ensembles, 의사 결정 트리, 신경망 등이 이런 회귀 모델의 예다.

- **예측**Forecasting: 예측은 과거와 현재의 데이터에 기반을 두고 미래를 예측하는 방법이다. 시계열 예측time-series forecasting이라고도 알려져 있다.
- **앙상블**Ensemble: 앙상블은 여러 개의 서로 다른 머신러닝 모델을 결합해 새로운 샘플의 결과를 예측하는 지도학습 방법의 한 형태다. 이런 앙상블에서 모델은 특징features으로 처리된다.

## 비지도학습

스스로 학습하는 시스템을 말할 때 실제로는 비지도학습을 말하는 것이다(그림 3-5). 비지도학습에서 학습 알고리즘은 레이블이 붙어 있는 데이터를 사용하는 것이 아니라 입력된 데이터를 받아 그 안에 숨어있는 구조를 발견한다. 데이터에 레이블이 없기 때문에 알고리즘의 결과로 나오는 구조의 정확도 평가는 불가능하다. 데이터의 분류나 레이블은 없다. 결과적으로 모델은 입력 데이터 안에 있는 숨겨진 구조를 발견하거나 추론을 통해 만들어진다. 이러한 학습은 규칙의 추출, 데이터 중복data redundancy을 줄이거나 데이터의 재구성을 통해 이뤄진다.

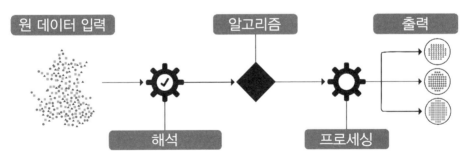

**그림 3-5.** 비지도학습의 원리

여기에는 클러스터링, 차원 축소dimensionality reduction, 연관 학습association learning 등이 있다. 알고리즘은 결코 정확한 값을 찾지 못할 수도 있다. 대신 데이터에 내재된 구조의 모델을 찾는다.

이런 비지도학습 문제는 다음과 같은 3가지 종류로 구분된다.

- **연관**<sup>Association</sup>: 어떤 데이터 모음에서 어떤 아이템이 동시에 발생하는 확률을 발견하는 것이다. 마케팅이나 헬스케어에서 광범위하게 사용된다. 예를 들어 잘 조절되지 않은 제2형 당뇨 환자에서 어떤 형태의 암이 발병하는 경향이 높은지를 보는 것이다. 연관은 분류와 비슷하다. 그런데 분류에서는 이진 속성이 예측되는데 반해 연관에서는 아무 속성이나 예측할 수 있다.
- **군집화**<sup>Clustering</sup>: 같은 클러스터에 있는 아이템끼리는 다른 클러스터에 있는 아이템과 비교해 서로 유사하게 그룹화한다.
- **차원 축소**<sup>Dimensionality reduction</sup>: 차원 축소는 특징 선택<sup>feature selection</sup>, 특징 추출<sup>feature extraction</sup>과 같은 방법을 통해 이뤄진다. 차원 축소를 통해 데이터를 재해석하거나 변형한다.

특징 추출<sup>feature extraction</sup>은 고차원 공간에서 저차원 공간으로 데이터 변환을 수행한다. 차원 축소에서는 데이터셋 변수의 개수는 줄이면서도 데이터의 무결성<sup>data integrity</sup>을 유지하고, 가장 중요한 정보는 잘 드러나게 하는 것을 목적으로 한다.

특징 추출 방법은 차원 축소에도 사용될 수 있다. 일반적으로 원래의 특징 집합에서 새로운 특징 집합을 가진 데이터를 만들게 된다. 예를 들어 환자의 임상 검사 결과를 모두 모아 사망률에 영향을 준다고 알려진 하나의 건강 위험 인자로 결합시켜 사용할 수 있다. 차원을 2, 3차원으로 축소하면 데이터 시각화가 쉬워지고, 저장 공간과 분석 시간을 줄일 수 있다.

이런 알고리즘에는 아프리오리<sup>Apriori</sup> 알고리즘, FP-growth(frequent pattern growth라고도 한다), 은닉 마르코프 모델<sup>Hidden Markow Model</sup>, 주성분 분석<sup>PCA, Principal Component Analysis</sup>, SVD<sup>Singular Value Decomposition</sup>, K-평균, 신경망, 딥러닝 등이 있다. 딥러닝은 복수의 층으로 구성된 신경망 구조를 사용하는 머신러닝 알고리즘의 하나다.

## 준지도학습

준지도학습법은 레이블이 있는 데이터와 없는 데이터를 혼합해 입력으로 사용하는 하이브리드 방식이다. 바라는 결과 값이 있을 수도 있지만, 여기서는 모델이 데이터를 구성하는 구조를 학습할 수도 있고, 예측도 할 수 있다. 이런 기술로 분류와 회귀 문제를 풀 수 있다.

## 강화학습

강화학습 시스템에는 에이전트가 있고, 이 에이전트는 특수한 목표를 수행하며 변화하는 주변 환경과 상호작용을 한다. 강화학습은 머신러닝, 행동 심리학, 윤리학, 정보 이론이 교차하는 지점이다.

문제를 해결해 나가면서 알고리즘은 환경에서 보상$^{rewards}$이나 벌칙$^{punishments}$ 피드백을 받는다. 에이전트는 이런 정보를 바탕으로 현재 상태에서 보상을 극대화하는 행동을 학습하고, 학습된 결과에 따라 다음 행동을 결정한다. 최적의 행동(또는 최적 정책이라고도 한다)은 전형적으로 시행착오와 환경에서의 피드백을 통해 학습된다. 따라서 알고리즘은 어떤 맥락에서 이상적인 행동을 결정하게 된다.

강화학습은 전형적으로 로봇 공학에서 사용된다. 예를 들어 탁자, 의자 같은 물건에 부딪혔을 때 생기는 음성 피드백$^{negative\ feedback}$을 통해 충돌을 피하는 방법을 배운 로봇 청소기 같은 것이다. 물론 이런 기술에는 컴퓨터 시각 기술도 관여한다. 강화학습은 정확한 사례 데이터가 주어지지 않는다는 점과 밖에서 명시적으로 의사 결정을 수정해주지 않는다는 점에서 보통의 지도학습과 다르다. 강화학습의 주안점은 실세계에서의 성능이다.

인간의 학습과 유사하게 강화학습은 경험에서 학습하는 데 합리적 행동을 가정한다. 따라서 강화학습을 통해 인간이 경험에서 학습한 것을 토대로 어떻게 좋은 의사 결정을 내리는지 이해하는 데도 도움이 된다(그림 3-6).

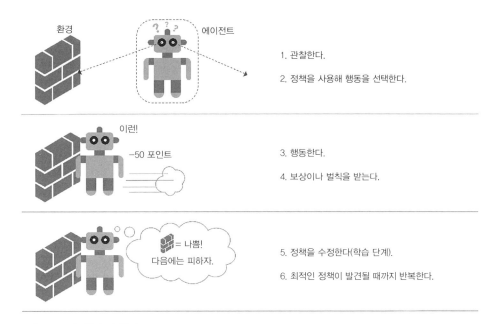

**그림 3-6.** 강화학습의 원리

예를 들어 딥마인드<sup>DeepMind</sup>는 고대 중국에서부터 전해오는 바둑을 터득하게 하고자 알파고 에이전트에게 무수히 많은 뛰어난 아마추어 기사의 대국을 보여주고 합리적인 사람이 어떻게 바둑을 두는지 이해하게 했다. 그런 다음 다른 버전의 알파고 에이전트를 대상으로 수천 번 바둑을 두게 했으며, 그런 과정에서 실수를 통해 학습을 하게 했고 결국에는 고수가 될 때까지 점차적으로 실력을 늘려갔다.[48]

강화학습은 자율 주행 자동차에서 사용된다. 실세계에서 에이전트는 현재 속도, 도로 위의 장애물, 주변 교통, 도로 정보 등 환경을 고려해야 한다. 에이전트는 특정 환경의 상태에 따라 적절히 행동하도록(정책<sup>policy</sup>을 개발한다고 말한다) 학습된다. 에이전트가 사전에 주어진 보상 기반 프로그래밍에 따라 의사 결정을 내리기 때문에 새로운 윤리적 딜레마를 만든다.

## 데이터 마이닝

데이터 마이닝은 데이터베이스에서의 지식 발견<sup>knowledge discovery</sup>이라고도 알려져 있는데, 정교한 알고리즘을 사용해 새로운 정보(패턴이나 관계)를 추출하고자 데이터를 탐색하는 과정으로 정의된다. 이 기술은 일상과 산업의 모든 측면에 적용할 수 있고, 다음과 같은 것을 할 수 있다.

- 경향과 행동에 기반을 둔 패턴 예측
- 가능한 결과에 기반을 둔 예측
- 큰 데이터셋 분석(특히 비구조화된)
- 이전에 잘 알려지지 않은 사실을 통한 군집화

데이터 마이닝은 머신러닝, 통계학, 데이터베이스 기술의 힘을 사용하며, 여러 분석 기술의 중심에 있다(그림 3-7 참고). 데이터 마이닝은 전형적으로 많은 양의 데이터를 사용하고, 더 간단하고 기술적인 분석 결과를 제공할 수 있다. 헬스케어 영역을 예로 들어보면 데이터 마이닝을 응용해 상태를 진단하고 관련된 의학적인 절차를 파악하는 데 사용된다. 데이터 마이닝은 데이터 안의 관련성을 확인하는 방법을 통해 예측도 할 수 있다. 이를 활용해 보험 회사가 고객의 위험한 행동 패턴을 감지하기도 한다.

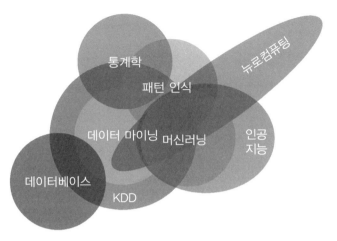

**그림 3-7.** 데이터 마이닝과 그 광범위한 시너지

머신러닝이 데이터 마이닝에 사용될 수도 있다. 데이터 마이닝을 통해 해결해야 할 문제에 최적화된 학습 모델의 종류가 어떤 것인지 결정하는 데 도움을 얻을 수도 있다. 또한 데이터 마이닝은 머신러닝 분야의 기술 이외에도 다양한 기술을 포함한다. 데이터 마이닝에서 과업은 모르는 지식 발견인데 반해 머신러닝의 성능은 알려진 지식을 알아내는 것으로 평가된다.

예를 들어 환자의 혈압에 대한 데이터셋이 있을 때 이상 탐지<sup>anomaly detection</sup>를 수행할 수 있는데, 이는 예전에 알려지지 않은 이상치를 파악하는 데이터 마이닝 과업으로 생각할 수 있다. 이 과업을 위해 클러스터링을 위한 K-평균 알고리즘과 같은 머신러닝 기술을 사용해 이상한 데이터를 파악하고 알고리즘의 학습에 도움을 줄 수 있다.

데이터 마이닝은 자연어 처리<sup>natural language processing</sup>와 동일하지 않다. 자연어 처리는 데이터 마이닝에서 텍스트를 이해하고 읽을 수 있게 하는 데 사용될 수 있다. 데이터 마이닝 알고리즘에는 C4.5, K-평균, 서포트 벡터 머신, 아프리오리, EM<sup>Expectation-Maximization</sup>, PageRank, AdaBoost, kNN, Naive Bayes, CART<sup>Classification And Regression Trees</sup> 등이 포함된다.

## 모수적, 비모수적 알고리즘

알고리즘은 모수적이거나 비모수적 형태를 가질 수 있다.

유한한 형태로 간소화될 수 있는 알고리즘을 모수적 알고리즘이라고 하고, 훈련 데이터에서 함수 형태로 학습하는 알고리즘을 비모수적이라고 한다. 비모수적 알고리즘은 모델의 복잡도가 훈련 데이터의 양에 따라 증가한다. 모수적 모델에서는 모수의 집합이 정해져 있는 구조를 가진다. 결과적으로 모수적 모델은 비모수적인 방법보다 빠르다. 하지만 비모수적인 모델은 훈련 데이터와 시간이 충분한 경우에는 더 나은 정화도를 보여줄 수 있다(그림 3-8).

| | 👍 장점 | 👎 단점 |
|---|---|---|
| 모수적 알고리즘 | **간단함**<br>이해하고 해석하는 것이 더 간단함<br><br>**빠름**<br>데이터에 빠르게 적합 가능<br><br>**필요한 데이터**<br>성능 향상을 위한 데이터의 양이 상대적으로 적음 | **한정된 복잡성**<br>간단한 시스템에 적합 |
| 비모수적 알고리즘 | **유연성**<br>다양한 함수 형태로 적합이 가능하고 가정을 필요로 하지 않음<br><br>**성능**<br>데이터 구조가 복잡해질수록 모수적 알고리즘보다 성능이 좋아질 수 있음 | **느림**<br>연산이 오래 걸림<br><br>**더 많은 데이터 필요**<br>학습에 상당히 많은 데이터 필요<br><br>**과적합**<br>성능에 영항을 미침 |

**그림 3-8.** 모수적 알고리즘 대 비모수적 알고리즘

선형 회귀와 로지스틱 회귀와 같은 선형 모델은 모수적 방법에 속하고, k-최근접 이웃, 신경망, 결정 트리는 비모수적 방법에 속한다.

## 머신러닝 알고리즘의 작동법

지도학습법은 컴퓨터를 통해 레이블이 있는 훈련 데이터에서 함수를 유추하는 것을 말한다.

$$Y = f(x)$$

이 식은 다음과 같이 이해할 수 있다.

출력 = 함수(입력)

입력과 출력을 변수라고 하고, 보통 벡터의 형태를 띤다. $f$는 함수를 의미하는데, 입력에서 추론하고자 하는 대상이다.

예를 들어 어떤 환자가 어떤 치료의 처방을 받으려 한다고 가정해보자. 현실에서는 그런 과정에서 환자는 권고되는 약물이나 치료법의 질을 기술한 연구 결과를 찾아볼 것이다. 예를 들어 환자가 '좋은', '훌륭한', '안전한' 등과 같은 단어로 구성된 연구 결과를 보게 된다면 어감에서 좋은 치료라고 판단을 내리게 되고, 그 치료법을 받아들이는 데 자신감을 느낄 것이다. '나쁜', '좋지 않은 질', '안전하지 않은'과 같은 단어가 규칙적으로 관찰된다면 다른 치료법을 찾아보는 것이 낫다고 결론내릴 수 있다. 이런 연구 결과에서 나타나는 단어의 패턴에 기초해 어떤 행동을 수행할지 판단을 내리는 데 도움이 된다.

머신러닝은 알고리즘을 통해 이와 같은 인간의 의사 결정 과정을 이해하려는 시도다. 따라서 데이터에 접근해 데이터에서 학습하는 알고리즘이나 프로그램을 개발하는 데 목적을 둔다. 머신러닝은 분류나 예측 과업에 매우 좋다. 머신러닝은 주로 예측 분석에 가장 많이 사용해 $Y = f(x)$라는 매핑을 학습하고 이를 통해 새로운 $X$에 대해 $Y$ 값을 예측하려고 시도한다.

실제 예를 보면 다음과 같다.

사기 적발<sup>fraud detection</sup>에서 $x$는 거래 $f(x)$의 어떤 특징을 말하고, 이것을 통해서 거래가 사기인지 적발한다.

질병 진단에서 $x$는 환자 $f(x)$의 특징을 말하고, 이를 통해 환자가 질환을 갖고 있는지 판별한다.

음성 인식에서 $x$는 입력되는 말의 특징을 말하고, $f(x)$는 입력되는 말에 포함된 지시에 따른 반응을 말한다.

머신러닝 과정은 사례, 직접 경험, 지시 등으로 사용될 입력 데이터로 시작해 데이터에 내재돼 있는 패턴을 파악하고 제공된 데이터에 기초해서 미래에 새로운 데이터에 대한 더 나은 의사 결정을 하려고 시도한다. 그 목적은 프로그램이 사람의 개입이나 도움 없이 자동으로 학습하고 합리적으로 행동할 수 있도록 조절하는 데 있다.

## 머신러닝을 수행하는 방법

머신러닝의 수행은 전형적인 알고리즘 방법론과 같다. 이는 다음과 같은 과정을 거친다.

1. 학습 과업이 무엇인지 문제를 명시한다.
2. 데이터를 준비한다.
3. 학습 방법을 선택한다.
4. 학습 방법을 적용한다.
5. 방법과 결과를 평가한다.
6. 최적화한다.
7. 결과를 보고한다.

# 문제 명시

머신러닝을 할 때 가장 먼저 할 일은 문제를 명시하는 것이다. 이 과정에는 문제가 무엇인지, 어떻게 그 문제를 해결할 수 있을지, 어떻게 평가할지 이해할 필요가 있다. 그리고 특히 비용이 들어가는 프로젝트인 경우에는 왜 문제를 해결하고 싶은지 이해하는 것이 유용하다. 이런 경우 다음과 같은 질문의 답을 준비해보는 것이 좋다.

- 이것이 왜 중요한가?
- 어떤 목적을 달성하고 싶은가? 가장 얻고 싶은 결과는 무엇인가?
- 주어진 입력과 출력 데이터는 무엇인가?
- 데이터가 사용 가능한가?
- 결과가 이득이 될 것인가?
- 이것은 탐색을 위한 것인가?
- KPI<sup>Key Performance Indicators</sup>는 무엇인가? 어떻게 성능을 측정할 것인가?
- 성공은 어떤 형태로 나와야 하는가?
- 그런 과제를 수행하는 데 있어서 우리가 자질을 갖고 있는가?
- 주어진 과제의 제한점은 무엇인가? 여기에는 시간, 비용, 기술, 경험, 도메인 지식, 데이터 가용성 등이 있다.

문제를 해결하는 데 사용할 수 있는 데이터에는 사례로 쓰일 데이터와 배경 정보의 데이터가 필요하다.

## 사례

카테고리화는 사례를 통해 학습될 수 있는 기술이다. 카테고리화를 통해 질병의 위험, 자원 요구량을 예측하는 데 사용할 수 있다. 진료 예약이나 수기로 작성된 의무기록처럼 전통적인 헬스케어 설정에서 발생하는 데이터에는 여러 문제가 있을 수 있다. 나쁜 사례는 오류가 끼어들기 쉽다. 분류를 위해 사례는 양성이나 음성과 같은 형태로 제공되는 경우가 많다.

### 배경 지식

배경 지식은 머신러닝 문제와 연관된 지식이나 원리에 대한 것이다. 여기에는 메타 데이터, 속성, 개념 간의 관계 등이 포함된다. 예를 들어 고혈압 예측 도구에서 제2형 당뇨병이 의학적인 근거와 데이터에 기반을 두고 고혈압과 연관돼 있는지 등에 관한 것이다. 이것이 카테고리화라는 학습 목표를 달성하는 데 사용돼야 하는 개념과 관련된 정보다.

### 데이터에 존재하는 오류

실세계에서 오류가 끼어들 수 있으니 조심해야 한다. 부정확한 분류, 결측 데이터, 부정확한 배경 정보, 데이터의 반복과 같은 것이 그 예다. 종이 문서를 디지털화하는 과정에서도 오류가 발생할 수 있다. 모델은 제공되는 데이터의 질에 따라간다는 사실을 명심해야 한다. 사람의 오류를 최소화할 수 있도록 데이터를 검증하는 데 시간을 할애할 필요가 있다.

## 데이터 준비

머신러닝은 훈련용으로 제시된 데이터를 통해 학습한다. 따라서 학습을 위해 유효하고 정확한 데이터를 모델에 제시하는 것이 아주 중요하다. 데이터는 사용할 수 있는 포맷으로 준비돼야 한다. 실제 상황에서는 이렇게 하려면 모델에 사용될 데이터의 이해와 이를 외부로 빼내는 작업이 필요하다. 데이터는 정확한 포맷으로 만들어져야 하고, 잘못된 데이터를 제거하고, 결측값을 수정하는 절차가 필요하다. 반드시 필요로 하는 데이터보다 더 많은 데이터가 있을 수도 있는데, 그런 경우에는 샘플링 과정도 필요하다.

모든 머신러닝 작업에는 데이터를 준비하기 위한 기술을 필요로 한다. 데이터 사전 프로세싱은 정리되고 유효한 데이터를 얻으려면 필수불가결한 요소다. 정리되고 유효한 데이터는 강력하고 신뢰할 수 있는 결과를 내는 데 핵심 요소다.

먼저 데이터를 선택할 필요가 있다. 처음 데이터를 추출했을 때는 데이터가 미가공raw 상태다. 이런 데이터를 정제할 필요가 있다. 잘못된 데이터를 제거하거나 수정하는 등의 정제 작업을 할 필요가 있다.

## 속성 선택

속성 선택Attribute Selection은 변수 선택variable selection, 특징 선택feature selection이라고도 한다. 이는 예측 모델링에 가장 적절한 데이터를 만들고자 원래의 사례 데이터에서 추출이나 선택을 하는 과정이다. 특징 선택은 새로운 속성 조합을 만드는 차원 축소와는 다른 개념이다. 특징 선택은 새로운 속성을 만들기보다는 어떤 속성을 포함시키거나 제외시킬지를 결정하는 것이다.

이 단계에서는 도메인 지식이 중요하다. 문제의 적절한 맥락을 이해하는 것은 더 나은 특징 모음을 결정하는 데 도움이 된다.

## 데이터 변형

대부분의 산업군, 특히 헬스케어 설정에서는 데이터의 익명화가 필요하기 때문에 어떤 특징은 데이터셋에서 완전히 제거해야 한다. 포맷 역시 바꿀 필요가 있다.

전통적인 관계형 데이터베이스 대신 평평한 파일flat file이 필요할 수 있다. 그리고 모든 데이터가 아니라 일부만 사용할 필요도 생긴다.

수기로 작성된 텍스트를 디지털화할 때는 오류가 생길 수 있다. 오류, 편견, 불일치가 있는지 확인한다. 이런 문제는 흔하다.

데이터 변형<sup>Transforming Data</sup>이 필요할 수도 있다. 사용하는 알고리즘이나 사용 가능한 데이터가 어떤 것인지에 따라 달라질 수 있다. 이를테면 머신러닝 알고리즘이 제2형 당뇨에 대해 '없음'을 0, '제2형 당뇨 있음'을 1로 읽는데, 의무기록이 '제2형 당뇨병', '제2형 당뇨병 없음'으로 명시돼 있을 수 있다. 이런 경우에는 기계가 읽을 수 있도록 텍스트를 정수로 바꿔줘야 한다. 때로는 미터 단위를 야드나 파운드 단위로 바꾸는 작업이 필요할 수도 있다.

데이터 변형에는 다음과 같은 작업들이 있다.

## 집계

집계<sup>aggregation</sup>는 속성을 모아 하나의 속성으로 만드는 과정을 말한다. 예를 들어 건강 교육에 참여한 환자의 로그 기록에 개별 참석 기록을 사용하는 대신 참석한 총인원으로 계산한 값을 사용하는 것이다.

## 해체

해체<sup>Decomposition</sup>는 머신러닝에 더 유리한 형태의 속성으로 분리하는 것을 말한다. 예를 들어 환자 기록에 아시아인으로 돼 있다고 해보자. 이것보다는 출생 국가와 환자의 모국어가 제2형 당뇨병을 예측하는 데 있어 더 정확한 인자다.

## 스케일링

데이터가 다양한 단위로 기록될 수 있다. 예를 들어 킬로그램으로 돼 있는 체중, 센티미터 단위로 돼 있는 신장 데이터가 있을 수 있고, 여러 임상 검사 소견이 다른 단위를 사용할 수 있다.

정제된 데이터는 문제를 해결하고, 원하는 포맷으로 바꾸고, 변형을 가하는 등의 데이터 전처리의 결과다.

머신러닝은 전적으로 훈련에 사용되는 데이터의 질을 따라간다. 데이터가 편향돼 대표성이 없으면 학습 역시 편향된다. 데이터셋을 탐색함과 동시에 인적 오류를 피하는 데 주의를 기울여야 한다. 전형적으로 이런 일을 할 때는 좋은 버전 관리 시스템을 통해 이런 문제를 해결할 수 있다.

## 가중치 부과

가중치를 둔다는 것은 특정 특징의 영향력을 높이 평가하거나 우선하는 것을 말한다. 양의 가중은 예측 값을 증가시키고, 음의 가중은 예측 값을 낮춘다.

## 필요한 데이터의 양은?

불행하게도 이 질문에 대한 확정적인 답은 없다. 상황에 따라 다르다. 필요한 데이터의 양은 모델을 훈련시켜보거나 실제로 운용해보면서 판단을 할 수 있는 것이다. 여러 요인이 학습 커브에 영향을 준다. 여기에는 문제의 복잡성, 알고리즘의 복잡성이 포함된다. 그리고 이것이 필요한 데이터의 양에 영향을 준다. 모델이 현실 세계의 다양성에 대한 결과 값을 만들어낼 수 있을지는 알고리즘의 정교함과 주어진 데이터의 양에 달려 있다.

더 많은 데이터를 확보하는 것이 가능하고 유용한지를 따져라. 헬스케어 분야에서 약물에 대한 무작위 비교 연구에서는 주어진 상항에서 1,000명 이상의 환자가 필요한 경우는 드물다. 수술의 평가에서는 더 많은 데이터가 필요할 수도 있지만 모델을 훈련하는 데는 필수적이 아닐 수도 있다.

비선형, 비모수적인 알고리즘은 정확성을 높이고자 더 많은 데이터를 필요로 한다. 이런 머신러닝 방법은 일반적으로 더 강력하다고 알려져 있다. 그런데 데이터 검증 가능성이 편향과 변이에 영향을 주기 때문에 가급적 효율적인 방법으로 가급적 많은 데이터의 학습을 통해 훈련하고 모델을 검증하는 것이 핵심이다.

## 학습법의 선택

머신러닝을 처음 시작하는 사람이 보통 많이 하는 질문이 "어떤 알고리즘을 사용해야 하나요?"이다. 알고리즘의 선택은 데이터의 크기, 질, 데이터의 성격, 과업 기간, 가용 자원, 데이터 사용의 동기 등 다양한 요인에 달려 있다. 학습 기술은 '해법에 대한 표현'이라고도 한다. 머신러닝 접근법은 데이터를 다른 식으로 표현하기 때문이다.

주어진 데이터에 대해 어떤 접근법이 가장 우수한 성능을 발휘할지 예측하는 것은 불가능하다. 그리고 그것이 실세계에서도 좋은 성능을 발휘할지 알기 어렵다. 어떤 문제에 대해 일반적으로 잘 작동한다고 알려진 알고리즘이 있기는 하다. 이는 4장에서 설명한다.

---

**공짜 점심은 없다**

머신러닝에서 "공짜 점심은 없다."는 이론은 모든 문제에 가장 잘 작동하는 하나의 알고리즘은 존재하지 않는다는 사실을 말한다. 이는 특히 지도학습 영역에서 드러난다. 알고리즘의 성능에 영향을 주는 요인은 많다.

---

## 머신러닝법의 적용

머신러닝은 여러 프로그래밍 언어를 사용해 수행된다. 주로 사용되는 언어로, R, 파이썬, 매트랩$^{Matlab}$, SQL 등이 있고 자바와 C 언어도 흔히 사용된다.

- R은 보통 통계 분석에 사용된다. 통계적인 방법과 그래프를 통해 데이터를 이해하고 탐색하는 데 도움이 되고, 광범위한 머신러닝 알고리즘을 갖고 있다.

- 파이썬은 머신러닝에 적합한 언어다. NumPy, SciPy와 같은 패키지가 데이터 분석과 머신러닝에 특히 유용하게 쓰인다.
- 매트랩은 대학생이 많이 사용하는 언어다. 머신러닝 도구가 많이 있어 빠르게 프로토타입을 만드는 데 편리하다.
- SQL은 전통적인 관계형 데이터베이스 관리 시스템에서 데이터 관리를 하는 데 사용되는 언어.

## 처음부터 머신러닝 알고리즘을 코딩해야 하는가?

어떤 접근법을 취할지에 대한 가치 판단과 주어진 자원의 관점에서 여러 가지 의사결정이 필요하다. 개념증명 프로젝트라면 시간이 부족하고, 아주 특이하고 복잡한 과업은 여러 가지 접근법을 취할 필요가 있다.

scikit-learn, SciPy, 판다스[Pandas], Matplotlib, 텐서플로[Tensorflow], 케라스[Keras] 등과 같은 학습 라이브러리가 제공하는 기존에 만들어진 알고리즘을 통해 머신러닝을 실행할 수 있다.

파이썬이나 R 언어에 경험이 많은 멤버를 포함하는 데이터 과학 팀을 구성해 머신러닝 프로젝트를 진행하는 것이 전통적인 방법이다. 머신러닝에 경험이 많은 팀원은 머신러닝의 개념에 낯선 초보자보다는 자연스럽게 더 큰 영향을 미칠 것이다. 엔지니어는 경험을 통해 주어진 문제에 적용할 적절한 머신러닝 기술의 이해를 발전시킨다. 이런 경험은 시간과 자원의 낭비를 줄이고 탐색 작업에 들어가는 수고를 피하는 데 핵심적이다. 컴퓨터 과학의 기초를 지닌 엔지니어는 보통 머신러닝에 있는 여러 개념에 익숙하다. 프로그래밍 언어의 선택은 API와 구현에 필요한 표준 라이브러리에 영향을 준다. 열성적인 사람은 기존에 만들어진 알고리즘을 피하고, 구현에 필요한 수학, 통계학, 논리에 관한 더 많은 지식을 얻고자 스스로 코딩을 하려고 할 수도 있다.

시간의 제약이 있는 경우에 그런 열성을 만족시키기에는 시간이 부족하다. 이런 필요에 따라 구글 AI, 마이크로소프트 애저$^{Azure}$, IBM 왓슨$^{Watson}$ 같은 클라우드 기반 서비스 등과 기타 서비스 제공자는 이런 알고리즘을 관리하고, 시각적인 사용자 인터페이스를 제공해 사용자가 데이터를 업로딩해 특정 머신러닝 기술을 적용할 수 있도록 한다. 데이터 마이닝과 머신러닝을 제공하는 이런 클라우드 기반 벤더가 성장하고 있고 비교적 저렴한 가격에 서비스를 제공하고 있다. 이런 서비스를 이용하는 장점 가운데 하나는 실험적으로 하나 이상의 모델을 시도하고 결과를 서로 비교해 문제 해결에 최적의 해법이 무엇인지 찾을 수 있게 해준다는 점이다.

전통적인 프로그래밍 경험을 가진 사람을 위해 대부분의 벤더는 API(또는 웹 서비스)를 만들 수 있는 기능을 제공한다. 이를 통해 호스팅돼 있는 모델과 소통하는 인터페이스를 구성할 수 있다. 전통적인 프로그래머나 웹 개발자만 있으면 이런 API를 통합시키는 데 아무런 문제가 없다.

세상이 오픈소스를 많이 채용하고 있다. 깃허브$^{GitHub}$, 레딧$^{Reddit}$과 기타 머신러닝 포럼에 이미 존재하고 있는 도구들을 살펴볼 필요가 있다.

API는 application programming interface의 약자다. API로 소프트웨어 구성 요소 간의 커뮤니케이션이 가능하고, 특히 클라우드 기반 머신러닝 서비스 제공자와 사내 개발 팀 사이의 인터페이스를 구축할 수 있다. 그리고 머신러닝 과업에 도움이 되는 여러 가지 공공 API가 있다.

어떤 머신러닝 API를 내장시킬 것인지는 신중하고 적극적으로 접근할 필요가 있다. 성능이 우수한 오픈소스 도구가 증가하고 있어, 깃허브 상태, 검색 엔진 인기도, 대화방 등을 통해 많이 사용되고 강력한 성능을 갖춘 도구를 선택하는 것이 좋다.

## 훈련 데이터와 테스트 데이터

테스트 세트와 훈련 세트는 모두 준비된 데이터에서 선택된다. 훈련 데이터셋으로 알고리즘을 훈련하고 테스트 데이터셋으로 평가한다.

많은 경우에 여러 가지 머신러닝 방법을 시도해보는 것이 일반적이다. 머신러닝 모델링과 관련해 다음 두 가지 용어를 이해하고 있으면 유용한다.

- **시그널**signal: 데이터셋에 있는 실제 기본 패턴
- **노이즈**Noise: 데이터셋에 있는 무작위 패턴이나 관련 없는 패턴

어떤 머신러닝 기법은 하나의 해를 반환하는 반면 어떤 기법은 여러 가지 해법을 반환한다. 따라서 그 결과(가설 또는 학습된 모델이라고도 불린다)를 모아서 비교해보는 경우가 많다.

가설의 평가는 예측의 정확성, 이해도, 효용성 등을 통해 평가된다. 대부분의 경우 '오캄의 면도날' 원칙이 사용돼 다른 것이 동일하다면 더 간단한 해법이 선호된다.

- 예측의 정확도predictive accuracy는 에이전트가 분류 과업을 얼마나 정확하게 하는지를 말한다.
- 이해도comprehensibility는 인간으로서 우리가 머신러닝 출력을 얼마나 잘 이해할 수 있는지를 말한다. 머신러닝 프로젝트를 통해 개발된 두 페이스북 로봇이 최근에 자신들끼리만 이해할 수 있는 언어로 서로 대화를 주고받는 일이 있었다. 이것은 인간이 바라던 바가 아니다.[49]
- 효용성utility은 특정 문제와 관련된 가치 척도다. 효용성은 특정 문제를 얼마나 잘 해결하는지에 대한 것이다. 예를 들어 약물 합성에서 사람에게 안전하지 않은 조합이 최적의 조합일 수 있다. 효용성은 정확성과 함께 획득되지 않을 수도 있다. 또한 효용성이 정확도와 이해도를 능가할 수도 있다.

평가 후 후보 가설이 선택된다.

머신러닝 모델 훈련을 위해 데이터를 훈련 데이터셋과 테스트 데이터셋으로 나누는 다양한 방법이 있다.

- **홀드백 방법**<sup>hold-back method</sup>: 홀드백 방법은 준비된 데이터셋에서 일부를 테스트용으로 남기고 나머지를 훈련과 검증에 사용하는 것을 말한다. 테스팅은 전형적으로 모델의 효과나 정확성에 대한 지표를 제공한다.

- **n–폴드 교차 검증**<sup>n-fold cross-validation</sup>: n-폴드 교차 검증은 데이터를 같은 크기의 그룹(폴드)으로 쪼갠다. 그런 다음 하나의 그룹을 남기고 나머지로 훈련을 시키고, 나머지 하나에 테스트를 진행한다. 이런 과정을 계속 반복한다. 몇 개의 폴드를 사용할지 선택은 데이터셋의 크기에 따라 다르다. 흔히 3, 4, 7, 10개의 폴드를 사용한다. 이 방법의 목적은 훈련 데이터셋과 테스트 데이터셋 사이의 크기와 표현에 균형을 유지하는 것이다. 이렇게 함으로써 n개의 서로 다른 데이터셋으로 모델을 테스트할 수 있다. 이 방법으로 주어진 데이터를 충분히 활용하고, 그에 대해 n번의 훈련을 할 수 있다.
  어떤 머신러닝 교과서에는 이 교차 검증법을 머신러닝 과정의 교차 검증 단계라고도 한다. 머신러닝 엔지니어가 과적합<sup>overfitting</sup>을 줄이고자 이 방법을 자주 사용하기 때문이다.

- **몬테카를로 교차 검증**<sup>Monte-Carlo cross-validation</sup>: 몬테카를로 교차 검증은 n-폴드 교차 검증법과 유사하다. 이 방법에서는 데이터셋을 무작위로 훈련 데이터셋과 테스트 데이터셋으로 나눈다. 훈련 데이터셋으로 훈련을 시키고 예측 정확도는 테스트 데이터를 사용해 평가한다. 그런 다음 나눈 것들 사이의 평균을 구한다.


## 복수의 알고리즘 시도

주어진 문제에 적합한 여러 가지 기술을 시도해봐야 한다. 그렇게 함으로써 정확도, 이해도, 효용성을 갖고 해답을 서로 비교하고 선택할 수 있다. 머신러닝 소프트웨어는 전형적으로 이러한 복수의 알고리즘을 지원한다. 가능한 한 많이 시도해보고 목적에 맞는 최적의 알고리즘을 찾는다.

## 방법과 결과 평가

머신러닝의 성능은 주어진 데이터의 표현에 따라 바뀐다. 이를테면 어떤 인공지능 시스템이 한 환자의 기록을 분석하는 것은 환자를 직접 검사하는 것과는 다르다. 특징feature으로 알려진 환자와 관련된 정보의 일부가 데이터로서 시스템에 전달된다. 아주 우수한 결과를 내려면 반드시 완벽한 특징 세트를 필요로 하는 것은 아니다.

머신러닝 알고리즘의 목적은 과소적합이나 과적합 대신 잘 일반화시킬 수 있는 모델을 얻는 것이다. 일반화란 훈련에 사용되지 않았던, 따라서 이전에는 마주쳐 본 적이 없는 새로운 데이터에 대해 최대의 정확도로 성능을 발휘하는 것을 말한다.

### 알고리즘 정확도 평가

여러 가지 지도학습 문제는 이진 분류에 속한다. 이런 경우의 문제는 본 적이 없는 데이터를 두 개의 카테고리에서 어디에 속하는지 분류하는 것이다. 이런 결과는 보통 양성 카테고리, 음성 카테고리로 불린다. 거짓 양성false positive은 새롭게 주어진 데이터가 실제로는 음성인데, 이진 분류 에이전트의 결과가 이것을 양성으로 분류하는 것을 말한다. 거짓 음성false negative은 새로운 데이터가 실제로는 양성인데, 이것을 에이전트가 음성으로 분류하는 것을 말한다.

의학적인 상황에서 거짓 양성은 거짓 음성만큼 나쁘지는 않다. 거짓 양성인 경우 특정 증상의 집합을 바탕으로 환자가 어떤 질환을 갖고 있다고 판단하게 된다. 따라서 질병이 있는데 없다고 판단내리는 것(거짓 음성)보다는 실제로는 질병이 없는데 있다고 판단을 내리는 경우(거짓 양성)가 분명 더 낫다. 거짓 음성은 진단이 되지 않는 경우로, 문제가 되는 경우가 많다.

테스트 데이터셋에 대해 특정 가설의 예측 정확도를 측정하는 간단한 방법은 양성이든 음성이든 정확하게 분류된 결과의 개수를 계산하는 것이다. 예를 들어 심장병 진단 기기가 어떤 가설을 학습하고 250명의 새로운 데이터를 받아 심장병이 있는지를 예측하게 했을 때 양성으로 분류한 경우가 150명 중에서 133명이었고, 100명 가운데 98명이었다고 한다면 정확도는 (133 + 98) / 250 = 92.4%이다.

이는 새로운 예에 대해 100개의 경우에서 93개는 정확하게 분류한다는 의미다.

일반화는 정확도로 측정된다. 과소적합과 과적합 모두 모델의 성능을 저하시키고, 정확도에 악영향을 준다. 모델이 테스트 데이터셋에 적용했을 때 92%의 정확도를 보이는데 새로운 데이터에는 30%의 정확도를 보인다면 이 모델은 훈련 데이터셋에서 새로운 데이터로 제대로 일반화되지 않았다고 말할 수 있다. 이를 과적합이라고 한다. 과적합은 어떤 모델이 훈련 데이터셋에는 너무나 제대로 적합하는 것이다. 이런 경우는 데이터에서 뭔가를 학습했다기보다는 정답을 외운 것이라고 볼 수 있다. 이 경우 모델은 노이즈에서 시그널을 감별하지 못하고 데이터에서 노이즈를 학습한 꼴이 된다. 결과적으로 모델은 실제 패턴을 이해하지 못해 모델의 일반화에 악영향을 주게 된다. 결정 트리는 훈련 데이터에 과적합을 잘 일으키는 알고리즘으로 알려져 있다. 이런 경우에는 가지치기[pruning] 방법으로 개선할 여지가 있다. 항상 간단하게 유지하는 것이 좋다.

모델이 테스트 데이터셋보다 훈련 데이터셋에서 더 나은 성능을 보일 때 이 모델은 과적합을 하고 있을 가능성이 높다. 교차 검증은 과적합을 방지하기 위한 기술의 하나다. 그런데 훈련 데이터를 더 수집해 알고리즘이 더 나은 가설을 추론할 수 있게 하는 것이 도움이 되기도 한다.

"더 많은 데이터가 더 나은 결과로 이어진다."는 개념은 오해의 소지가 있다. 많은 경우에 더 많은 데이터가 도움이 된다. 하지만 더 많은 데이터가 더 좋은 데이터를 의미하지는 않는다. 노이즈를 가진 데이터가 추가되면 과적합을 줄이는 데 도움이 되지 않는다. 따라서 데이터가 잘 정제되고 적합한 상태에 있는지 보장하는 것이 매우 중요하다.

데이터 누출[data leakage]은 머신러닝 모델을 훈련하는 데 사용되는 데이터가 해당 모델이 예측하고자 하는 것에 대한 정보를 갖고 있을 때 발생한다. 데이터 누출이 있으면 불량한 일반화에 이르게 되고, 과적합이 일어난다. 데이터 누출은 테스트 데이터셋에서 훈련 데이터셋 방향으로 발생할 수도 있고, 부가적인 특징에 의해서도 발생한다. 데이터 누출의 사소한 경우는 반응 변수$^{response\ variable}$ 자체가 예측 변수로 사용되는 경우로, 예를 들어 "제2형 당뇨병을 가진 환자는 제2형 당뇨병을 갖고 있다"는 결론에 도달하는 것이다.

머신러닝 알고리즘이 믿기 어려울 정도로 좋다면 데이터 누출이 한 원인일 수도 있다. n-폴드 교차 검증으로 데이터 누출을 줄일 수 있다.

과소적합은 감지하기 쉽다. 성능이 안 좋기 때문이다. 이는 모델이 훈련 데이터에 대한 모델 적합이 이뤄지지 않으면서 새로운 데이터에 대한 일반화도 안 되는 경우다. 전형적으로 너무 적은 특징을 사용하는 간단한 모델에서 나타난다. 결과는 분산보다는 높은 편향(즉 잘못된 결과)을 보이는 경향이 있다.


## 편향과 분산

지도 머신러닝은 데이터에서의 노이즈를 무시하고 시그널을 이해하는 것을 목표로 한다. 두 개의 예측 오류 진원지를 최소화할 때 지도학습 알고리즘이 훈련 데이터셋을 넘어 일반화되는 것을 방해하는 머신러닝의 딜레마가 있다. 편향$^{bias}$과 분산$^{variance}$을 최소화할 때 한쪽을 최소화하려고 할수록 다른 쪽이 증가되는 트레이드오프가 생긴다(이것을 편향-분산 트레이드오프라고 한다).


### 편향

편향은 잘못된 데이터에서 학습한 모델의 오류다. 이상하게 들릴지 모르지만 데이터셋은 임의로 제시될 수 있다. 편향은 일반적으로 모델이 예측한 예측 값이 실제 정답, 진실한 시그널과 얼마나 떨어져 있는지를 나타낸다.

- **낮은 편향:** 데이터에서 진실한 시그널을 더 잘 이해한 경우
- **높은 편향:** 데이터셋에 있는 진실한 시그널을 잘못 이해한 경우

높은 편향을 보이는 경우는 종종 지금 사용하고 있는 머신러닝 기술보다 더 나은 방법이 있을 것임을 시사하는 것일 수도 있다.

## 분산

분산은 훈련 데이터셋의 변동을 잘 감지하지 못하는 오류를 말한다.

- 낮은 분산 알고리즘은 데이터셋에 대해 유사한 모델을 출력한다.
- 높은 분산 알고리즘은 데이터셋에 대해 상당히 다른 모델을 출력한다.

편향과 분산의 개념은 다트보드에 비유해 잘 설명된다(그림 3-9). 다트보드의 정중앙 과녁이 완벽하게 정확한 값을 예측하는 모델이라고 생각해보자. 과녁 정중앙에서 멀어질수록 예측은 좋지 않다. 새로운 모델이 하나의 다트라고 한다면 한 번 다트 던지기는 주어진 훈련 데이터의 변이에 대한 실제 모델이라고 볼 수 있다. 훈련 데이터셋에 대해 좋은 분포를 갖는 경우 모델을 잘 예측한다고 말할 수 있다. 이상 치와 정보 과잉이 있는 데이터에서는 불량한 예측 모델이 만들어진다. 이것을 다트 보드에 그려볼 수 있다.

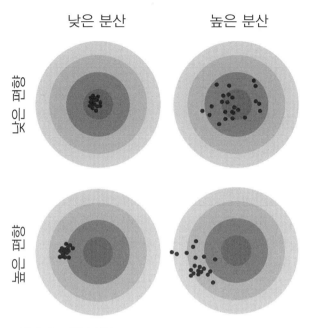

**그림 3-9.** 편향과 분산

머신러닝 알고리즘을 다루는 엔지니어가 접하게 되는 트레이드오프라는 것은 다음과 같다. 낮은 편향을 가진 알고리즘은 유연해서 데이터에서 아주 잘 적합된다. 하지만 너무 많은 유연성이 있는 경우 각 데이터셋을 서로 다르게 해석하게 돼 높은 분산을 갖게 된다. 알고리즘의 복잡도를 줄이기 위한 여러 가지 방법이 있는데, 이는 4장에서 다룬다.

많은 지도학습 도구가 자동으로 또는 조절 가능한 파라미터를 갖고 편향-분산 트레이드오프를 조절하는 수단을 제공한다.

낮은 분산 알고리즘은 낮은 편향 알고리즘에 비해 복잡도가 낮은 경향이 있다. 낮은 분산 알고리즘은 간단하거나 경직된 구조를 갖고 있어 일치도에서는 높지만 평균적으로는 부정확한 경향이 있다. 이런 알고리즘에는 회귀 알고리즘, 나이브 베이즈 알고리즘 등이 있다.

낮은 편향 알고리즘은 좀 더 유연한 구조를 가지면서 좀 더 복잡하다. 따라서 평균적으로 정확한 경향을 보인다. 하지만 일치도에는 낮은 경향이 있다. 여기에는 의사결정 트리, k-최근접 이웃 등과 같은 비모수적 알고리즘이 해당된다.

실제 프로젝트에서의 핵심은 총 오류를 최소화하면서 편향과 분산 사이의 균형점을 찾는 것이다(그림 3-10).

$$총 \ 오류 = 편향^2 + 분산 + 불가피한 \ 오류$$

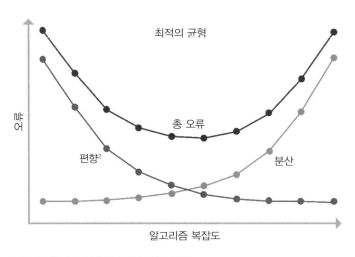

**그림 3-10.** 알고리즘의 최적 균형점 찾기

불가피한 오류는 모델이나 사용된 데이터셋과 상관없이 발생하는 오류를 말한다. 이는 훈련 데이터셋에서 오는 노이즈다. 실세계 데이터는 항상 일정 정도의 노이즈를 갖고 있는 것이 일반적이다.

## 성능 평가 지표

알고리즘을 평가하는 방법에는 정확도, 예측, 재현율recall, 제곱 오차, 사후 확률posterior probability, 비용cost, 엔트로피entropy, K-L 다이버전스divergence 등이 있다.

## 최적화

어떤 모델이 성능이 좋다고 해서 그것이 최적의 유일한 모델은 아니다. 핵심은 결과에서 최상의 진실을 획득하는 것이다. 교차 검증과 같은 기술은 모델의 결과에 대해 신뢰를 축적하는 데 유용하다. 하지만 머신러닝 알고리즘을 더 최적화시킬 수 있다.

그 외에도 결과를 내는 데 걸리는 시간이라는 관점에서도 더 나은 성능을 원할 수도 있다.

다음과 같은 방법을 통해 알고리즘을 최적화시킬 수 있다.

- 알고리즘 튜닝
  튜닝은 모델이 최선의 성능을 보일 수 있도록 알고리즘에 영향을 주는 파라미터를 최적화시켜 나가는 방법으로 이해할 수 있다. 여기서 최선은 어떤 것을 최선으로 볼지에 따라 결정된다.
- 훈련과 검증 데이터
  n-폴드 교차 검증 기술을 머신러닝에 활용해 결과를 검증할 수 있다. 홀드백 방법은 학습에 대한 폭포수 접근법이다.
- 여러 방법의 평가
  아주 다양한 머신러닝 방법을 시도해보면 어떤 것이 가장 정확한 결과를 내는지 결정하는 데 도움이 된다.

## 더 나은 데이터로 결과 개선

다음과 같이 데이터를 통해 성능을 개선할 수 있다.

- 더 많은 데이터
  더 많은 데이터를 확보할 수 있다면 모델의 성능을 개선시킬 수 있다.

- 더 질이 좋은 데이터 확보

  더 많은 데이터가 아니라 가능하다면 더 질이 좋은 데이터를 확보하는 것이 보통 더 낫다. 질 좋은 데이터는 데이터에 내재된 시그널을 개선하고 노이즈를 줄인다. 데이터 정제를 통해 데이터의 질을 향상시킬 수도 있다.

- 데이터 재추출

  표본 데이터를 서로 다른 크기나 분포로 나누는 것은 개념을 더 잘 표현할 수 있거나 속성의 개수를 줄여 성능을 개선하는 데 도움이 된다.

- 데이터 표현

  데이터는 머신러닝 방법의 변화를 통해 다른 방법으로 표현<sup>representation</sup>될 수 있다. 적용되는 머신러닝 방법의 형태를 바꾸고 문제를 재평가하는 것으로 모델을 최적화할 수도 있다.

- 특징 선택

  중요하거나 중요하지 않은 특징을 선별하는 것은 모델이 학습을 하는 데 있어 새로운 추론을 제시할 수 있다. 특징의 개수를 증가시키는 것이 항상 이익이 되는 것은 아니다. 하지만 비지도학습의 경우 검토에 빠짐이 없게 하고자 모든 특징을 전부 포함시키는 것이 이익이 될 수 있다.

- 피처 엔지니어링

  성공의 핵심은 데이터를 어떤 식으로 표현할지다. 피처 엔지니어링<sup>feature engineering</sup>은 데이터를 이런저런 방법으로 나눠보고 합쳐보는 과정을 통해 데이터를 다른 식으로 표현해 보는 과정이다. 예를 들어 집계<sup>aggregation</sup>를 통해 환자의 나이를 연속적인 숫자로 명시하는 대신 10년 단위로 카테고리화할 수도 있다. 분해<sup>decomposition</sup>을 통해 데이터에 내재돼 있는 의존성을 줄일 수 있다. 심지어 이 과정에서 예전에 제외해 모델에 보여주지 않았던 속성을 다시 포함시킬 수도 있다. 데이터의 힘에 대한 유명한 언급은 구글 연구 책임자이자 머신러닝의 선구자인 피터 노빅<sup>Peter Norvig</sup>이 한 말로, 다음과 같이 말했다. "우리는 더 나은 알고리즘을 갖고 있지 않다. 우리는 단지 더 많은 데이터를 갖고 있을 뿐이다."

## 지도학습, 비지도학습의 선별

모델을 개발할 때 지도학습법이나 비지도학습법을 선택할지는 거의 문제가 되지 않는다. 사실은 종종 함께 사용된다. 비지도학습은 차원 축소, 피처 엔지니어링 등에 유용한 기술인데, 이런 기술도 지도학습 문제에 사용될 수 있다.

## 앙상블

앙상블ensembles은 문제의 다양한 측면에 특화된 분류자를 모아 만들어진다. 앙상블은 모델을 하나의 특징으로 처리한다. 배깅bagging, 부스팅boosting, 스태킹stacking과 같은 방법이 있는데, 자세한 것은 4장에서 다룬다.

앙상블은 보통 고급 머신러닝 기술자가 사용한다.

## 문제를 여러 프로세싱으로 분산

최적화 방법의 하나는 머신러닝 수행에 사용되는 프로세싱을 분배하는 것이다. 마이크로소프트 애저, 구글 AI 등과 같은 도구는 대규모로 문제를 여러 프로세싱으로 분배시킬 수 있는 데이터 웨어하우스의 사례다. 실제로 대부분의 문제는 멀티코어 프로세싱으로 분배할 수 있다.

## 구현 방법의 문제

사용자 인터페이스UI는 사람과 인터랙션이 필요한 머신러닝 애플리케이션에서는 핵심 요소다. 결과가 출력되는 곳이기도 하고 대부분의 지능이 수집되는 곳이기도 하다.

사용자 인터페이스와 사용자 경험의 재고는 사람이 개입되는 경우 상당히 고려할 가치가 있다.


## 결과 보고

여러 상황에서 내부 이해관계자가 머신러닝 프로젝트를 지원하게끔 하는 데 있어 결과 보고는 가장 핵심적인 측면이다. 전형적으로 회사나 고객에게 내용을 전달함에 있어서 파워포인트와 백서면 충분하다.

문제를 하나의 과학 실험으로 설정하고 다음과 같은 점을 평가한다.

- **왜:** 문제와 동기에 대한 맥락을 정의한다.
- **문제:** 질문의 요지를 기술한다.
- **해법:** 제시된 질문에 대한 답을 설명한다.
- **발견:** 데이터에서 발견한 내용과 모델에 의해 추론되는 것을 설명한다.
- **결론:** 프로젝트에서 배운 것을 평가하고, 한계, 윤리적인 문제, 프라이버시, 데이터 감수성(특히 GDPR) 등을 기술한다.

일단 소견을 보고한 후 실전 배치를 할 것이라면 배치에 앞서 프로젝트의 가치를 결정하는 것은 이해관계자에게 달려 있다.

논의할 주제에는 거짓 음성, 거짓 양성, 예측 정확도 등을 보고하는 방법이 들어간다. 예측이 갖고 있는 함의에 대한 논의는 핵심 고려 사항이다. 어떤 것은 비교적 생소한 문제다. 이를테면 관련된 데이터를 사용하는 데 대한 법률적인 문제는 무엇인가? 머신러닝 모델이 진정 예측 가능한가? 아니면 단지 우연일 뿐인가? 어떤 사람의 암 위험도를 정확하게 진단할 수 있다는 사실이 갖는 함의는 무엇인가?

웨어러블 디바이스, 트래커, 전자의무기록 등과 같은 새로운 정보의 소스는 머신러닝을 혁신과 윤리적 고민의 장으로 올려놓았다. 머신러닝은 헬스케어와 의료보험에 관련된 분야에서 넓은 응용 범위를 갖고 있으며, 이제는 반드시 고려돼야 하는 요소가 됐다.

결과적으로 머신러닝을 통한 예측 모델 분야에 상당한 발전이 있었다. 특히 생체의학 연구 분야에서는 모델을 보고하는 가이드라인이 마련됐다. 여기에는 예측 문제를 파악하는 방법, n-폴드 교차 검증을 하는 방법, 결과에 대한 보정법(그림 3-11) 등이 포함돼 있다. 보정은 실제 적용과 관련이 깊은 것으로, 모델에 의한 예측과 관찰되는 결과 사이의 관계를 의미한다. 예를 들어 예측 모델이 폐암 환자가 다음 1년 동안 사망할 위험이 70%라고 했을 때 실제 우리의 데이터셋에서 폐암 환자의 70%가 다음 1년 사이에 사망했다면 이 모델은 보정이 잘 된 것이라고 볼 수 있다.

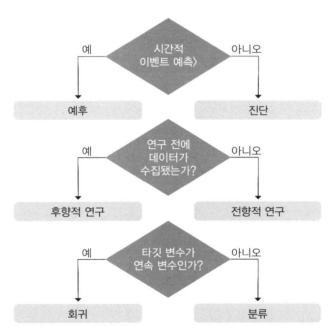

**그림 3-11.** 주어진 과업에 대한 이해(출처: Luo W, Phung D, Tran T, Gupta S, Rana S, Karmakar C, Shilton A, Yearwood J, Dimitrova N, Ho TB, Venkatesh S, Berk M Guidelines for Developing and Reporting Machine Learning Predictive Models in Biomedical Research: A Multidisciplinary View J Med Internet Res 2016;18(12): e323 URL: https://www.jmir.org/2016/12/e323 DOI: 10.2196/jmir.5870 PMID: 27986644 PMCID: 5238707)

# 4장

# 머신러닝 알고리즘

> "바보라도 안다. 중요한 것은 이해하는 것임을..."
>
> – 알버트 아인슈타인(Albert Einstein)

대수학과 통계학의 배경 지식이 없어도 머신러닝을 시작할 수는 있다. 그러나 실제로 수학은 머신러닝에서 상당히 많은 부분을 차지한다. 수학은 알고리즘의 작동 방법을 이해하는 데 핵심적 역할을 한다. 따라서 기존에 개발된 도구를 사용하지 않고 처음부터 머신러닝 프로젝트를 코딩하는 것이 수학과 통계학 능력을 키우는 훌륭한 방법일 수 있다. 알고리즘의 원리를 이해하지 못하면 알고리즘 작동 방식을 잘 이해할 수 없고 제한된 해석만 받아들이게 된다. 무엇보다도 알고리즘의 배경이 되는 수학적 원리를 이해한다면 이런 지식을 바탕으로 상황에 가장 잘 맞는 머신러 닝 기법을 선택할 수 있다.

셀 수도 없을 만큼 다양한 머신러닝 알고리즘이 있다. 하지만 핵심이 되는 알고리즘은 그렇게 많지 않고, 대다수는 속도나 계산의 부담을 경감시킨 변형이다. 머신러닝의 핵심은 학습자learners이며, 학습자는 훈련 및 테스트 데이터를 상대로 오류 함수

error function라고도 불리는 손실 함수loss function를 최소화하려는 시도를 하게 된다.

많은 머신러닝 프로젝트에서는 numpy, pandas, matplotlib, scipy, scikit-learn, scrapy, NLTK 등과 같은 인기 있는 라이브러리가 제공하는 방법을 사용한다.

가장 흔히 사용되는 머신러닝 과제는 분류classification, 회귀regression, 클러스터링clustering 이다. k-최근접 이웃, 서포트 벡터 머신, 의사 결정 트리, 베이지안 네트워크, 선형 판별 애널리틱스 등을 사용하면 이산적인 값의 예측 함수를 얻을 수 있다.

4장에서는 머신러닝 알고리즘, 관련 프로그래밍 라이브러리, 기술의 실제 사용 사례 등을 설명한다.

## 머신러닝 프로젝트 정의

톰 미첼Tom Mitchell은 머신러닝을 간결하게 다음과 같이 정의했다. "주어진 과업 $T$와 성능 $P$가 있고, $P$ 값이 경험 $E$를 통해 개선될 때 이 시스템을 과업 $T$와 성능 척도 $P$를 갖고 있으며, 경험 $E$에서 학습하는 컴퓨터 프로그램이라고 한다."[50]

이 정의를 사용하면 머신러닝 프로젝트를 구성할 때 어떤 데이터를 수집하고 사용할지($E$), 어떤 과업이 놓여 있는지($T$), 그리고 어떻게 결과를 평가할지($P$)를 명확히 사고하는 데 도움이 된다.

### 과업(T)

과업Task이란 머신러닝 모델에 기대하는 것을 말한다. 학습 모델이 학습하는 함수가 과업이다. 이는 실제로 학습을 시키는 과업이 아니고, 최종적으로 손에 쥐어지는 것을 말한다. 예를 들어 로봇 청소기는 바닥을 청소하는 과업을 가진다. 어떤 과업 은 더 작은 과업으로 쪼갤 수 있다.

## 성능(P)

성능$^{Performance}$은 머신러닝 모델의 능력에 대한 양적인 측정 지표다. 성능은 손실 함수를 사용해 측정하는데, 보통 모델이 과업을 수행하는 정확도로 계산된다. 또는 성능은 잘못된 결과를 내는 사례를 내는 비율을 사용해 오류율$^{error\ rate}$로 측정되기도 한다. 모델 학습에서는 이상적으로는 근접 최소$^{local\ minima}$ 또는 최대$^{maxima}$에 빠지지 않으면서 전역 오류율을 최소화하는 것이 목적이 된다.

## 경험(E)

경험$^{Experience}$은 사용할 수 있는 레이블이 있는 데이터의 양과 머신러닝 모델에서 필요한 지도$^{supervision}$의 양을 의미한다.

미첼 교수의 정의는 머신러닝 프로젝트를 정의하는 데 유용하다. 이 정의에 따르면 수집해야 하는 데이터($E$)가 있고, 이것이 지식 기반으로 발전하게 된다. 주어진 문제는 의사 결정($T$)이 필요하고 결과물($P$)을 측정하는 방법이 필요하다.

예를 들어 날짜와 시간이 명시된 과거 병원 입원 기록인 경험 데이터 $E$에서 병원 응급실 입원 최고조를 예측하는 과업 $T$를 생각할 수 있다. 성능 지표인 $P$는 예측의 정확도가 될 수 있다. 모델이 더 많은 경험 데이터를 받을수록 이상적으로는 더 정확히 예측하게 된다. 성능을 반드시 한 가지 기준에서만 측정할 필요는 없다. 정확성과 더불어 병원 입원 최고조를 예측하는 모델은 가장 비용이 저렴하고 자원이 많이 소모되는 최고조에 대한 예측이라는 부가 정보를 줄 수도 있다. 표 4-1에는 과업과 생성할 수 있는 경험 데이터와 그에 따른 성능 지표가 예시돼 있다.

**표 4-1.** 학습 문제와 요소의 이해

| 문제 | 과업 | 성능 | 경험 |
|------|------|------|------|
| 창상 봉합법 배우기 | 두부 창상을 봉합한다. | 정확도(통증, 시간이 변수가 될 수 있음) | 환자의 머리를 봉합하고 피드백을 받음 |
| 이미지 인식 | 사진을 보고 사람의 체중을 인식한다. | 체중 예측의 정확도 | 사람에 대한 이미지와 체중 정보 |
| 약물 전달에 사용되는 로봇 팔 | 환자의 약품함에 약물을 정확하게 옮긴다. | 정확히 전달된 경우의 백분율 | 훈련 사례, 실제 생활 경험 |
| 질환의 위험도 예측 | 제2형 당뇨병의 위험도를 진단한다. | 정확히 진단한 경우의 백분율 | 환자 건강 기록에 대한 훈련 데이터셋, 예측과 피드백에 사용될 실제 생활 경험 데이터 |

머신러닝은 "내가 제2형 당뇨에 걸릴 것 같은가?", "이 이미지에 들어 있는 물건이 무엇인가?", "내가 교통 혼잡을 피할 수 있을까?", "이 권고가 나에게 맞을까?"와 같은 질문의 답을 찾는 데 사용된다.

머신러닝은 이런 유형의 문제를 푸는 데 효과적으로 적용할 수 있다. 하지만 실제 문제의 복잡성을 고려했을 때 특정 알고리즘이 모든 경우, 모든 상황, 모든 사람에 오류 없이 작동하게 하는 것은 현재로서는 불가능하다. 그것이 헬스케어이건 다른 산업이건 마찬가지다.

수학 세계에는 영국의 통계학자 조지 박스[George Box]가 언급한 유명한 경구가 있다. "모든 모델은 잘못됐다. 그런데 그 가운데 일부는 유용하다." 머신러닝의 목적은 완벽한 답을 얻는 데 있지 않으며, 이상적인 모델이더라도 그런 것은 존재하지 않는다. 대신 머신러닝은 통계학에 기초를 두고 실세계로 일반화할 수 있는 유용하면서도 적절한 예측을 하는 데 그 목적이 있다.

머신러닝 알고리즘을 훈련시킬 때 훈련 데이터셋은 통계적으로 유의미하게 무작위로 추출된 것이라야 한다. 그렇지 않으면 존재하지도 않는 패턴, 즉 노이즈를 발견할 가능성이 있다. 훈련 데이터의 암기 문제를 과적합$^{overfitting}$이라고 한다. 모델이 훈련 데이터셋을 암기해 훈련 데이터셋에는 잘 작동하는 데 비해 아직까지 보지 못한 새로운 데이터에서는 제대로 작동하지 못하는 것을 말한다. 그리고 훈련 데이터셋이 너무 적으면 모델은 덜 정확한 예측을 하게 된다.

머신러닝의 목적은 지도학습 방법, 비지도학습 방법에 상관없이 과거의 경험에서 성능을 개선시키는 일반화$^{generalization}$에 있다.

## 머신러닝에 자주 사용되는 라이브러리

데이터 과학과 머신러닝 산업에서 파이썬은 점점 더 인기를 얻고 있다. 파이썬 라이브러리는 대부분 깃허브$^{GitHub}$에 공개돼 공유되고 있는데, 깃허브를 보면 인기도와 라이브러리의 완성도를 알 수 있다.

- 깃허브는 깃$^{Git}$ 버전 관리 시스템에 기초를 둔 서비스다. 깃은 데이터를 스트림과 같은 방식으로 처리한다. 깃은 파일의 스냅샷을 작성하고 스냅샷의 레퍼런스를 저장한다. 깃은 파일의 상태를 `committed`, `modified`, `staged`로 구분하는데, 각각 완전히 저장된 상태, 수정된 상태, 다음 커밋을 위해 준비된 상태를 말한다.
- Numerical Python의 약자인 numpy는 파이썬 확장 라이브러리 가운데 하나다. 이 라이브러리에는 다차원 배열 객체에 대해 벡터화 연산이 가능하고, 여러 가지 수학 함수, 선형 대수, 난수 생성 기능을 갖고 있다. 이 패키지를 사용하면 배열 계산을 무척 빠르게 할 수 있다.
- SciPy는 numpy에 기본을 둔 과학 계산용 라이브러리다. 선형 대수, 시그널과 이미지 프로세싱, 일반 편미분과 특수 함수를 갖고 있다.

- matplotlib은 데이터 플롯팅과 시각화용 파이썬 라이브러리다. 과학 계산에서는 MATLAB이 많이 사용됐었다. 그런데 간단함과 유용성을 갖춘 matplotlib 덕분에 파이썬이 MATLAB을 대체할 수 있는 도구로 자리매김 할 수 있었다.

- 판다스$^{pandas}$는 데이터 집계, 데이터 조작, 데이터 시각화용 도구다. 판다스에는 1차원 배열을 다루는 Series라는 데이터 타입이 있고, 다차원 배열에는 DataFrame이라는 데이터 타입이 있다.

- 사이킷런$^{Scikit-learn}$에는 이미지 프로세싱과 머신러닝에 관련된 도구가 들어있다. 이 패키지는 SciPy 패키지를 바탕으로 만들어졌고, 글러스터링, 분류, 회귀 등을 위한 알고리즘을 구현할 수 있다. 이 라이브러리에는 나이브 베이즈$^{naive\ Bayes}$, 의사 결정 트리, 랜덤 포레스트, K-평균, 서포트 벡터 머신과 같은 알고리즘 등이 포함된다.

- NLTK$^{Natural\ Language\ Toolkit}$은 자연어 처리에 필요한 라이브러리를 모아 놓은 것이다. 이 라이브러리는 감성 분석$^{sentiment\ analysis}$과 요약에 필수적인 토큰화, 어간 추출$^{stemming}$, 파싱$^{parsing}$, 분류 등과 같은 전문가 시스템에 필요한 기초를 제공한다.

- 제니즘$^{Genism}$은 비정형화된 텍스트에 사용하는 라이브러리다.

- 스크래피$^{Scrapy}$는 웹 사이트를 스크랩해서 분석하고, 데이터 마이닝 작업을 할 수 있는 오픈소스 라이브러리다.

- 텐서플로$^{TensorFlow}$는 구글 알파벳의 지원을 받는 머신러닝에 최적화된 데이터 계산용 오픈소스 라이브러리다. 텐서플로를 사용하면 다층 신경망을 구축하고 빠르게 훈련시킬 수 있다. 텐서플로는 구글의 여러 가지 지능 플랫폼에서 사용되고 있다.

- 케라스$^{keras}$는 텐서플로에 기반을 둔 신경망 구성용 라이브러리다.

## 지도학습 알고리즘

여러 가지 지도학습의 목적은 예측 함수 $f(x)$나 가설$^{hypothesis}$을 세밀하게 조정하는 것이다. 학습은 특정 도메인 안에서 입력 데이터 $x$를 잘 대표할 수 있는 수학적인 알고리즘으로 구성된다. 이를테면 $x$는 하루 중 어떤 시간 값을 저장한 데이터이고 $f(x)$는 특정 병원에서 대기 시각의 예측이 될 수 있다.

실제 $x$는 전형적으로 여러 개의 데이터 포인트로 구성된다. 따라서 입력 데이터는 보통 벡터로 표현된다. 예를 들어 앞의 예에서 $f(x)$는 시간 값을 가진 입력 데이터 $x$를 받는다. 예측 함수를 학습시킬 때는 어떤 날짜의 값 $x_1$, 다른 값 $x_2$, 또 다른 값 $x_3$, $x_4$ 등을 사용한다. 어떤 입력값을 사용할지의 결정은 머신러닝 프로세스 설계 과정에서 핵심적인 역할을 한다.

데이터셋의 각 레코드 $i$는 특징 $x(i)$로 구성되는 하나의 벡터다. 지도학습에서는 각 인스턴스에 대응하는 하나의 타깃 레이블 $y(i)$가 주어진 상태로 시작하게 된다. 그래서 모델은 $(x(i), y(i))$ 형태의 입력 데이터를 사용해 훈련된다. 그러므로 훈련 데이터셋은 $\{(x(i), y(i)); i = 1, \ldots, N\}$으로 표현된다. 여기서 $x$는 입력 데이터를 가리키고, $y$는 출력이다.

모델은 다음과 같은 간단한 형태를 가진다.

$f(x) = ax + b$, 여기에서 $a$와 $b$는 상수이며, $b$는 데이터에 있는 노이즈를 가리킨다.

머신러닝의 목적은 예측 함수 $f(x)$가 최대한 정확하게 예측하도록 최적의 값 $a$, $b$를 찾는 것이다. 학습 방법은 귀납적이다. 모델이 훈련 데이터를 쭉 조사해 데이터에 있는 패턴을 찾는다. 모델은 사례 집합에서 가설이나 패턴을 유추한다. 머신러닝 예측 모델의 결과는 3장에서 다룬 편향, 노이즈, 변이 때문에 실제 함수의 값과 다르다.

$f(x)$의 최적화는 훈련 데이터를 거치면서 일어난다. $\{x_1 \ldots x_n\}$에 있는 각각의 훈련 데이터 사례는 입력 값 x_training과 거기에 해당하는 출력값 $Y$를 갖고 있다. 하나의 사례

가 프로세싱되면서 이미 알려진 정답인 값 $y(y \in Y)$와 함수 $f($h_training$)$의 예측 값과의 차이를 계산한다. 훈련 데이터셋에서 적절한 개수의 샘플을 처리하고 나서 $f(x)$의 오류 비율을 계산하고, 이에 근거해 예측의 정확도를 높이도록 $a$와 $b$ 값을 개선시켜 나간다.

또한 줄일 수 없는 오류<sup>irreducible error</sup>라고 불리는 데이터에 내재돼 있는 본질적인 확률을 측정한다.

특징 선택<sup>feature selection</sup>에는 대개 2가지 방법이 사용된다. 첫 번째는 데이터의 일반적인 특성에 기반을 둔 독립적인 평가를 사용하는 방법이다. 이 방법은 모델을 만들기 이전에 변수(feature)를 필터링하는 과정을 거치기 때문에 필터 방법<sup>filter methods</sup>이라고 한다. 두 번째 방법은 변수의 서로 다른 조합에 따라 머신러닝 알고리즘을 평가하고 나서 가장 정확하게 분류하는 조합을 선택한다. 보통 이 과정은 예측 모델을 설계할 때 끝부분에서 사용된다. 여기에 속하는 방법은 생성되는 알고리즘이 전체 변수 선택 프로세스를 감싸기 때문에 래퍼 방법<sup>wrapper method</sup>이라고 불린다.

대수의 정리<sup>the law of large numbers theorem</sup>가 머신러닝 예측에도 적용된다. 이 정리에 따르면 같은 실험을 무수히 반복했을 때 그 결과는 어떤 값으로 수렴하게 된다.

이 방법은 시스템이 최적의 $a$, $b$ 값으로 수렴할 때까지 반복한다. 따라서 머신러닝은 경험을 통해 학습하고 그 결과를 출력한다. 전형적으로 모델의 오류를 최소화하거나 가급적 가장 정확하게 예측하게 만드는 데 관심을 기울이게 된다.

이런 지도 머신러닝 알고리즘은 회귀에 바탕을 둔 시스템과 분류에 바탕을 둔 시스템으로 나뉜다.


## 분류

분류<sup>Classification</sup>는 어떤 아이템<sup>items</sup>$(x)$이 사전에 정의된 카테고리(또는 레이블, $y$) 값의 집합에서 어떤 값으로 매핑되는지를 결정하는 과정이다. 이 과정에서 매핑 함수

$f$가 사용된다. 분류 알고리즘은 특징<sup>features</sup>(또는 속성<sup>attributes</sup>)을 사용해 특징 항목을 두 개 또는 그 이상의 카테고리로 분류한다.

훈련 데이터는 입력 벡터로 제공된다. 입력 벡터는 아이템에 대한 특징<sup>features</sup>과 레이블<sup>label</sup>로 구성된다. 예를 들어 하나의 아이템은 다음과 같이 구성된다.

{x_training, output}과 같은 형태로 {"HbA1c, 7.8%", "Diabetic"}

이런 형태의 데이터로 분류 알고리즘이 분류를 위한 학습을 한다. 분류 알고리즘은 각각의 사례에 대한 레이블이 있어서 그 관계에 따른 패턴을 학습한다. 따라서 모델의 분류 정확도<sup>accuracy</sup>는 모든 예측 결과 가운데 정확하게 분류한 비율을 통해 가장 잘 파악할 수 있다.

분류 알고리즘에는 의사 결정 트리<sup>decision trees</sup>, 나이브 베이즈<sup>Naive Bayesian</sup>, 로지스틱 회귀, k-최근접 이웃, 서포트 벡터 머신 등이 있다.

분류 알고리즘은 다음과 같은 일을 할 때 주로 사용한다.

- 건강 데이터에 바탕을 두고 환자의 진단을 제안한다. 당뇨병성 망막증이 있는가?
- 환자에게 가장 적절한 치료법 추천
- 하루 병원 업무 중 입원이 몰리는 시기 결정
- 병원 재입원 위험도를 결정
- 이미지 분석을 통한 진단(예를 들어 환자의 사진으로 과체중인지 아닌지 알아내기)


## 회귀

회귀<sup>Regression</sup>는 결과가 연속 변수일 때 그 값을 예측한다. 회귀 기반 시스템은 하나의 값을 예측하기 때문에 성능은 예측에 대한 오류율로 측정한다.

결정 계수coefficient of determination, 평균 절대 오차mean absolute error, 상대 절대 오차relative absolute error, 제곱근 평균 제곱 오차root mean square error 등이 회귀 모델 평가에 사용되는 지표다.

회귀 알고리즘에는 선형 회귀, 회귀 트리, 서포트 벡터 머신, k-최근접 이웃, 퍼셉트론 등이 있다.

종종 회귀 문제를 분류 문제로, 분류 문제를 회귀 문제로 바꾸는 것이 가능하다. 예를 들어 환자의 당화혈색소(HbA1c)는 연속 값으로 사용된다. 6.5% 이상인 경우에는 당뇨(집합 1), 6.5% 미만인 경우 정상(집합 2)이라는 사전 정의가 있는 경우라면 연속 값인 HbA1c = 6.9%는 당뇨군으로 카테고리화돼 분류의 문제로 바꿔 적용될 수 있다.

시계열time series은 시간 순서에 따라 측정된 데이터를 말한다. 따라서 이 데이터의 순서에는 추가적인 정보를 담고 있다. 시계열 회귀도 자주 사용되는 방법 가운데 하나다.

회귀 알고리즘은 다음과 같은 경우에 주로 사용된다.

- 이전 혈당 기록을 보고 당화혈색소의 값을 예측(시계열 예측)
- 재입원까지 날짜를 예측(시계열 회귀 문제로도 볼 수 있다)
- 임상 데이터에 기반을 둔 사망률 예측
- 합병증이 발생할 위험도 예측
- 사무실에서 여러 사람이 공유 출력 프린터를 사용할 때 프린팅 대기 시각 예측

# 의사 결정 트리

의사 결정 트리Decision Trees는 데이터 분류 규칙에 따라 의사 결정 과정을 표현한 순서도다. 의사 결정 트리는 뿌리root에서 시작하고, 특징features을 표현하는 내부 노드internal nodes, 결과를 표현하는 가지branches를 갖고 있다. 따라서 의사 결정 트리는 분류 문제를 표현한 것이라고 말할 수 있다. 의사 결정 트리는 여러 가지 조작을 통해서 이해하기 쉽게 만들 수 있다. 각각의 의사 결정 트리는 논리학적으로 보면 함의implications에 대한 논리합disjunctions이고, 이런 함의는 논리 프로그래밍에서 유용한 혼절Horn clauses로 볼 수 있다. 하나의 혼 절은 리터럴literals의 논리합이다.[1]

의사 결정 트리에는 불일치라는 개념이 없어서 데이터의 오차가 있을 수 없기 때문에 훈련 데이터를 100% 정확도로 훈련하는 것이 가능하다. 하지만 실세계에서 적용하려고 하면 잘 되지 않는 경우가 많은데, 이는 과적합overfitting이 일어날 가능성이 높음을 시사한다.

예를 들어 표 4-2와 같은 간단한 데이터셋으로 의사 결정 트리를 만들면 그림 4-1과 같이 된다.

**표 4-2.** 제2형 당뇨병의 위험

| Record | Unhealthy | BMI | Ethnicity | Outcome |
|---|---|---|---|---|
| Person 1 | Yes | >25 | Indian | 고위험군 |
| Person 2 | Yes | <25 | Indian | 저위험군 |
| Person 3 | Yes | >25 | Caucasian | 고위험군 |
| Person 4 | No | <25 | Caucasian | 저위험군 |
| Person 5 | No | >25 | Chinese | 중간 위험군 |

---

1. 의사 결정 트리의 논리학에 대해서는 웹 등에서 쉽게 찾을 수 있다. — 옮긴이

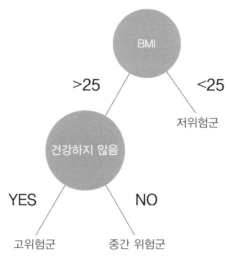

**그림 4-1.** 노드가 2개인 의사 결정 트리

일련의 테스트로 데이터를 쪼개 나가면서 최종적으로 레이블을 결정하는 과정을 거쳐 사례의 분류 작업이 이뤄진다. 트리는 위에서부터 아래 방향으로 이어지는 테스트로 구성되는데, 알고리즘은 다음과 같다.

1. 모델의 뿌리에서 시작한다.
2. 모든 사례가 같은 클래스에 놓이게 기다린다.
3. 비용 함수를 사용해 최적화된 형태로 데이터가 나눠질 수 있도록 특징을 테스트한다.
4. 결과에 이르는 가지 값$^{\text{branch value}}$을 따라간다.
5. 2번 과정을 반복한다.
6. 잎 노드$^{\text{leaf node}}$로 결과가 출력된다.

의사 결정 트리 학습에서 핵심 질문은 뿌리 노드에서 시작해 마지막 결정 노드에 이르는 과정에서 어떤 기준을 어느 지점에 둘지에 대한 것이다. 의사 결정 트리 알고리즘에서는 3가지 주요 알고리즘이 있다. 알고리즘은 노드나 특징에 대해 어떤 손실 함수나 측정법을 선택하는지에 따라 다르다. 뿌리는 가장 높은 위치에 있는 노드다. 트리는 가지<sup>branches</sup>로 나눠지고, 이는 손실 함수를 통해 평가된다. 더 이상 나눠지지 않는 가지는 터미널 노드, 즉 잎<sup>leaf</sup>이나 결정<sup>decision</sup>이 된다.

의사 결정 트리는 획득된 지식을 그림 4-1처럼 읽기 쉽고, 이해하기 쉬운 포맷으로 표현하기 편리한 방법이다. 이는 마치 특징의 중요성, 관계, 의사 결정과 같은 방법으로 우선순위를 부여하는 인간의 의사 결정 과정과 유사하다. 따라서 어떤 결과를 일련의 규칙으로 표현할 때 간단히 사용할 수 있는 방법이다.

의사 결정 트리는 빅데이터셋을 가장 잘 구분해주는 변수에 우선순위를 부여할 때 유리한 방법이다. 의사 결정 트리의 깊이<sup>depth</sup>를 지정하지 않으면 알고리즘은 궁극적으로 제시된 데이터를 모두 학습하고 과적합 상태가 된다. 따라서 의사 결정 모델링을 할 때는 깊이를 작게 설정하도록 권고된다. 또는 의사 결정 트리에 가지치기<sup>pruning</sup>를 할 수 있다. 전형적으로 가장 덜 중요한 특징<sup>feature</sup>부터 가지를 쳐나가는 방법이 있고, 또는 차원 축소 기능을 적용하기도 한다.

과적합은 의사 결정 트리뿐만 아니라 머신러닝에서 흔히 접하는 장애물이다. 모든 알고리즘은 과적합의 위험이 있고, 이 문제를 극복하기 위한 여러 가지 기술이 있다. 랜덤 포레스트<sup>Random Forest</sup>, 정글 의사 결정 트리<sup>jungle decision tree</sup> 같은 유형은 이런 문제를 해결할 때 매우 편리하다.

가지치기는 덜 중요한 정보를 주는 변수를 제거하는 방식으로, 의사 결정 트리의 크기를 줄인다. 따라서 마지막 분류 규칙을 덜 복잡하게 만들어서 예측의 정확도를 높여준다.

다음은 이런 모델을 평가할 때 사용되는 용어와 정의다.

- **참 양성**<sup>TP, True Positive</sup>: 실제 클래스가 'yes'이고, 예측된 클래스가 역시 'yes'인 경우
- **거짓 양성**<sup>FP, False Positive</sup>: 실제 클래스는 'no'인데, 예측된 클래스가 'yes'인 경우

- **참 음성**<sup>TN, True Negative</sup>: 실제 클래스가 'no'이고, 예측된 클래스 역시 'no'인 경우
- **거짓 음성**<sup>FN, False Negative</sup>: 실제 클래스가 'yes'인데, 예측된 클래스가 'no'인 경우

모든 사례에서 실제 클래스와 예측된 클래스의 조합은 네 가지 그룹 어딘가에 속하게 된다. 이것에 바탕을 두고 다음과 같은 지표가 정의된다.

- **정확성**<sup>accuracy</sup>: 정확하게 예측한 수/총 예측 수 = (TP + TN)/(TP + TN + FP + FN)
- **정밀도**<sup>precision</sup>: 정확하게 예측한 수/양성으로 예측한 수 = (TP)/(TP + FP)
- **재현율**<sup>recall</sup>: 정확하게 양성으로 예측한 수/실제 양성 사례 수 = (TP)/(TP + FN)

분류는 머신러닝에서 흔하게 사용되는 방법이며, 여기에 속하는 알고리즘으로 흔히 사용되는 것으로 ID3<sup>Iterative Dichotomizer 3</sup>, C4.5<sup>Classification 4.5</sup>, CART<sup>Classification And Regression Trees</sup> 등이 있다.


## ID3(Iterative Dichotomizer 3)

**파이썬 패키지:** `scikit-learn`; **메서드:** `decision-tree-id3`

로스 퀸란<sup>Ross Quinlan</sup>은 ID3, C4.5 알고리즘[51] 개발을 비롯해 의사 결정 학습 분야에 상당한 기여를 한 공학자다. ID3 알고리즘은 정보 이론의 아버지라 불리는 클로드 섀넌<sup>Claude Shannon</sup>의 이론에 근거를 둔 정보 획득량<sup>information gain</sup>이라는 비용 함수<sup>cost function</sup>를 사용한다. 정보 획득량은 엔트로피<sup>entropy</sup>라고 알려진 측정법을 사용해 계산된다.

엔트로피는 데이터셋의 불순한 또는 정리되지 않은 정도를 측정하는 방법이다. 임의의 카테고리 C에 {c1, …, cn}과 같은 카테고리 값이 있고, 사례 집합 S, ci의 비율 proportion이 pi인 경우 S의 엔트로피는 다음과 같이 계산된다.

$$H(S) = \sum_{x \in X} -p(x)\log_2 p(x)$$

정보 획득량은 엔트로피를 사용해 계산된다. 이 값은 사례 S에 대해 속성 A가 분류하는 데 얼마만큼의 정보를 주는지를 의미한다. 속성 A가 취할 수 있는 값 {t1, …, tn}은 집합 T로 대표된다.

$$IG(A, S) = H(S) - \sum_{t \in T} p(t)H(t)$$

ID3는 가장 정보 획득량이 많은 노드를 우선적으로 선택해 데이터를 분류하고, 이후 반복적으로 ID3 알고리즘을 적용한다. 어떤 속성의 정보 획득량은 속성 A의 값을 학습한 결과 엔트로피를 얼마만큼 줄이는 데 기여했는지로 이해할 수 있다. 이 알고리즘은 속성을 전부 검토했거나 의사 결정 트리가 사례를 완전히 분류한 경우 끝난다. ID3는 결측값에는 사용할 수 없는 분류 알고리즘이다.

예를 들어 다음과 같은 데이터를 받았을 때 모델은 '고위험군'이라고 분류할 수도 있을 것이다. 여기서 민족이 결과에 결정적인 영향을 미치는 요인일 가능성이 있다. 하지만 모델이 더 가능성 있는 결과를 학습하기에는 데이터가 충분하지 않다.

| 레코드 | 건강하지 않음 | BMI | 민족성 | 결과 |
|--------|--------------|------|--------|------|
| 사람 5 | No | <25 | 중국 | ? |

## C4.5

**파이썬 패키지: `scikit-learn`; 메서드: `C45algorithm`**

C4.5는 ID3 알고리즘을 강화한 것으로, 속성을 선택할 때 가지의 숫자와 크기를 고려한다. C4.5는 연속 값이나 이산적인 값을 갖는 레이블에 모두 사용할 수 있고, 게인 비율gain ratio라는 값을 분리 기준으로 사용한다. 이 알고리즘을 사용하면 데이터셋이 커질수록 실행 시간과 정확도가 향상된다. C4.5에는 상향식 기술의 일종인 서브트리 레이징subtree raising이라는 가지치기 기술과 모델이 데이터에 과적합하지 않게끔 하는 서브트리 대체법subtree replacement이 있다.

## CART

**파이썬: `scikit-learn`; 메서드: `cart`**

CART는 'Classification And Regression Trees'의 약어로 손실 함수로 지니 지수Gini index를 사용한다. C4.5와 같이 이항 트리로 구성되는데, CART는 회귀와 분류 문제에 모두 사용할 수 있다. 엔트로피가 탐색적 분석에 사용되는 반면 지니Gini는 잘못 분류된 것을 최소화시킨다.

## 앙상블

앙상블은 머신러닝 분야에서 자주 사용되는 알고리즘의 하나다. 앙상블은 머신러닝 모델이나 학습자를 여러 개 모아 사용하는 방법을 말한다. 결과적으로 약한 학습 모델을 그룹화해 더 정확하고 강한 학습자로 만든다.

## 배깅

배깅[Bagging]은 앙상블 기술의 하나로, 부트스트랩 샘플링 기술을 사용해 만든 임의의 데이터셋으로 각 세트의 독립적인 모델을 만들어 사용한다(그림 4-2). 이 기술은 분산을 줄이는 방식을 통해 오류를 줄여 나간다. 일반적으로 배깅은 이상 행동을 평균으로 처리하는 방법을 사용해서 예측을 개선한다. 이와 반대로 반복적으로 예측 모델을 만들어 가는 방식을 부스팅[Boosting]이라고 한다.

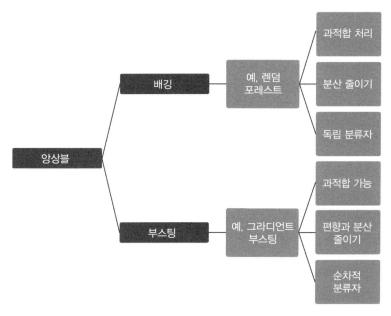

**그림 4-2.** 배깅과 부스팅

배깅에서는 데이터셋 $D$에서 복원 추출 방식을 사용해 $n' < n$ 샘플을 얻는다. 매 단계마다 최적의 분리를 할 수 있는 특징을 무작위로 선택한다.

마지막에 평균, 투표, 또는 기타 통계적인 방법을 사용해 새로운 인스턴스를 예측한다. 랜덤 포레스트 의사 결정 트리는 배깅의 개념을 확장한 것이다. 특징 집합에 대한 무작위 부분집합을 사용하기 때문에 학습자의 예측 값끼리 약한 상관관계를 갖는 결과를 얻을 수 있다.

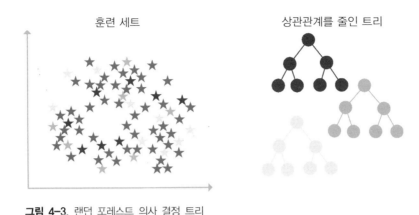

훈련 세트 　　　　　 상관관계를 줄인 트리

**그림 4-3**. 랜덤 포레스트 의사 결정 트리

## 랜덤 포레스트 의사 결정 트리

**파이썬 패키지**: scikit-learn; **메서드**: RandomForestClassifier

랜덤 포레스트는 동시에 여러 개의 의사 결정 트리를 만들어 사용한다. 이 의사 결정 트리 집합은 의사 결정 학습자 집합(트리로 된 포레스트forest)이라고 부른다. 랜덤 포레스트의 목적은 과적합을 예방하는 것이다. 랜덤 포레스트에 더 많은 의사 결정 트리가 존재할수록 결과는 더 정확해진다. 각각의 랜덤 포레스트는 데이터셋에서 무작위 샘플을 취하고, 의사 결정을 위한 특징의 무작위 부분집합이 된다.

랜덤 포레스트 의사 결정 트리는 분류와 회귀 문제에 사용할 수 있다. 회귀 문제에서는 결과의 평균값을 취하고, 분류 문제에서는 다수를 차지하는 카테고리가 선택된다. 랜덤 포레스트 의사 결정 트리는 여러 모델을 모아 놓은 앙상블의 하나다. 여러 모델에서 만들어지는 예측 값의 조합을 통해 분산을 줄여나가는 앙상블 방법의 하나다.

랜덤 포레스트 모델은 부트스트랩 방식을 적용하기에 제한이 있는 데이터에서 사용하기 좋다. 랜덤 포레스트 분류자의 장점은 누락 값을 처리할 수도 있다는 점이다.

## 부스팅

부스팅[Boosting]은 앙상블 방법의 하나로, 예측 모델을 순차적으로 더해 나간 후 최종 모델을 예측에 활용한다. 새롭게 추가되는 모델 학습은 이전 모델의 오류를 줄이는 데 초점이 맞춰진다. 보통 이 방법은 예측에 사용될 데이터가 많은 경우 주로 사용된다.

이전 모델의 오류를 보정하는 새로운 모델을 하나씩 추가하는 방법을 사용해서 결국에는 편향과 분산을 줄이기 때문에 약한 학습자를 모아 강한 학습자로 바꿀 수 있다. 각 단계의 모델은 데이터 간의 관계를 학습하고, 오류를 계산한다. 잘못 분류된 데이터에는 가중치를 부여해서 다음 모델이 현재 모델의 오류를 줄일 수 있게 한다. 부스팅으로 엮을 수 있는 머신러닝 방법 알고리즘은 아무것이나 가능하다.

부스팅이 작동하는 방식은 다음과 같다.

1. 데이터를 제시한다.
2. 가장 유의미한 특징의 집합으로 의사 결정 모델을 만든다.
3. 잘못 분류된 관찰 값에 가중치를 준다.
4. 이런 과정을 반복하고, 모든 모델을 결합해 최종 분류자를 만든다.

## 그라디언트 부스팅

**파이썬 패키지:** `scikit-learn`;

**메서드:** `GradientBoostingClassifier`, `GradientBoostingRegressor`

그라디언트 부스팅[Gradient Boosting]은 다중 가산 회귀 트리[multiple additive regression trees], 확률적 그라디언트 부스팅[stochastic gradient boosting], 그라디언트 머신[gradient machines]과 같은 다양한 이름을 갖고 있다. 그라디언트 부스팅은 2001년, 제롬 프리드먼[Jerome Friedman]이 의사 결정 트리에 적용하면서 처음 소개됐다.[52] 뒤에 설명하는 AdaBoost[Freund and Shapire, 2001)는 그라디언트 부스팅의 변종이다. 그라디언트 부스팅에서는 모델을 순차적으로 훈련시켜 나간다. 각 단계에서 모델은 손실 함수를 최소화하는 방법을 찾아나간다.

랜덤 포레스트 의사 결정 트리와 유사하게 그라디언트 부스팅은 여러 약한 예측자를 합쳐 최종 모델을 만든다. 새로운 트리는 이전 트리에서 잘못 분류한 데이터에 대해 훈련된다. 이런 반복 과정을 통해 쉬운 예측은 학습의 초기에 이뤄지고 어려운 데이터는 뒤로 가면서 해결된다.

XGBoost<sup>Extreme Gradient Boosting</sup>는 그라디언트 부스팅의 변종이다. XGBoost는 규제<sup>regularization</sup>를 추가하고, 계산의 속도와 효율성을 높이고자 분산, 멀티스레드 프로세싱 방식을 채용해 컴퓨팅 파워를 올린다.


## 어댑티브 부스팅

**파이썬 패키지:** scikit-learn, numpy;

**메서드:** AdaBoostClassifier, AdaBoostRegressor

어댑티브 부스팅<sup>Adaptive Boosting</sup>은 실수를 통해 학습해 나가는 부스팅 방법의 하나로, 아주 자주 쓰인다. 각각의 의사 결정 트리는 약한 학습자이며, 데이터 분리에는 보통 하나의 규칙만 사용된다. 잘못 분류된 샘플에 집중해 다음 의사 결정 트리를 만든다. 이렇게 해서 모델은 실수를 통해 배우고 마지막에는 단 하나의 의사 결정 트리보다 더 낮은 편향을 갖는 해법을 찾아낸다.

# 선형 회귀

**파이썬 패키지:** `scikit-learn`; **메서드:** `linear_model.LinearRegression`

선형 회귀는 입력(x: 예측 변수, 설명이나 독립 변수)과 출력(y: 반응 변수 또는 종속 변수) 사이의 연속적인 관계를 이해하고자 하는 통계 기법이다. 이름에서 알 수 있듯이 선형 회귀에서 y는 입력 변수 간의 선형 조합으로 결정된다(그림 4-4).

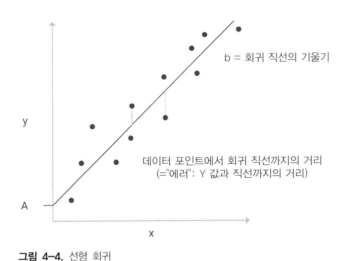

b = 회귀 직선의 기울기

데이터 포인트에서 회귀 직선까지의 거리
(="에러": Y 값과 직선까지의 거리)

**그림 4-4.** 선형 회귀

회귀의 목적은 모든 데이터 포인트를 아우르는 가장 적합한 직선을 찾는 것이고, 이 직선은 잔차 변이residual variation을 최소화하는 방법으로 구한다.

$$\min \sum \left( y_i - \hat{y}_i \right)^2$$

여기서 $y_i$는 실제 관찰된 값이고, $\hat{y}_i$는 반응 변수에 대응하는 예측 값이다. 관찰된 값과 예측된 값의 차이가 잔차residual다. 선형 회귀에서는 다음과 같은 용어가 사용된다.

- **기준 변수**criterion variable**:** 예측하고자 하는 결과 변수(종속 변수와 같은 뜻)

- **예측 변수**predictor: 예측에 사용되는 변수
- **절편**intercept: 최적합 직선이 y축을 지나는 지점

입력 변수 x가 하나인 경우에는 단순 선형 회귀simple linear regression라고 하고, 두 개 이상인 경우에는 다중 선형 회귀multiple linear regression라고 한다. 최적합 직선이 다음과 같다고 하면

$$Y = \beta_0 + \beta_1 X$$

이 지선은 잔차의 제곱합을 최소화하는 방법으로 추정할 수 있는데, 식으로 표현하면 다음과 같다.

$$\widehat{\beta_1} = \frac{\sum_{i=1}^{m}(x_i - \overline{x})(y_i - \overline{y})}{\sum_{i=1}^{m}(x_i - \overline{x})^2}$$

$$\widehat{\beta_0} = \overline{y} - \beta_1 \overline{x}$$

$y$는 결과 변수, $x$는 예측 변수이며, $\overline{x}$는 $x$의 평균을 말한다. $\widehat{\beta_0}$는 편향bias 또는 절편이라고 하고, $\widehat{\beta_1}$는 기울기로서 $x$의 값이 1 단위만큼 변할 때 $y$ 값의 증감되는 정도를 말한다.

모델이 파라미터를 학습하면 이 모델은 새 입력값 $X$에 대응하는 $Y$ 값을 예측하는 데 사용할 수 있다.

계수를 추정할 때는 **최소 제곱법**ordinary least squares과 **경사 하강법**gradient descent을 가장 많이 사용한다. 선형 관계를 갖는 표본 데이터셋에 최적합 직선을 놓는다고 가정했을 때 최소 제곱법은 각각의 데이터 포인트에서 회귀 직선까지의 거리를 제곱한 값의 합계를 최소화하려고 한다. 그 의도는 잔차 제곱의 합을 최소화하는 데 있다. 계수 값은 모델의 오류를 줄이도록 반복해서 최적화된다.

최소 제곱법은 임의의 값 B0, B1에서 시작한다. 그런 다음 각각의 (입력, 출력) 쌍의

오류를 제곱한 후 합계를 계산한다. 학습률을 지정해 스케일 요소로 사용할 수 있다. 계수는 더 이상이 이득이 없을 때까지 오차를 최소화하는 쪽으로 최적화된다.

학습률은 실험적인 방법으로 결정되는 하이퍼파라미터의 일종이다. 여러 가지 값을 시도해서 최적의 결과를 주는 값을 선택한다.

선형 회귀의 약점으로 지적되는 부분은 단순성으로, 데이터 안에 있는 복잡한 관계를 잡아내지 못한다는 것이다. 데이터 안에 있는 노이즈까지 모델에 의해 학습될 수 있어 과적합될 수 있다. 변수 사이의 관계는 항상 선형적일 수는 없다. 따라서 선형 회귀 모델은 비선형 관계를 갖는 데이터의 경우에는 성능이 좋지 않을 수 있다. 하지만 이런 경우 변수를 변형시켜 선형 모델에 적합시킬 수도 있다. 또한 선형 회귀는 변수가 등분산을 가진다[homoscedastic]고 가정하는데, 이는 모든 변수가 같은 분산 값을 가진다는 가정이다.

이와 같은 점이 모델을 훈련시킬 때 다양한 머신러닝 알고리즘을 사용해야만 하는 이유이기도 하다.


## 로지스틱 회귀

**파이썬 패키지:** scikit-learn; **메서드:** linear_model.LogisiticRegression

선형 회귀가 연속 변수에 적용되는 것에 반해 로지스틱 회귀 예측은 변환 함수를 적용해 이산적인 값이나 분류 문제에 적용하는 방법이다.

1958년, 통계학자 데이비드 콕스[David Cox]에 의해 개발된 방법으로, 로지스틱 회귀(또는 로짓 회귀)는 종종 이진 분류에 사용한다. 예를 들어 환자에게서 특정 약물의 유해 효과가 발생할지 안 할지, 또는 환자가 병원에 재입원할지 안 할지, 또는 환자가 어떤 질환으로 진단될지 그렇지 않을지 등의 문제에 사용한다.

선형 회귀와는 달리 모델의 결과는 0과 1 사이의 확률 값으로 제시된다. 예측 결과는 입력 $x$에 대한 로그 변환을 거친 다음 로지스틱 함수인 $h(x) = \frac{1}{1+e^{-x}}$을 통해 생성된다. 지정된 기준 값을 사용해 확률 값을 두 가지 카테고리로 분류한다.

로지스틱 회귀는 시그모이드 함수를 사용하는데, 이 함수는 S자 형태로 된 커브로 연속된 값을 0과 1 사이의 확률 값으로 매핑한다(그림 4-5).

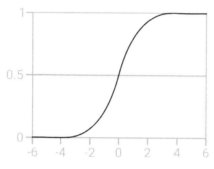

**그림 4-5.** 로지스틱 함수

- **시그모이드 함수:** $\frac{1}{1+e^{-value}}$, 여기서 $e$는 오일러 수이고, $value$는 변환에 사용되는 값이다.

로지스틱 회귀는 식 $P(x) = \frac{e^{b0+b1x}}{1+e^{b0+b1x}}$를 $ln\frac{p(x)}{1-p(x)} = b0 + b1x$로 변환시켜 사용한다. 여기서 $b0$와 $b1$은 훈련 데이터에서 학습되는 값이다.

사용 예로는 피부에 점점 커지는 병변이 양성인지 악성인지 결정하는 모델을 들수 있다. 입력 변수 $x$는 크기, 깊이, 병변의 촉감 등이 될 수 있고, 결과 값인 $y$ = 1은 양성임을 가리킨다. 설명한 대로 로지스틱 함수는 여러 인스턴스의 값을 0과 1 사이의 확률 값으로 변환한다. 확률 값이 지정된 0.5를 넘으면 양성으로 분류하는 식이다.

로지스틱 회귀는 보통 **최대 가능도 추정**maximum likelihood estimation을 사용해 예측되는 값과 실제 값 사이의 오차를 최소화할 수 있도록 $b0$와 $b1$의 값을 학습한다. 최대 가능도 방법은 각각의 예측 변수에 대한 최적이라고 생각되는 가중치를 임의로 지정한 후 시작하고, 결과 값을 더 이상 좋게 할 수 없을 때까지 계수를 지속적으로 조절해 나간다. 마지막 계수는 예측되는 확률 값에 대해 최소 오차를 갖는 값이다.

선형 회귀처럼 로지스틱 회귀는 변수와 결과 사이의 선형 관계를 가정한다. 따라서 특징 감소 방법을 사용해 선형 모델에 적합하게 변환시켜야 할 수도 있다. 로지스틱 회귀 모델은 과적합이 잘 일어나는 모델로, 아주 상관관계가 높은 입력값을 제거하는 방식으로 이를 극복할 수 있다. 마지막으로 어떤 경우에는 계수가 수렴하지 않을 수도 있는데, 이런 경우에는 데이터가 아주 희박하거나 변수 간의 상관관계가 아주 높은 경우에 일어난다.


## 서포트 벡터 머신

**파이썬 패키지:** `scikit-learn`; **메서드:** `svm.SVC`, `svm.LinearSVC`

서포트 벡터 머신은 분류와 회귀 문제 모두에 사용할 수 있는 비확률적인 이진 선형 분류자다. 서포트 벡터 머신은 자연어 처리 메서드와 함께 사용돼 토픽 모델링과 감성 분석에 사용한다. 또는 이미지 인식이나 손 글씨 인식 프로그램에서도 사용한다.

서포트 벡터 머신은 커널링$^{kernelling}$이라고 알려진 방법을 사용해 데이터를 더 고차원의 특징 공간$^{higher\ dimensional\ feature\ spaces}$으로 매핑한다. 커널 트릭$^{kernel\ trick}$을 사용해 매핑된 데이터를 하이퍼플레인$^{hyperplane}$이 분류를 더 잘할 수 있을 때까지 반복 작업을 한다.

그림 4-6과 같은 문제를 생각해보자. 2차원에서는 점을 분류하는 최적의 직선을 찾는 것이 불가능하다. 커널 트릭을 사용해 데이터를 3차원 공간으로 매핑하면 데이터를 분류할 수 있는 하이퍼플레인을 정의할 수 있는 상태로 변하기도 한다.

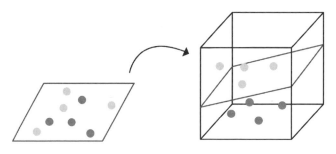

**그림 4-6.** 서포트 벡터 머신의 원리

서포트 벡터 머신은 숫자 입력을 받으며, 작은 데이터셋에도 잘 작동한다. 하지만 차원이 증가할수록 모델을 이해하고 설명할 수 있는 능력이 떨어진다. 그리고 데이터 크기가 증가할수록 훈련 시간도 길어질 수 있다. 그리고 노이즈가 많은 데이터에서는 잘 작동하지 않을 수도 있다.

서포트 벡터 머신은 서포트 벡터의 합을 사용해 표현한다.

$$f(x) = \sum_i \alpha_i y_i (x_i^T x) + b$$

서포트 벡터

**그림 4-7.** 서포트 벡터 머신은 서포트 벡터의 합으로 표현된다.

## 나이브 베이즈

**파이썬 패키지:** `scikit-learn`; **메서드:** `GaussianNB`, `MultinomialNB`, `BernoulliNB`

나이브 베이즈<sup>Naïve Bayes</sup>는 베이즈 정리를 사용해 어떤 사건이 이미 발생했을 때 다른 사건이 일어날 확률을 계산하는 방식을 사용한다. 알고리즘에 나이브(순진한)라는 이름을 붙인 이유는 "모든 변수가 서로 독립이다"라는 순진한 가정을 하기 때문이다. 실세계 사례에서 이런 경우는 거의 없다. 베이즈 분류자는 차원이 높은 경우에 종종 사용된다.

여기서는 역치가 주어졌을 때 어떤 벡터가 특정 클래스로 분류되는 확률을 계산한다.

$$P(B|A) = (P(A|B) \times P(B))/P(A)$$

- P(B|A) = 사후 확률(그림 4-8). 주어진 데이터 A가 있었을 때 가설 B가 참일 확률, P(B|A) = P(a1|b) * P(a2|b) * … * P(an|b) * P(A)
- P(A|B) = 가능도<sup>likelihood</sup>. 가설 B가 참일 때 데이터 A의 확률
- P(A) = 클래스 사전 확률
- P(B) = 예측자 사전 확률

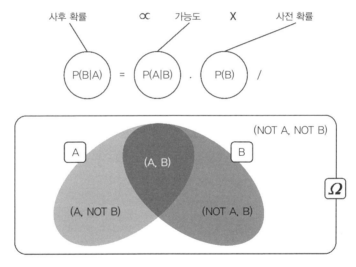

**그림 4-8.** 사후 확률

사전 확률 P(B)와 가능도 확률 P(B|A)는 훈련 데이터에서 추정된다. 어떤 사례가 어떤 클래스에 속하는지 계산하고자 각각의 클래스에 속하는 확률을 계산한다. 사례에 할당된 클래스는 사례에 대해 가장 높은 확률을 만드는 클래스다.

표 4-3은 간단한 예다. 환자가 건강하지 않은지 여부에서 환자의 질병 위험도를 학습할 수 있다. unhealthy = yes의 결과를 결정하고자 P(high risk|unhealthy)와

P(low risk | unhealthy)를 계산해 가장 높은 결과를 선택한다.

**표 4-3.** 결과 가능도

| Record | Unhealthy | Outcome |
|--------|-----------|---------|
| Person 1 | Yes | High risk |
| Person 2 | Yes | Low risk |
| Person 3 | Yes | High risk |
| Person 4 | No | Low risk |

P(high risk | unhealthy)

$$= (P(unhealthy | high\ risk) * P(high\ risk))/P(unhealthy)$$

$$= (2/2 * 2/4)/(3/4) = 0.66$$

나이브 베이즈 모델은 만들기 쉽고 데이터셋이 아주 클 때 특히 유용하다. 단순하지만 나이브 베이즈는 아주 정교한 분류 방법을 능가하는 것으로 알려져 있다.


# k-최근접 이웃(kNN)

**파이썬 패키지:** `scikit-learn`; **메서드:** `neighbors.KNeighborsClassifier`

K-평균 클러스터링과 헷갈리지 말아야 한다. kNN[k-Nearest Neighbor]은 잘 모르는 객체 O를 k개 근접 이웃의 대다수를 차지하는 레이블로 분류한다. kNN은 분류와 회귀에 모두 사용할 수 있는 비모수적인 기술이다. 여기서는 학습이 이뤄지지는 않는다. 대신 kNN은 훈련 데이터셋으로 데이터를 표현하고, 유사성에 바탕을 두고 새로운 샘플의 분류를 시도한다. 모델에 대한 학습을 하지 않기 때문에 kNN은 게으른 학습자[lazy learners]라고 불린다.

각각의 객체는 $N$차원 공간의 한 점으로 표현된다. 이웃은 특징 공간에서 가장 짧은 거리에 있을 때 최근접이라고 결정된다. 새로운 객체와 이웃 간의 거리는 보통 유클리드 거리법에 따라 다음과 같이 계산된다. 각 지점의 값을 $A = (a1 \ldots an)$과 $B = (b1 \ldots bn)$이라고 해보자.

$$d(A, B) = \sqrt{\sum_{i=1}^{n} (a_i - b_i)^2}$$

알고리즘은 다음과 같이 작동한다.

1. 두 지점의 거리를 계산한다.
2. 두 지점 사이의 거리를 기반으로 최근접 이웃을 알아낸다.
3. 최근접 이웃을 기반으로 다수결의 원칙에 따라 클래스 레이블을 결정한다.

예측은 요청이 있을 때 이뤄진다. 회귀 문제에서는 $k$개의 유사한 사례에 대한 평균이나 중앙값이 사용된다. 분류 문제에서는 $k$개의 유사한 사례 가운데 가장 높은 빈도를 가지고 클래스가 정해진다. 대부분의 알고리즘처럼 이를 결정하는 방법은 다를 수 있다. 이진 벡터 사이의 거리를 보는 해밍 거리<sup>Hamming distance</sup>, 두 실제 벡터 사이의 전달 차이를 보는 맨해튼 거리<sup>Manhattan distance</sup>를 사용할 수도 있다.

kNN의 단점은 하나의 객체를 분류하는 데 많은 계산을 해야 한다는 점이다. 훈련 데이터셋에 있는 모든 이웃을 계산해야 하기 때문이다. 그리고 변수의 수가 많은 고차원 데이터에는 사용하기 더 어렵다. 각각의 변수는 $n$차원 입력 공간에서 하나의 차원으로 볼 수 있기 때문이다. 차원이 증가할수록 입력 공간의 부피는 지수적으로 증가한다.

kNN은 결측값을 가진 데이터에는 적당하지 않다. 결측값이 있는 경우에는 벡터 간의 거리를 계산할 수 없기 때문이다.

# 신경망

뇌의 생물학적 작동 기전은 인공신경망의 개발에 영감을 줬다. 이 방법은 동물 뇌의 병렬적 구조를 기반으로 하는 새로운 컴퓨팅 방법이다.

신경망은 고차원 데이터를 모델링할 수 있고, 데이터에 숨어있는 패턴을 효율적으로 찾아낼 수 있기 때문에 데이터 마이닝에 잘 활용할 수 있다. 신경망은 예측과 분류 문제에도 적용할 수 있다. 결과를 추정하고 그것을 실제 결과와 비교해 가는 과정을 순전파$^{\text{forward propagation}}$라고 한다.

신경망은 머신러닝 알고리즘의 한 분야로 퍼셉트론$^{\text{perceptrons}}$, 완전 연결 신경망$^{\text{fully connected neural networks}}$, 컨볼루셔널 신경망$^{\text{convolutional neural networks}}$, 순환 신경망$^{\text{recurrent neural networks}}$, 장단기 기억 신경망$^{\text{long short-term memory neural networks}}$, 오토인코더$^{\text{autoencoders}}$, 심층 신뢰망$^{\text{deep belief networks}}$, 생성적 적대 신경망$^{\text{generative adversarial networks}}$ 등이 있다. 대부분 역전파$^{\text{backpropagation}}$ 방법을 통해 훈련된다.

인공신경망$^{\text{ANN, Artifical Neural Network}}$은 여러 가지 과업에서 사용된다.

- **질환 분류:** 콩팥, 눈, 간 등의 장기 이미지를 보고, 어떤 질환의 위험도를 예측한다.
- 음성 인식
- 텍스트 해석과 디지털화
- 안면 인식

신경망은 지도, 비지도, 강화학습 등 인간의 뇌가 하는 과제를 수행하도록 학습시킬 수 있다.

## 퍼셉트론

퍼셉트론Perceptrion은 인공신경망의 핵심 단위다. 인공지능에서 퍼셉트론은 복수의 입력을 받고 보통은 1이나 –1 값으로 단 하나의 값을 출력하는 노드나 단위를 말한다. 퍼셉트론은 입력 S에 대한 가중 합계를 입력으로 받아 이 값에 대해 단위 함수unit function가 노드의 출력을 계산한다(그림 4–9).

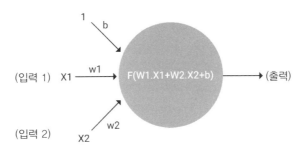

뉴런의 출력값 =f(w1.X1+w2.X2+b)

**그림 4–9.** 인공 뉴런의 구조

노드의 출력은 다음과 같이 계산된다.

$$a = f\left( \sum_{i=0}^{N} w_i x_i \right)$$

단위 함수는 다음과 같은 것이 사용될 수 있다.

- **선형 함수:** 예를 들어 가중 합
- **임곗값 함수:** 가중 합이 정해진 임곗값threshold을 넘었을 때만 발화(작동)
- **계단 함수step function:** S가 임곗값보다 작은 경우에는 –1 값을 출력
- **시그마 함수:** $\frac{1}{1+e^{-s}}$, 이 함수를 사용하면 역전파가 가능

퍼셉트론은 신경세포(뉴런)의 작동 방식을 모방한다(그림 4–10). 여기서 수상돌기는 입력값을 받는다. 일정 시간 동안 시그널이 충분하면 뉴런은 말단으로 전기적인

펄스를 보내고, 말단에서 다시 다른 신경세포의 수상돌기로 연결된다. 각각의 퍼셉트론은 편향bias을 갖고 있는데, 이는 선형 함수 $y = ax + b$의 $b$ 값과 비슷하다.

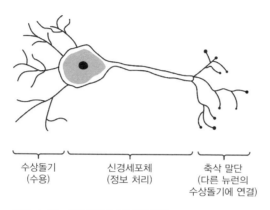

수상돌기
(수용)

신경세포체
(정보 처리)

축삭 말단
(다른 뉴런의
수상돌기에 연결)

**그림 4-10.** 생물학적 뉴런(신경세포)

## 인공신경망

**파이썬 패키지:** `scikit-learn`; **메서드:** `linear_model.Perceptron`

인공신경망은 퍼셉트론으로 구성되고, 하나 이상의 은닉층hidden layer으로 구성된다 (그림 4-11). 신경망은 여러 가지 방법으로 구성된다. 가장 간단한 것은 피드포워드 네트워크다. 역전파backpropagation는 손실loss이나 오차error를 결정하는 것으로 출력부에서 시작해 네트워크의 시작부로 뒤돌아가면서 계산이 파급되는 방식을 취한다. 각 노드의 가중치는 각 뉴런의 출력에 따라 오차를 최소화하게 업데이트된다. 역전파는 각 뉴런의 가중치를 업데이트해 나가면서 뉴런의 오차를 최소화한다.

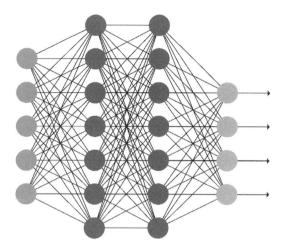

**그림 4-11.** 인공신경망의 구성

신경망 모델에서 주요 학습은 훈련 뉴런이 발화하면서 일어난다. 하나의 에포크$^{epoch}$는 순전파와 역전파로 구성되는 1회의 훈련 과정을 말한다. 학습 단계에서 신경망에 존재하는 노드를 마지막 테스트 결과의 오차에 기반을 두고 가중치를 조율한다. 학습률은 네트워크의 학습 속도를 조절하는 하이퍼파라미터다.

하나의 모델에서의 퍼셉트론이나 뉴런의 개수는 데이터의 변수 개수와 같게 만든다. 어떤 경우 하나의 편향 노드$^{bias\ node}$를 갖도록 구성할 수 있다. 전형적으로 인공신경망은 여러 층으로 구성된다. 각 층은 받아들이는 입력 데이터를 약간씩 다른 방법으로 데이터 변형 작업을 수행한다.

## 딥러닝

딥러닝$^{deep\ learning}$은 심층 신경망 구조를 갖는다. 심층 인공신경망은 다른 모델에 비해 계산 시간과 CPU 성능이 많이 필요하다. 주목할 점은 이런 인공신경망 모델이 전형적인 지도학습 기술보다 반드시 성능이 우수하지는 않다는 점이다.

딥러닝은 새로운 기술이 아니다. 하지만 하드웨어 성능이 개선되고 비용이 저렴해지면서, 또한 딥러닝에 필요한 계산이 가능해지면서 점점 더 많이 사용되고 있다. 알파벳Alphabet에서 개발한 심층 신경망은 역사상 가장 강력하다고 알려진 여러 인간 바둑 고수를 2017년 차례로 물리쳤다.[53] 바둑은 전통적으로 인공지능 분야의 도전적인 분야였으며, 이런 사건은 딥러닝의 능력을 확실히 보여주는 계기가 됐다 (그림 4-12).

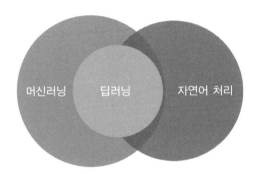

**그림 4-12.** 딥러닝: 어디에 위치할까?

인공신경망에는 다음과 같은 여러 타입이 있다.


## 피드포워드 신경망

피드포워드 신경망feedforward neural network에서 가중된 입력값의 합은 출력으로 나간다 (그림 4-13). 그 합이 단위 함수의 임곗값을 넘으면 출력은 활성화된다. 이런 경우 그 값은 1이 되게 하는 것이 보통이다. 발화하지 않으면 출력은 -1이 되게 한다.

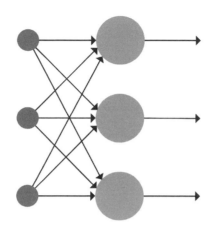

**그림 4-13.** 피드포워드 신경망

## 순환 신경망: 장단기 메모리

순환 신경망<sup>RNN, Recurrent Neural Network</sup>은 한 층의 결과를 저장하고, 그것을 입력 쪽으로 보내 출력 층의 예측을 개선하는 방법이다(그림 4-14). 그와 같은 상태에서 각 노드는 계산을 수행할 때 기억을 갖게 되고, 순차적인 정보를 활용할 수 있다. 결과적으로 노드는 어떤 기억을 하게 된다.

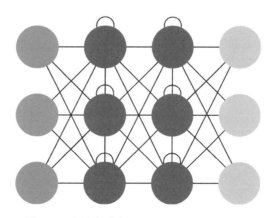

**그림 4-14.** 순환 신경망

## 컨볼루셔널 신경망

컨볼루셔널 신경망<sup>Convolutional Neural Network</sup>은 심층 피드포워드 신경망의 일종이다. 컨볼루셔널 층을 사용하고 음성 인식, 공간 데이터, 자연어 처리, 컴퓨터 비전 문제에 주로 사용한다. 여러 컨볼루셔널 층은 전형적으로 주어진 문제의 특정 측면에 주로 적용한다. 예를 들어 사진에 어떤 얼굴이 있는지 이해하게 하는 경우 서로 다른 컨볼루셔널 신경망은 각각 얼굴의 여러 측면, 즉 눈, 코, 귀, 입 등을 알아내는 데 사용한다.

## 모듈 신경망

모듈 신경망<sup>Modular Neural Network</sup>은 사람의 뇌와 유사하게 여러 신경망이 서로 협력하도록 신경망을 구성하는 방식을 말한다.

## 방사형 기저 신경망

방사형 기저 신경망<sup>Radial Basis Neural Network</sup>은 시작점에서 거리에 영향을 받는 방사형 기저<sup>radial basis</sup> 활성화 함수를 사용하는 신경망을 말한다.

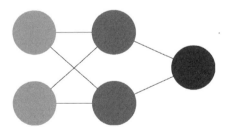

**그림 4-15.** 방사형 기저 신경망

인공신경망과 딥러닝의 핵심 강점은 훈련 데이터셋에서 복잡한 선형, 비선형 모델을 만드는 데 있다.

심층 신경망은 훈련 데이터 자체에 있는 데이터 사이의 복잡한 관계를 학습하고 일반화가 잘 된다. 하지만 심층 신경망도 과적합이 일어날 수 있기 때문에 적절한 가지치기 작업이 필요할 수도 있다. 이름이 의미하듯이 심층 신경망은 훈련하는 데 시간이 오래 걸리고 매우 많은 수의 훈련 사례가 필요하다.

신경망의 공통적인 우려점은 특히 헬스케어 분야에서 두드러지는 문제로, 일종의 블랙박스 역할을 해서 사용자에게 어떤 소견을 이해했는지 분명하게 알려주지 않는다는 점이다. 특히 인공신경망 모델은 해석하기가 어려워 모델에서 어떤 가중치와 편향이 중요하게 다뤄지는지 쉽게 파악되지 않는다.

지도학습 문제의 하나로서 신경망의 과적합을 피하기 위한 뉴런 수의 상위 경계는 다음과 같이 알려져 있다.

$$N_h = N_s(\alpha \times (N_i + N_0))$$

여기서 사용된 값은 다음과 같다.

- $N_i$ = 입력 뉴런의 개수
- $N_0$ = 출력 뉴런의 개수
- $N_s$ = 훈련 데이터에서 샘플의 개수
- $\alpha$ = 임의의 스케일링 팩터

## 비지도학습

비지도학습은 레이블이 없는 데이터로 모델을 학습시키는 과정을 말한다. 이 말의 의미는 입력 데이터($x$)가 결과($y$) 값 없이 제공됨을 말한다. 알고리즘이 스스로 데이터에 있는 어떤 의미를 결정하게 되며, 맞거나 틀린 정답은 없다.

준지도학습에서는 일부분만 결과 레이블($y$)이 제공된다. 예를 들어 전체 검안경 소견에서 일부만 진단돼 정확히 레이블돼 있는 상황에서 환자의 당뇨병성 망막병증을 진단하는 것을 학습시키는 경우가 이러한 준지도학습에 해당된다. 일부의 검안경 소견만이 레이블된 결과를 갖고 있으므로, 모델이 적절히 학습하는 데 데이터가 충분하지 않을 수도 있다. 훈련을 위해 더 많은 레이블 데이터가 제공되는 경우 시스템은 좀 더 정확해질 것이다.

비지도학습법은 시간, 비용, 전문 지식 등을 많이 필요로 할 수 있다. 보통 데이터의 레이블을 개선시키는 방법을 통해 모델의 정확도를 올릴 수 있다.

비지도학습은 보통 클러스터링clustering, 연관association 과제를 수행할 때 사용된다.


## 클러스터링

클러스터링은 데이터 안에 존재하는 관계를 발견해내는 과정을 말한다. 클러스터링은 다음과 같은 다양한 헬스케어 문제에 사용한다.

- 모니터링을 위해 유사한 프로필을 갖는 환자군으로 분류한다.
- 거래나 보험 청구에서 수상한 경우를 가려낸다.
- 약물이나 조건에 따라 치료 그룹을 정의한다.
- 운동 센서를 통해 움직임을 감지한다.


## K-평균

**파이썬 패키지:** `scikit-learn`; **메서드:** `cluster.KMeans`

K-평균 클러스터링은 유사한 데이터를 K개의 그룹으로 나누는 것을 목표로 한다 (그림 4-16). K-평균 클러스터링에서는 모든 훈련 데이터의 각 데이터 포인트가 하나의 클러스터로 포함되게 하고, 전체 K개 클러스터의 센트로이드centroids를 계산해

나가는 반복적인 알고리즘이다. 데이터 포인트와 그것이 속한 센트로이드까지의 거리 계산을 통해 그룹이 할당된다. 클러스터 센트로이드는 최종 클러스터로 정의되는 속성 값의 집합이다.

$$\underset{c_i \in C}{\arg\min} \; dist(c_i, x)^2$$

여기서 $c_i$는 집합 $C$에 속하는 센트로이드 집합이고, $dist$는 표준 유클리드 거리다.

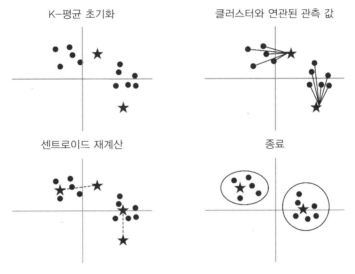

**그림 4-16.** K-평균 클러스터링

데이터를 탐색하기 전에 그룹으로 지정하는 대신에 클러스터링은 모델이 학습을 통해 그룹을 결정하게 만든다.

K-평균 알고리즘의 단계는 다음과 같다.

- **1단계:** $k$ 값을 정한다. 예를 들어 $k = 2$로 정한다. 각각의 데이터 포인트를 무작위로 $k = 2$ 클러스터의 어느 하나로 지정한다. 각 클러스터의 센트로이드를 결정한다.

- **2단계**: 각각의 데이터 포인트에 가장 근접한 클러스터 센트로이드와 연관 짓는다.
- **3단계**: 새로운 클러스터에 센트로이드를 재계산한다.
- **4단계**: 센트로이드 클러스터가 변하지 않을 때까지 과정을 반복한다.

## 연관 법칙

연관 법칙<sup>Association Rule</sup> 학습 방법은 데이터의 변수 사이 관계를 가장 잘 설명할 수 있는 법칙을 뽑아내는 방법이다. 이러한 법칙으로 아주 큰 다차원 데이터셋에서 유용한 연관성을 발견할 수 있다.

연관 법칙 학습은 역사적으로 사용자의 구매 패턴에 따른 온라인 쇼핑 장바구니 데이터셋 분석에 가장 잘 적용된다. 예를 들어 피자를 구매한 사람은 와인을 함께 구매하고, 상추를 구매하는 사람은 토마토, 오이, 양파 등을 함께 구매하는 경향이 있다. 구매 데이터셋 분석을 통해 연관될 확률을 예측할 수 있다. 우리는 특정 아이템(음식, 의복, 어떤 경우 질환)이 서로 함께 나타난다는 것을 알고 있는데, 연관 법칙 학습은 이러한 관계를 찾고 이해하는 데 사용된다.

연관 법칙 학습은 헬스케어 영역에서 연관된 증상을 분석해 어떤 질환이나 유해한 이벤트를 진단하고 예측하는 데 사용할 수 있다. 약물, 환자의 동반 질환을 기반으로 발생할 수 있는 유해 효과를 예측해 케어와 치료 방법을 개선시키는 데 사용될 수 있다.

이런 연관 법칙에는 다음과 같은 3가지 지표가 중요하게 사용된다.

### 서포트

서포트<sup>Support</sup>는 절대 빈도 값이다. 거래 기록에서 X U Y를 포함하고 있는 빈도를 서포트라고 한다. 이는 특정 아이템셋의 인기를 반영하고, 거래 데이터셋에서 해당 아이템셋의 비율로 계산한다.

$$서포트 = Pr(X \cup Y) = (X \cup Y)개수/총\ 거래\ 수$$

## 신뢰도

신뢰도$^{Confidence}$는 연관된 빈도를 측정한다. 이는 아이템 $X$가 존재하는 거래 데이터셋에서 아이템 $Y$가 함께 있을 가능성을 측정한다. 이는 {$X \rightarrow Y$}로 표현하고, 아이템 $X$에서 아이템 $Y$가 함께 있는 비율을 계산한다.

$$신뢰도 = Pr(Y|X) = count(X \cup Y)/count(X)$$

## 향상도

향상도$^{Lift}$는 $X$와 $Y$가 서로 연관이 없어서 독립인 상황(분자) 대비 $X$와 $Y$가 동시에 발생하는(비독립인 경우) 비율로 계산한다.

$$향상도 = 서포트(X \cup Y)/서포트(X) * 서포트(Y)$$

연관 법칙은 $X$가 발생했을 때의 $Y$ 확률을 정한다. 연관 법칙의 장점은 여러 산업군에서 응용할 수 있다는 점이다. 다양한 데이터 구조와 파악하려는 연관성에 대응해 사용할 수 있는 많은 연관 법칙 마이닝 알고리즘이 있다.

## 아프리오리

아프리오리$^{Apriori}$는 연관 법칙 마이닝 알고리즘 가운데 가장 많이 사용된다. 아프리오리는 패턴 마이닝 및 특징과 아이템이 함께 발생하는 패턴을 확인할 때 사용한다. 장바구니 분석에서 많이 사용되며, 숨겨진 특징 패턴을 찾아내는 강력한 도구다. 주로 거래 기록을 저장하는 데이터베이스에서 사용해 연관 규칙을 생성하고 찾아내는 데 사용한다.

아프리오리는 $n$개의 아이템으로 구성되는 세트로 시작한다. 알고리즘은 가능한 모든 후보 아이템셋을 계산하고, 미리 설정한 임계 서포트와 신뢰도 값과 비교해 빈도가 높은 아이템셋을 찾는다. 어떤 아이템셋이 빈도가 높다고 하면 그 아이템셋의 하위 항목도 빈도가 높다. 아프리오리는 상향식 접근법을 사용한다. 빈도가 높은 서브셋을 확인하고 항목을 하나씩 늘려간다.

아프리오리 방법은 상대적으로 간단하다(그림 4-17).

- 최소 서포트 값을 사용해 $k$개 항목으로 구성된 모든 빈발 집합을 구한다.
- 빈발 $k$-아이템셋을 사용해 $(k + 1)$ 아이템을 가진 빈발 집합을 찾도록 확장한다.

아이템셋의 최대 크기는 아이템의 숫자인 $k$이다.

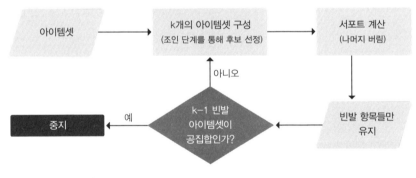

**그림 4-17.** 아프리오리

## 차원 축소 알고리즘

더 많은 데이터가 있을수록 더 좋다는 통설이 있기는 하지만, 데이터는 종종 불필요하게 많은 변수가 있고, 결과 데이터에서 시그널을 잡아내는 작업이 어려울 수도 있다. 희소 값, 결측값, 적절한 특징, 자원 효율성, 좀 더 간단한 해석 등을 위해 데이터 과학자는 차원 축소 알고리즘Dimensionality Reduction Algorithms을 잘 활용할 필요가 있다.

이름이 의미하는 바와 같이 차원 축소 알고리즘은 데이터셋에 있는 차원의 개수를 줄이는 방법이다. 얻고자 하는 목표는 비교적 제한적인데 반해 사용할 수 있는 데이터가 아주 풍부한 경우 차원 축소의 필요성이 분명해진다.

- 모바일폰은 통화, 메시지, 보행, 칼로리 소비, 계단 오르기, 인터넷 사용 등과 같은 수많은 데이터 포인트를 수집할 수 있다. 이 가운데 폰 사용 패턴을 이해하는 데 가장 적합한 것은 무엇인가?
- 소셜 미디어 서비스는 사용자의 참여, 댓글, 좋아요 버튼, 팔로워, 감성, 감정 등과 같은 다양한 상호작용의 데이터를 수집한다. 건강에 대한 태도를 이해하는 데 가장 적합한 데이터는 무엇인가?
- 의무기록에는 다양한 정보를 포함하고 있는데, 이 가운데 일부만이 질환의 위험도와 진행도를 파악하는 데 필요할 수 있다. 질환의 위험이나 유해한 사건이 발생을 예측하는 데 도움이 되는 데이터는 무엇인가?

차원 축소는 여러 차원을 가진 데이터셋을 유사한 정보를 포함하는 차원을 묶는 방법을 통해 적은 차원을 가진 데이터셋으로 바꾸는 과정이다.

그림 4-18은 센티미터와 인치의 관계를 표시하는 그래프다. 이러한 2차원 표현은 1차원 표현으로 바꿔서 이해하고 시각화하기 편하게 변환할 수 있다. 데이터의 $N$차원은 $k$개의 차원으로 줄일 수 있다. 차원을 파악해 묶거나 새로운 차원을 만들어 본질적인 관계가 명확하게 되도록 만든다.

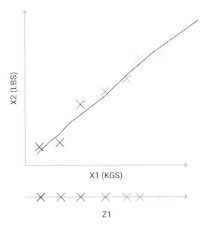

**그림 4-18.** 차원 축소

머신러닝 과제에서 차원 축소는 다음과 같은 장점이 있다.

- 차원이 적으면 원래의 데이터셋에 비해 빠른 계산이 가능하다.
- 차원 축소 알고리즘은 저장 용량을 떨어뜨린다.
- 3개 차원 이하로 줄이게 되면 시각화가 쉬워 데이터의 이해를 높일 수 있다.
- 불필요한 데이터가 제거돼 머신러닝 성능이 향상된다.
- 노이즈가 제거돼 모델 성능을 개선시킨다.

## 차원 축소 기술

차원 축소에는 여러 가지 방법이 사용된다.

### 누락된 값/결측값

누락된 데이터와 존재하지 않는 값은 그 자체로는 큰 문제가 아니지만, 이런 값이 많아지면 어떤 변수를 제거할지, 무시할지 등을 판단해야 한다. 대부분의 데이터 과학자는 그런 값이 50% 이상이 되면 변수를 제거한다. 물론 이 임곗값은 상황에 따라 바뀔 수 있다.

## 낮은 분산

서로가 아주 유사한 데이터 속성은 더 많은 정보를 주지 않는다. 따라서 낮은 분산을 보이는 상황에서 사용한 임곗값을 사용해 이 값을 기준으로 차원을 줄인다. 분산은 범위에 의존하기 때문에 먼저 데이터 정규화를 실시하고 나서 이 과정을 진행한다.

## 높은 상관

유사한 데이터 경향을 보이는 속성은 비슷한 정보를 갖고 있을 확률이 높다. 다중 공선성$^{multicollinearity}$은 이런 유사한 정보를 갖고 있는 속성 때문에 발생하고, 모델의 성능을 떨어뜨린다. 연속 변수 간의 상관은 피어슨 상관계수로 결정되는데, 이 값은 두 변수 $X$와 $Y$ 사이의 선형 상관을 측정한다. 이산 데이터의 경우에는 피어슨 카이 제곱$^{Pearson's\ chi-square}$ 값을 사용하는데, 이는 두 집합 사이의 차이가 우연에 의한 것인지 그 정도를 표시한다.

## 랜덤 포레스트 의사 결정 트리

랜덤 포레스트 의사 결정 트리 앙상블은 핵심 특징이 무엇인지 알아내는 데 유용하다. 랜덤 포레스트 의사 결정 트리는 특징의 부분집합을 사용해 속성을 가장 잘 분류할 수 있는 방법을 찾는다. 어떤 속성이 노드를 분리하는 데 최적이라고 판단되면 이 특징은 유지된다. 이러한 의사 결정 트리는 차원 축소 방법을 시각화하는 데도 특히 유용하다.

## 백워드 특징 제거

백워드 특징 제거<sup>Backward Feature Elimination</sup>를 사용할 때 어떤 모델이 $n$개의 속성에 대해 훈련된 상태로 시작한다. $n$개의 속성으로 시작해 속성을 하나씩 빼서 $n-1$개의 속성으로 훈련을 시킨다. 그런 다음 오류율을 가장 작게 늘리는 속성을 제거한다. 그런 다음 $n-1$개의 속성을 가진 모델로 이 과정을 반복한다. 따라서 $k$번째에서 어떤 모델은 $n-k$ 속성으로 훈련된다. 이런 과정은 비싼 계산을 필요로 한다.

## 포워드 특징 구성

포워드 특징 구성<sup>Forward feature construction</sup>은 백워드 특징 제거의 반대다. 모델은 하나의 속성으로 시작하고, 여기에 어떤 속성이 추가됐을 때 가장 성능이 우수한지를 평가한다. 백워드 특징 제거와 거의 유사한 방식이기 때문에 차원이 크면 비싼 계산을 필요로 한다.

## 주성분 분석

주성분 분석<sup>PCA, Principal Component Analysis</sup>은 원래 변수 집합을 새로운 집합(주성분)으로 변형시키는 방법으로, 변(축)의 개수를 줄이는 방법이다(그림 4-19). 이 과정에서는 데이터의 특징 안에 있는 최대 분산을 반복 계산한다. 개별 성분<sup>component</sup>은 원래 변수의 선형 조합에 직교한다. 직교성<sup>orthogonality</sup>은 성분 사이의 상관이 0이라는 의미를 갖는다.

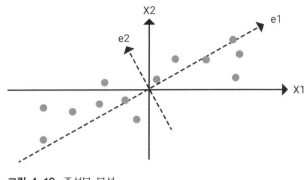

**그림 4-19.** 주성분 분석

첫 번째 주성분은 최대 분산을 갖는 원래 차원의 선형 조합이고, $n$번째 주성분은 최대 분산을 갖는 선형 조합으로 $n-1$ 주성분에 직교하는 특성을 가진다.

## 자연어 처리(NLP)

자연어 처리는 인공지능의 여러 가지 문제를 다룬다. 자연어 처리는 구어와 텍스트를 포함한 언어의 분석, 이해, 인간 언어의 생성 능력에 대한 시스템의 기능으로 정의된다.

자연어 처리는 컴퓨터 언어학(컴퓨터 과학을 통한 언어학의 이해)의 한 분과이고, 다음과 같은 내용을 다루는 데 유용하다.

- 데이터셋에 있는 정형화된 데이터나 비정형화된 데이터를 회상하는 것으로, 키워드나 어구를 통해 임상 기록지를 검색하는 것이 그 예다.
- 소셜 미디어를 모니터링한다.
- 질문의 응답: 인간의 언어를 해석해 적절하게 대응하는 것으로 음성 인식 소프트웨어나 가상 비서와 같은 예가 있다.
- 문서를 분석해 핵심 내용을 알아낸다.

- 텍스트를 이해하고 해독해 감성이나 감정을 이해한다.
- 진단이나 어떤 관련성의 차이를 파악한다.
- 이미지를 텍스트로 풀어내는 일이다. 예를 들어 어떤 표지판이나 메뉴를 이해하는 것을 말한다.
- 기계 번역: 하나의 인간 언어를 다른 인간의 언어로 자동 번역하도록 기계 번역 프로그램에 사용할 수 있다.
- 주제를 파악하는 일로 문서가 어떤 주제를 이야기하고 있는지 파악한다.
- 소셜 미디어나 토론 댓글을 통해 감성을 이해한다.

자연어 해석은 인간의 언어가 본질적으로 뜻, 발음, 표현, 인식 등에서 모호함을 갖고 있기 때문에 상당히 도전적인 과제일 수밖에 없다. 인간 언어에 일정 규칙이 있기는 하지만 종종 잘못 이해되기도 하고, 잘못 사용되기도 한다. 자연어 처리는 의미를 유추하고자 언어의 구조를 고려한다. 단어가 구를 만들고, 구는 문장을 만들고, 문장은 문서를 만든다. 그리고 이 모든 것은 어떤 생각을 담고 있다.

자연어 처리에는 모델 개발에 사용되는 일련의 데이터 마이닝 메서드를 포함해 텍스트 프로세싱에 필요한 도구 키트가 있다. 비정형화된 데이터의 속성 때문에 자연어 처리는 컴퓨터 자원과 시간을 많이 필요로 한다. 신경망이나 딥러닝을 자연어 처리에 사용하기도 한다.

비정형 데이터의 형태로 존재하는 대부분의 데이터를 다룰 수 있기 때문에 자연어 처리는 자연어를 해석하고 이해하는 강력한 도구가 된다.

자연어 처리를 다루기 전에 몇 가지 중요한 용어를 이해할 필요가 있다.

- **토큰화**tokenization: 텍스트 코퍼스(뭉치)를 더 작은 단위, 즉 토큰으로 바꾸는 과정이다. 텍스트를 토큰으로 바꾸는 여러 가지 알고리즘이 있다.
- **토큰**tokens: 텍스트에 존재하는 단어나 어떤 개별 요소다.

- **텍스트 객체**[text object]: 상황에 따라 하나의 문장, 하나의 어구, 한 단어, 한 문서 등을 말한다.
- **어간 추출**[stemming]: 단어에서 접미사('ing', 'ly', 'es', 's', 'etc.' 등)를 제거하는 기본 규칙에 따른 과정이다.
- **어간**[stem]: 어간 추출을 한 이후에 만들어지는 텍스트다.
- **표제어 추출**[lemmatization]: 사전이나 형태소 분석을 통해 단어의 어원을 결정하는 일이다.
- **형태소**[morpheme]: 언어에서 의미의 단위다.
- **통사론**[syntax]: 문장을 만들고자 심볼(단어)을 배치하는 것으로, 문장이나 구절에서 단어의 구조적 역할을 결정한다.
- **의미론**[semantics]: 단어의 뜻으로 단어를 연결해 의미 있는 어구나 문장을 만드는 방법이다.
- **화용론**[pragmatics]: 서로 다른 상황에서 문장의 사용과 이해로 상황이 해석에 미치는 영향을 말한다.

이 절에서는 자연어 처리의 핵심 개념과 방법을 소개하고, 자연어 처리에 사용되는 여러 기술을 소개하고자 한다.

## 자연어 처리 시작

자연어 처리 모델을 개발하고자 주어진 입력 문자에서 유용한 출력을 얻으려면 여러 가지 핵심 과정을 거친다(그림 4-20).

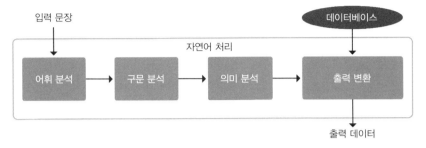

**그림 4-20.** 자연어 처리 과정

## 전처리: 어휘 분석

다른 데이터셋과 마찬가지로 데이터의 맥락에 적합하지 않은 텍스트 코퍼스는 노이즈로 간주될 수 있다. 자연어 처리의 첫 단계는 입력 텍스트를 정제하고 표준화해서 노이즈를 제거하고 분석에 사용할 수 있게 만드는 것이다.

철자 수정, 문법 교정 외에도 다음과 같은 기술이 노이즈를 줄이는 데 사용된다.

### 노이즈 제거

노이즈 제거에는 노이즈 성질을 갖고 있는 토큰(예. 단어)에 대한 사전을 준비하고, 사전에 포함돼 있는 토큰을 제거하는 일을 하게 된다. 예를 들어 the, a, of, this, that 등과 같은 단어를 제거한다.

### 어휘 정규화

Follow, following, followed, follower 같은 단어는 모두 follow라는 단어의 변형이다. 맥락으로 보면 이 단어들은 유사하다. 어휘 정규화는 어근 추출을 통해 차원을 줄이는 과정이다. 이 과정에서 접두사, 접미사를 제거하고, 단어의 구조와 문법적 관계를 사용해 표제어 추출이 진행된다.

## 포터 어간 추출

**파이썬 패키지:** NLTK; **메서드:** PorterStemmer

포터 어간 추출Porter Stemmer 알고리즘은 정보 추출의 효율성과 효과성을 개선시키는 데 사용하는 유용하고 인기 있는 방법이다.[54] 이 알고리즘은 영어의 많은 단어가 공통의 어원을 공유한다는 원칙에 바탕을 두고 있다. 단어에서 접두사, 흔하게 만나는 형태적, 어미 변화를 제거한다. 그 과정을 거쳐 어간 추출을 통해 비슷한 단어를 흔한 어간을 가진 하나의 단어로 줄인다.

예를 들어 "I felt troubled by the fact that my best friend was in trouble. Not only that, but the issues I had dealt with yesterday were still troubling me."라는 텍스트를 생각해보자.

troubled, trouble, troubling은 trouble이라는 같은 어간을 갖고 있다. 따라서 포터 어간 추출 알고리즘에 따르면 이것을 3개의 단어로 취급하지 않고, 어간 trouble이 3번 사용된 것으로 계수된다. 어간 추출의 장점은 흔한 단어를 하나의 어간으로 줄이기 때문에 어떤 특정 단어의 발현을 더 정확하게 통계적 수치로 표현할 수 있다는 점이다. 단점은 단어의 의미가 소실될 가능성이 있다는 점이다.

단어 추출과 표제어 추출은 단어의 여러 형태적 변형이나 유도된 형태를 줄여서 공통적 형태로 취급할 수 있게 만드는 데 사용된다.

## 객체 표준화

텍스트 코퍼스에는 어휘 사전에 들어있지 않은 단어가 포함될 수 있다. 예를 들어 트위터에서 어떤 사람이 "DM'ing someone"(direct messaging, 직접 메시지를 보냄) 또는 어떤 사람이 다른 사람의 트윗을 "RT"(리트윗)한다고 말할 수 있을 것이다. 두문자어, 해시 태그, 은어, 속어는 준비된 사전이나 정규 표현식을 사용해 제거할 필요가 있다.


# 구문 분석

분석하려면 텍스트를 특징<sup>features</sup>으로 바꿀 필요가 있다. 구문 분석은 단어 사이의 관계를 이해하고 그 안의 구문 구조를 할당하고자 문장을 분석하는 것이다. 구문 분석에 사용되는 알고리즘은 여러 가지가 있는데, 가장 간단한 문법적 특성을 갖고 있어서 콘텍스트 프리 문법<sup>Context-Free Grammar</sup>이 가장 많이 사용된다.

"David saw a patient with uncontrolled type 2 diabetes."이라는 문법을 예로 살펴보자.

문장 안에서 단어의 순서와 의존성을 이해하고자 주어, 목적어, 노이즈, 속성을 알아낼 필요가 있다.


## 의존성 파싱

**파이썬 패키지: NLTK; 메서드: StanfordDependencyParser**

문장은 단어로 구성돼 있다. 기본 문법은 구조 간의 관계나 의존성을 결정할 수 있다. 의존성 파싱은 이것을 트리 구조로 표현해서 단어의 배치와 문법을 표현한다 (그림 4-21).

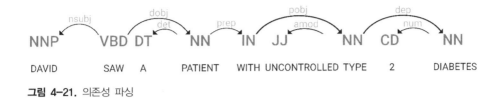

**그림 4-21.** 의존성 파싱

의존성 문법은 토큰 사이의 비대칭적 이진 관계를 분석한다. NLTK 패키지의 스탠포드 파서^Stanford parser가 이런 용도로 사용된다.

그림 4-21의 예를 보면 "saw"라는 단어를 뿌리로 삼고, 이를 기준으로 서브트리로 연결되고 있다. 서브트리는 주어와 목적어로 나눠지고, 각각의 서브트리에서 의존성을 보여준다.

## 품사 태깅

**파이선 패키지: NLTK; 메서드: word_tokenize**

품사 태깅^part of speech tagging은 하나의 문장 안에 있는 각각의 단어나 토큰을 품사^POS, Part Of Speech 태깅으로 연결시키는 작업이다. 이런 태깅은 기초 영어 레이블로서 초등학교에서 배운 명사, 동사, 형용사, 부사, 수사 등을 말한다.

이런 과정은 파스 트리^parse trees 구성과 같은 일에 유용하게 사용되고, 결국 감성 분석이나 질문의 적절한 답을 결정하거나 유사한 것을 이해하는 과업에 사용할 수 있다(그림 4-22).

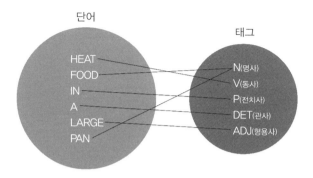

단어     태그

**그림 4-22.** 품사 태깅

품사 태깅은 여러 영역에서 사용되는 기초 작업의 하나다.

## 모호성 줄이기

어떤 문자는 여러 가지 의미를 가질 수 있다. 다음 두 문장을 보자.

- "I managed to read my book on the train."
- "Can you please book my train tickets?"

품사 태깅 방법을 사용하면 첫 번째 문장의 'book'을 명사로, 두 번째 문장에서는 동사로 인식한다.

## 특징 파악

한 단어의 서로 다른 맥락에 따라 말의 형태를 파악하는 방법을 통해 POS는 용례를 구분할 수 있고, 앞으로 사용할 수 있는 더 강한 특징을 만들어낸다.

## 정규화

POS 태그는 정규화와 표제어 추출의 기초를 제공하며, 그 문자의 구조와 의존성을 이해한다.

## 불용어 제거

POS는 텍스트에서 흔히 사용되는 불용어<sup>stopword</sup>를 제거하는 데 흔히 사용된다.

## 의미 분석

의미 분석<sup>Semantic analysis</sup>은 자연어 처리에서 가장 복잡한 단계다. 텍스트에서 정확한 의미와 사전적 의미를 추출한다. 단어의 구조와 문맥에 따른 문장의 지식을 사용하면서 단어, 어구, 문장, 텍스트의 의미를 명시하고, 그런 다음 목적과 결과를 추론한다.

## 자연어 처리에 사용되는 기술

코퍼스의 데이터 프로세싱, 어휘, 구문, 의미 분석을 하고 나면 평가, 비교, 회상 등을 위해 텍스트를 수학적인 표현으로 변환시켜야 한다. 예를 들어 환자의 "hypertension"(고혈압)이라는 단어를 사용하는 사용자를 위해 환자 프로필 데이터 모음에서 고혈압을 가진 사람만 골라낼 수 있게 해야 한다. 이렇게 하려면 문서를 벡터 공간 모델로 변환하고, 쿼리 순위와 검색 회상을 위해 용어에 가중치와 어떤 값을 부여할 필요가 있다. 문서는 환자의 기록, 웹 페이지, 디지털화된 책 등이 될 수 있고, 다음과 같은 알고리즘을 사용해 비교와 평가를 한다.

### N-그램

**파이썬 패키지: NLTK; 메서드: ngrams**

N-그램<sup>N-grams</sup>은 여러 자연어 처리 문제에 사용된다. $X$가 주어진 문자 $K$에서 단어의 개수일 때 문장 $K$의 $n$-그램 숫자는 다음과 같이 계산된다.

$$N\ grams_K = X - (N - 1)$$

예를 들어 $N=2$인 경우 문장 "David reversed his metabolic syndrome"의 N-그램은 다음과 같은 것이 될 수 있다.

- David reversed
- Reversed his
- His metabolic
- Metabolic syndrome

N-그램은 텍스트 입력에서 $N$개 아이템의 순서를 유지한다. N-그램은 서로 다른 $N$ 값을 취할 수 있다. $N = 1$인 경우는 유니그램<sup>unigram</sup>이라 하고, $N = 2$인 경우는 바이그램, $N = 3$인 경우는 트리그램이라고 한다.

N-그램은 철자 추정, 단어 분해, 텍스트 정리 등에서 광범위하게 사용한다.


## 단어 빈도-역문서 빈도 벡터

하나의 문서는 단어 공간에서 고차원의 벡터로 표현될 수 있다. 벡터의 각 항목은 문서 안의 서로 다른 용어와 용어의 개수를 나타낸다. 단어 빈도-역문서 빈도<sup>TF-IDF,</sup> <sub>Term Frequency-Inverse Document Frequency</sub> 벡터는 문서 안에서 각 용어에 다음 공식을 사용해 가중치를 부여한다.

$$W_{td} = f_{td} . \log\left(\frac{D}{ND_t}\right)$$

개별 단어의 가중치 $W_{td}$는 단어의 빈도 $f_{td}$에 문서 $D$의 총 개수를 용어가 적어도 한 번 나오는 문서의 개수 $ND_t$로 나눈 값의 로그를 곱해 계산한다. 단어의 순서는 반드시 유지할 필요는 없다. 각 단어의 가중치를 모아 특정 단어의 빈도가 높은 문서를 결정하는 데 사용된다. TF-IDF 벡터의 집합을 모아 사용자의 관심사를 표현하는 데 사용할 수 있다.

## 잠재 의미 분석

상당히 많은 수의 문서가 들어 있는 코퍼스의 경우 개별 문서 $d$에 대해 각 문서를 표현하는 벡터의 차원은 수천 개가 될 수 있다. 잠재 의미 분석<sup>latent semantic analysis</sup>은 문서 안의 용어가 서로 연관된 경우가 많다는 직관에 의존한다. 예를 들어 문서 $d$가 단어 "sea"를 갖고 있는 경우 해당 문서는 "beach"라는 단어를 포함할 가능성도 높아진다.

따라서 문서 $d$를 표현하는 벡터가 "sea"라는 항목에서 0이 아닌 요소를 갖고 있는 경우에는 "beach"라는 요소에서 0이 아닌 요소를 갖게 될 것이다. 이런 종류의 구조를 감지할 수 있다면 단어 간의 관계는 데이터를 통해 자동으로 학습할 수 있다.

워드 문서 행렬 $A$는 특이값 분해<sup>SVD, Singular Value Decomposition</sup>를 사용해 분해되며, 그 결과는 가장 유의미한 상관의 정도와 방향을 알려준다.

행렬 $A$를 분해해보면 용어 간의 상관관계와 문서 안에서의 유의미함에 따라 문서의 의미를 분석할 수 있다. 잠재 의미 분석을 통해 웹 콘텐츠의 맥락을 분석해서 웹 사용자에게 맥락에 맞는 결과를 제공할 수 있다.

## 코사인 유사도

**파이썬 패키지: SciPy; 메서드: cosine**

코사인 유사도는 두 벡터가 얼마나 유사한지를 나타내는 지표다. 따라서 두 문서 사이의 유사도나 어떤 문서와 쿼리 사이의 유사도를 정의하는 데 사용될 수도 있다.

두 벡터 사이의 코사인 유사도는 다음과 같이 정의된다.

$$Sim(u,v) = \frac{u \cdot v}{\|u\| \cdot \|v\|}$$

두 벡터 사이의 유사도는 벡터의 내적을 두 벡터의 길이를 곱한 값으로 나눠 계산한다. 직관적으로 보면 두 문서 사이의 벡터 각도가 클수록 유사도가 떨어진다. 이는 $N$차원 공간에서도 유효하다. 더 나아가 TF-IDF 벡터 스킴에서 하나의 검색 쿼리와 여러 문서 사이의 유사도는 코사인 유사도를 적분하는 방법으로 구할 수 있다.

$$Sim(q,d) = \frac{\sum\limits_{t \in q \cap d} W_{td} \cdot W_{tq}}{\|d\| \cdot \|q\|}$$

쿼리 $q$와 문서 $d$ 사이의 유사도는 문서와 쿼리에 있는 용어의 TF-IDF 가중치를 곱하고, 쿼리와 문서에 모두 들어가 있는 모든 용어의 합계를 계산하고, 이를 문서와 쿼리 벡터의 길이를 곱한 값으로 나눈 값이다. 이런 $Sim(q, d)$ 계산은 문서의 개수가 증가할수록 계산적으로 비싸진다.

## 나이브 베이즈 분류자

베이즈 분류자는 베이즈의 원리에 기초를 두고 있으며, 입력 데이터의 차원이 높은 경우 특히 유용하다. 단순성에도 불구하고 나이브 베이즈는 종종 아주 복잡한 분류 방법보다 더 우수한 성능을 보일 수 있다. 이 방법은 주어진 임곗값을 가지고 문서를 표현하는 한 벡터가 사용자에게 관심을 줄 수 있을지에 대한 확률을 분류하는 데 사용된다. 속성 $d$가 있을 때 사례가 어떤 클래스 $C$에 속할 확률은 다음과 같은 식으로 계산한다.

$$P\left(C=c|D=d\right)=\underset{c}{\arg\max}\ \frac{P\left(D=d|C=c\right)P\left(C=c\right)}{P\left(D=d\right)}$$

kNN이나 ANN과 같은 방법도 정보를 분류하거나 회상하는 데 사용될 수 있다.

## 유전 알고리즘

유전 알고리즘GA, Genetic Algorithms은 머신러닝에서 재미있는 주제 가운데 하나다. 유전 알고리즘은 진화론에 착안해 진화를 통해서 오류를 줄이는 방법을 취하는데, 신경망이 사람의 뇌를 모방하려는 것과 비슷하게 염색체chromosomes의 기능을 모방하려고 시도한다.

진화는 최적화 학습 알고리즘으로 생각되고 있다. 머신러닝에서는 이를 응용해 여러 가지 후보 정답(이것을 염색체chromosomes 또는 유전형genotypes이라 부른다)을 만들고, 여기에 비용 함수cost function를 적용한다. 유전 알고리즘에서는 적합 함수fitness function를 정의하고, 이 함수를 사용해 특정 염색체가 번식에 충분한 요건을 갖췄는지를 평가한다. 최적 결과에서 가장 멀리 떨어져 있는 염색체는 제거된다. 염색체에는 돌연변이mutation가 발생할 수 있다. 이런 유전 알고리즘은 검색search의 일종이며 최적화 학습자optimization learner이기도 하다. 따라서 이산 문제나 연속 문제에 적용할 수 있다.

최적 솔루션 근처에 있는 염색체는 서로 결합할 수 있다. 이런 결합이나 짝짓기를 크로스오버crossover라고 한다. 적자생존 접근법을 통해 자연 선택에 적합한 특성을 가진 염색체를 파악하고, 자손은 부모보다 더 최적화된다.

돌연변이는 과적합을 극복하는 데 도움이 된다. 이는 랜덤 프로세스로 지역 최적 값을 뛰어넘어 전역 최적 값을 찾는다. 돌연변이는 자손 염색체가 부모와 다르고 진화를 계속할 수 있게 한다.

염색체가 돌연변이를 일으키고 짝짓기를 할 수 있는 정도는 일종의 파라미터로서 밖에서 조절하거나 모델이 학습을 통해 설정할 수 있게 만들 수 있다. 이런 유전 알고리즘은 다음과 같은 다양한 영역에서 사용된다.

- 망막 이미지에서 혈관을 찾아내기
- RNA의 구조 이해하기
- 금융 모델링
- 최적의 길 찾기

염색체의 집합은 인구 집단<sup>population</sup>이라고 부른다. 인구 집단은 어떤 시점에서는 일정한 크기를 갖고 있지만, 세대가 지나고 시간이 지남에 따라 평균 예측 값이 더 나은 방향으로 진화한다.

염색체에 대한 평가 $c$는 평가 함수 값을 세대의 평균값으로 나눈 값으로 결정된다. 이는 다음과 같은 식으로 표현된다.

$$fitness(c) = g(c)/(전체\ 인구에서의\ 평균\ g\ 값)$$

유전 알고리즘은 1970년대 초에 존 홀랜드<sup>John Holland</sup>에 의해 소개됐다(그림 4-23). 염색체 선택을 자동으로 하는 과정을 유전 프로그래밍이라고 부른다.

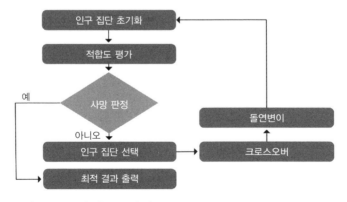

**그림 4-23.** 유전 알고리즘의 기본 구조

## 머신러닝의 모범 사례와 고려할 점

머신러닝 기술을 마스터하는 것은 시간, 경험을 필요로 한다. 특히 머신러닝을 처음 시작하는 경우에는 시간과 최적의 모델 효율성을 얻고자 여러 가지 고려할 사항이 있다.

### 좋은 데이터 관리

머신러닝에 사용되는 데이터의 볼륨과 복잡도를 고려했을 때 적절한 데이터 관리는 아주 중요하다. 이 일에는 데이터 관리의 절차, 정책, 수행 과정, 인가, 인증 등이 필요할 뿐만 아니라 최적의 모델을 학습하고자 훈련 데이터를 관리하고 변형하는 일도 포함된다.

### 기준이 될 기초 성능 지표

다른 모델이나 알고리즘과 비교할 때 사용할 기초 성능 지표를 갖고 있는 것이 중요하다. 모든 문제에 적용할 수 있는 단 하나의 완전한 알고리즘이란 있을 수 없기 때문에 여러 알고리즘을 시도해 모델의 성능에 대한 상대적 우수성을 파악한다.

### 데이터 정제에 들이는 시간

머신러닝 모델을 훈련하는 데 필요한 시간은 알고리즘마다 상당히 다르다. 데이터의 정확도와 모델 훈련 시간은 모델의 성능에 긍정적 효과를 낸다. 시간을 들여 데이터를 정제하고, 가급적이면 예측을 견고하게 만드는 것이 중요하다.

모든 입력 변수가 의존 변수나 결과에 영향을 주지는 않는 것이 대부분이다. 모델에서 사용되는 변수에 부적절한 변수가 포함되지 않게 한다.

## 훈련 시간

데이터의 차원이 크고 컴퓨팅 성능이 제한돼 있다면 훈련 시간이 오래 걸릴 것이다. 시간이 부족한 경우에는 상당히 많은 훈련을 필요로 하지 않는 머신러닝 알고리즘을 고려하는 것이 좋다. 이를 테면 신경망은 시간이 제한된 과제에는 적절하지 않을 수 있다.

## 적절한 모델의 선택

어떤 머신러닝 알고리즘은 데이터의 구조와 원하는 결과의 특별한 가정을 필요로 한다. 이런 이유 때문에 적절한 모델을 선택하고 적절한 접근법을 쓰는지 고려할 필요가 있다. 적절한 모델 사용은 아주 많은 이점이 있는데, 더 정확한 예측, 더 빠른 훈련 시간, 더 유용한 결과를 얻을 수 있다.

어떤 머신러닝 모델은 이상치에 크게 영향을 받지 않는다. 예를 들어 의사 결정 트리에 기초한 접근법은 전형적으로 하나의 노드를 하나의 임곗값에 기초해 두 개로 분류한다. 따라서 데이터 이상치의 정도가 트리 기반 접근법에는 그다지 큰 영향을 주지 않는다.

머신러닝에서 여러 모델을 평가해보는 것이 유용하다. 오캄의 면도날<sup>Occam's Razor</sup> 원칙이 적절한 모델을 선택하는 데 적용된다. 오캄의 면도날 원칙은 원하는 결과를 얻고자 할 때 다른 것이 모두 같다면 가장 간단한 모델을 선택하는 것이다.

## 적절한 변수의 선택

일반적으로 머신러닝 문제에서는 더 많은 데이터가 선호되지만 여러 가지 이유 때문에 더 적은 예측 변수를 사용해 작업하는 것이 더 낫다.

## 불필요한 데이터

훈련 데이터셋에서 변수의 개수가 증가하면 할수록 모델이 그들 사이의 숨겨진 관계를 학습할 가능성이 높아진다. 따라서 불필요한 변수를 파악하고 필요한 예측 변수만 모델에 포함시키는 것이 아주 중요하다. 적절한 관계를 학습할 때 모델의 정확도가 올라간다.

## 과적합

모델의 예측 변수 사이에 관련이 없는 경우에도 더 적은 변수을 사용하는 것이 이익이다. 복잡한 모델이나 수많은 예측 변수를 사용하는 모델은 전형적으로 과적합되기 마련이다. 결과적으로 모델은 훈련 데이터셋에서는 좋은 성능을 보이지만, 그 모델은 변수 간의 관련성과 같은 시그널을 학습한 것이 아니라 오류나 노이즈를 학습하게 돼서 검증 데이터나 실제 설정에서는 성능이 떨어진다.

## 생산성

정교한 머신러닝 모델에 포함된 모든 변수가 적절하더라도 많은 수의 예측 변수를 사용하는 경우에는 생산성에 영향을 줄 수 있다. 실제로 고려할 사항에는 사용 가능한 데이터의 양, 저장 용량, 컴퓨팅 리소스, 관련 비용, 프로젝트에 할당된 시간, 훈련과 검증에 필요한 시간 등이 있다. 예측 인자는 특징 선택, 특징 추출 등의 방법으로 파악할 수 있다. 서포트 벡터 머신은 데이터 차원이 늘어가는 경우에 유용한 방법이 될 수 있다.

파레토의 법칙<sup>Pareto principle</sup>(80 대 20 법칙)은 머신러닝 프로젝트에도 유용하다. 파레토의 법칙은 20%의 원인에서 80%의 효과가 유발된다는 의미다. 파레토의 법칙을 적용하면 20% 가량의 가장 유의미한 예측 인자에 집중할 경우 합리적인 시간 안에 상대적으로 성공적인 모델을 구축하는 것이 가능하다는 것을 의미한다.


## 이해도

더 적은 예측 인자를 사용하는 것이 시각화하거나 이해하거나 설명하는 데 있어 더 쉽다. 성공적인 머신러닝 프로젝트의 핵심 요건 가운데 하나는 이해관계자의 모델에 대한 이해다. 따라서 데이터 과학자가 트레이드오프를 선택할 필요가 있다. 예측 변수의 개수를 줄이면 머신러닝 모델의 성공 가능성이 줄어든다. 하지만 동시에 모델은 더 이해하기 편하고 해석하기 쉬워진다. 이런 접근법의 필요성은 프로젝트가 끝나는 지점에서야 깨닫게 되는 경우가 많다. 이 지점에서는 모델의 성능뿐만 아니라 작동하는 방식을 공유해야 할 필요가 생기기 때문이다. 이런 점은 특히 헬스케어 영역에서 두드러진다. 헬스케어 영역에서는 블랙박스 모델을 사용하는 데 따른 상당한 우려가 있기 때문이다.


## 정확도

모든 머신러닝 모델은 좋은 일반화를 목표로 한다. 용도에 따라 근삿값이 정교하고 정확한 결과보다 더 이득이 될 수도 있다. 근삿값을 사용해 모델은 과적합을 피하고 프로세싱에 필요한 시간을 줄일 수 있다.

## 거짓 음성의 영향

실제 환경에 배치하기 전에 모델의 영향을 평가할 때 거짓 음성의 영향을 고려할 필요가 있다. 유방암 진단 예측 모델을 예로 들어보자. 이 경우 거짓 양성은 유방암에 걸리지 않았는데, 환자가 유방암에 걸렸다고 판단하게 된다. 이런 경우는 이후에 이어지는 진단과 치료 과정에서 잘못이 판정된다. 하지만 거짓 음성이라고 판정하게 되는 경우 환자는 유방암이 있음에도 불구하고 진단, 치료 과정을 거치지 않게 되기 때문에 이후 상당히 좋지 않고 비용이 많이 들어갈 가능성이 높아진다.


## 선형성

여러 머신러닝 알고리즘은 선형적인 관계를 가정한다. 이는 최적합 직선과 같은 직선이나 좀 더 높은 차원의 표현으로 클래스가 구분될 수 있다는 의미다. 하지만 관계가 선형적이지 않은 경우가 있다. 비선형 클래스 경계가 있는 상황을 선형 분류법에 의지해 분류하는 모델은 정확도가 낮아진다.

예를 들어 선형 회귀는 입력과 출력 변수에 노이즈가 없다고 가정한다. 데이터 안의 시그널을 노출시켜 모델의 데이터 안에 있는 정확한 관계라는 시그널을 학습하게 하는 것이 중요하다. 모델이 노이즈를 학습할 가능성을 줄이려고 출력 변수에서 이상치를 파악하고 제거하는 것이 이득이 될 수 있다.

비선형 경향을 보이는 데이터는 변형시켜 선형적인 관계를 갖게 할 수도 있다. 예를 들어 지수적 관계를 갖고 있는 경우에는 로그 변형을 시도할 수 있다.

선형 알고리즘은 대부분의 머신러닝 시나리오에서 처음으로 시도된다. 선형성의 결과로 알고리즘은 간단하고 빠르게 학습된다.

## 파라미터

모든 머신러닝 모델은 파라미터와 하이퍼파라미터에 영향을 받는다. 모델을 훈련시키는 데 필요한 시간과 자원은 파라미터의 개수에 비례해 증가한다. 알고리즘의 파라미터라고 하는 것은 데이터셋에서 추정되는 값으로, 이후 모델에 의해 사용되는 변수다.

알고리즘의 하이퍼파라미터는 모델 외적인 변수이고 파라미터를 추정하는 데 사용된다. 하이퍼파라미터의 값은 데이터에서 추정되는 것이 아니며, 데이티 과학자가 설정하는 값이다. 어떤 경우에는 임의로 설정되고, 어떤 경우에는 휴리스틱을 사용해 결정한다.


## 앙상블

어떤 머신러닝 문제에서는 투표, 가중치, 모델의 조합 등을 통해 일련의 분류자를 묶어 더 정확하게 분류하도록 만들 수 있다. 앙상블 학습자는 이런 측면에서 매우 유용하다.


## 사례: 제2형 당뇨병

제2형 당뇨병은 지구 전체 인구가 직면하는 가장 큰 건강 및 경제적 부담이 되는 질환의 하나로, 6초마다 6명 가운데 1명이 당뇨병이나 합병증으로 사망한다.[56]

질환의 진행에 영향을 주는 다양한 요인이 있는데, 이런 요인을 잘 조절하면 질병의 진행을 막아 질병률과 사망률을 낮출 수 있다. 혈당, 당화혈색소, 공복 시 혈당, 인슐린 민감도, 케톤 등과 같은 헬스 바이오마커에 대한 데이터를 사용해 질병의 부담이나 치료의 반응을 이해하고 모니터링하는 데 사용할 수 있다.

제2형 당뇨병의 어마어마한 부담 때문에 이 분야에서는 지능적인 모델을 개발하는 데 상당한 투자가 있었다. 머신러닝과 데이터 마이닝을 통한 진단, 예측, 관리에 주로 초점이 맞춰져 왔다.

여러 머신러닝 기술이 제2형 당뇨병 데이터셋에 적용돼 왔다. 전통적인 기술, 앙상블 방법, 비지도학습, 특히 연관 법칙 마이닝과 같은 방법을 사용해 최적의 정확도를 가진 모델을 만드는 데 사용됐다.

파리드 배거자데이-키아바니<sup>Farideh Bagherzadeh-Khiabani</sup> 등은 830명의 여성 당뇨 전단계 환자를 대상으로 55개의 특징을 10년 동안 추적한 데이터로 제2형 당뇨 위험을 예측하는 복수의 모델을 개발했다.[57] 로지스틱 모델이나 특징의 서브셋을 고려한 모델 등을 만들어 임상적 예측 모델의 성능을 개선했다. 그리고 R 프로그램으로 만들어 결과를 시각화할 수 있게 했다.

비슷하게 조지아 엘<sup>Georgea El</sup> 등은 랜덤 포레스트 의사 결정 트리를 사용해 제1형 당뇨병을 가진 15명의 환자에서 여러 가지 특징을 갖고 단기간 피하 혈당 농도를 예측했다.[58] 혈당 농도는 서포트 벡터 머신을 갖고 예측했다. 해당 연구에 따르면 산화 스트레스 마커인 8-하이드록시-2-데옥시구아노신<sup>8-hydroxy-2-deoxyguanosine</sup>과 인터류킨-6<sup>interleukin-6</sup>을 포함시키면 분류 정확도가 더욱 개선된다고 했다.

두이구 칼리서<sup>Duygu Calisir</sup> 등은 선형 판별법<sup>linear discriminant analysis</sup>과 서포트 벡터 머신 분류자를 사용해 거의 90%에 가까운 정확도로 제2형 당뇨병을 진단할 수 있는 자동 진단 시스템을 개발했다.[59] 잠재 디리클레 할당<sup>Latent Dirichlet Allocation</sup> 방법을 사용해 건강한 사람과 제2형 당뇨병을 구분했고, 이 결과를 서포트 벡터 머신 분류자의 입력으로 사용했다. 세 번째 단계에서는 결과를 결정하기 전에 민감도, 분류, 혼동 등을 평가했다.

라자비안<sup>Razavian</sup> 등은 좀 더 광범위한 연구를 진행했고, 인구 단위의 데이터셋을 통해 제2형 당뇨를 정확히 예측할 수 있는 모델을 개발했다.[60] 2005년에서 2009년까지 4백만 명 환자에서 42,000개가 넘는 변수를 수집했다. 머신러닝을 사용해 적절한 특징을 파악해 약 900개 정도로 줄였다. 이를 통해 만성 간질환, 높은 알라닌 아미노 트랜스퍼레이즈 수치, 식도 역류, 급성 기관지염의 과거력과 같은 새로운 제2형 당뇨병의 위험 인자가 확인됐다.

머신러닝은 당뇨병과 연관돼 있는 다른 질환의 위험도를 진단하는 데도 적용됐다. 라가니[Lagani] 등은 심혈관 질환(심장병과 뇌줄중), 저혈당, 케톤증, 단백뇨, 신장병, 망막 증과 같은 합병증을 가장 잘 예측할 수 있는 임상적인 변수의 집합을 파악했다.[61]

후잉[Huang] 등은 의사 결정 트리에 기반을 둔 당뇨병성 신장병증을 알아내는 예측 모델을 만들었다.[62] 리웅[Leung] 등은 유전적, 임상적 특징에 대해 부분 최소 제곱법, 회귀 트리, 랜덤 포레스트 의사 결정 트리, 나이브 베이즈, 신경망, 서포트 벡터 머신을 비교했다.[63] 환자의 나이, 유병 기간, 혈압, 유테로글로빈의 유전적 다형성증, 지질 대사 등이 제2형 당뇨에 가장 효율적인 지표라고 했다.

수머스[Summers] 등은 120개가 넘는 특징을 가진 데이터셋을 활용해 동반된 우울증과 당뇨 관련 스트레스를 파악했다. 랜덤 포레스트 의사 결정 트리, 서포트 벡터 머신, 나이브 베이즈, 신경망 등을 활용했으며, 환자의 나이, 취업 상태가 예측의 정확도에 가장 크게 영향을 미치는 변수라고 정의했다.[64]

당뇨병과 위험 인자를 확인하는 데는 비지도학습법인 연관 법칙 마이닝이 주로 사용돼 왔다. 사이먼[Simon] 등은 교란 변수와 용량 효과를 조절할 수 있고, 생존 결과를 포함하도록 기존 연관 법칙 마이닝을 확장한 생존 연관 법칙 마이닝[Survival Association Rule Mining]을 제안하기도 했다.

# 5장

# 지능을 위한 학습 성과 평가

"지능은 변화에 적응하는 능력이다."

– 스티븐 호킹(Stephen Hawking)

하나의 분야로서 머신러닝은 아직 걸음마 단계에 있다. 최신 머신러닝은 불과 지난 25년 동안 연구 발전된 것이며, 그 발전이 데이터 과학을 하나의 전문 직업으로 발전시키는 촉진제 역할을 했다. 결과적으로 데이터 과학 산업은 아직은 인공지능과 머신러닝의 무한한 가능성에 감탄하는 정도에 머물러 있다. 여기에는 흥분과 혼란이 공존하고 있다. 이 산업은 아직 지식과 경험을 모아가는 단계이고, 전에는 생각지도 못했던 문제를 만들어내고 있다.

머신러닝 프로젝트에서 가장 힘든 일은 적절한 모델을 확인하는 것과 피처 엔지니어링feature engineering이다. 특히 피처 엔지니어링에 따라 모델의 성능에 상당한 차이를 보인다. 사실 모델 선택 자체보다 선택된 특징feature이 모델의 질에 더 큰 영향을 미치는 경우가 많다. 따라서 모델의 지능 평가에 있어서 모델이 아직 만나지 않은 샘플에 따라 제대로 학습 알고리즘이 작동하고 있는지 평가하는 것이 중요하다.

이런 일을 할 때는 앞으로 설명할 다양한 지표를 사용한다.

## 모델 개발과 작업 과정

성공적으로 머신러닝 모델을 배치하려면 그림 5-1과 같은 여러 개발 단계와 평가를
거치게 된다.

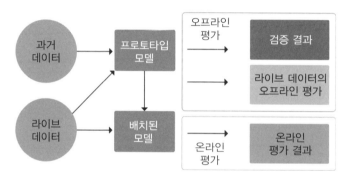

**그림 5-1.** 모델 개발과 평가 절차

첫 번째 단계는 프로토타입을 만드는 것이다. 이 과정에서는 과거 데이터로 다양한
모델을 테스팅해서 가장 적절하다고 판단되는 모델을 선택한 후 프로토타입을 만든
다. 모델을 훈련할 때는 5장 뒤에서 다룰 하이퍼파라미터 튜닝이 필요하다. 일단
최선의 프로토타입이 선택되고 나면 모델을 테스트하고 검증한다. 모델 검증은 3장
에서 설명한 대로 데이터셋을 훈련, 테스팅, 검증 세트로 분리한 후 실시한다. 데이
터셋을 나눌 때에는 무작위로 이뤄지게 해야 한다. 데이터에 편향이 내재돼 있을
가능성이 항상 있음을 유념하자. 모델이 성공적으로 검증되면 제품으로 배치한다.
그런 다음 보통 하나 또는 그 이상의 성능 지표로 평가된다.

머신러닝 모델을 평가하는 방법에는 온라인(라이브) 평가 방식과 오프라인 평가 방
식이 있다.

## 모델을 평가하는 두 가지 접근법이 있는 이유

배치된 머신러닝 모델은 두 가지 소스에서 나오는 데이터를 소비한다. 하나는 과거 데이터(학습을 할 때 사용됐던 것으로 경험 역할을 하는 데이터)이고 다른 하나는 라이브 데이터다. 많은 머신러닝 모델은 시간이 흐름에 따라 분포가 변하지 않고 일정하게 유지되는 정적 분포 데이터를 가정한다. 하지만 실제에서는 그렇지 않은 경우가 대부분이다. 즉, 데이터의 분포가 시간이 지남에 따라 바뀐다. 이를 분포 이동 distribution drift이라고 한다. 환자의 건강 프로필에 따라 약물의 부작용을 예측하는 시스템을 예로 들어보자. 약물 부작용은 인종, 질환의 프로필, 영역, 약물의 인기도, 새로운 약물 등과 같은 집단적 요소에 따라 변할 수 있다. 환자 데이터에 기반을 둔 특정 부작용의 분포는 시간에 따라 빠르게 바뀔 수 있다. 따라서 모델은 분포의 이동을 감지하고, 이에 맞춰 진화돼야 한다. 이에 대한 평가는 전형적으로 라이브 데이터live data에 기반을 둔 성능 평가를 통해 이뤄진다. 이때도 과거 데이터에 대한 모델의 테스팅, 검증 과정에 사용됐던 평가 지표가 사용된다.

라이브 데이터에 대한 모델 성능 평가의 결과가 이전 지표와 비슷하거나 허용된 경계 안에 있을 경우 이 모델은 여전히 데이터에 적합한 모델이라고 판정된다. 반면 모델 성능이 떨어지는 경우 모델은 더 이상 데이터에 적합하지 않은 모델로 판정된다. 이 경우 재훈련이 필요하다.

오프라인 평가는 과거 정적으로 분포된 데이터셋에서 학습되고 평가된 지표를 바탕으로 모델을 평가한다. 정확도accuracy, 정밀도precision, 재현율recall 같은 지표가 오프라인 단계에서 주로 사용된다. 이런 오프라인 평가 기술에는 홀드백hold-back 방법과 n-폴드 교차 검증법n-fold cross-validation이 있다.

온라인 평가는 모델이 배치된 후에 평가하는 것을 말한다. 여기서 알고 있으면 좋은 것은 이때 사용하는 평가 지표가 모델 배치 전의 모델 평가 지표와 다를 수 있다는 점이다. 이를테면 새로운 약물 치료의 모델은 배치 전에는 테스팅, 검증 과정에서 가능하면 정밀하게 학습시키는 것을 목표로 한다. 하지만 온라인으로 배치가 되고 나면 예산이나 치료 가치 등과 같은 비즈니스 목적을 고려해야 한다. 디지털 시대의 온라인 평가는 가장 성능이 좋은 모델을 이해하고자 다변량 테스팅<sup>multivariate testing</sup>을 지원할 수 있다.

피드백 루프<sup>feedback loop</sup>는 시스템을 원하는 대로 작동하게 하고, 모델을 이해하는 데 핵심 요소다. 이는 사람이 직접 할 수도 있고, 맥락을 잘 이해하는 에이전트나 모델 사용자를 통해 자동화시킬 수도 있다.

머신러닝 모델의 평가는 훈련에 사용된 데이터를 사용하지 않고, 통계적으로 독립적인 데이터셋을 사용한다. 훈련 데이터셋은 이미 훈련된 모델이 학습에 사용하면서 익숙해진 상태로, 이 데이터셋을 사용하면 모델의 성능이 과장되기 때문이다. 따라서 아직까지 한 번도 본 적이 없는 데이터를 사용한다. 이를 통해 일반화의 오류를 줄일 수 있다. 그런데 새로운 데이터를 얻기는 어렵다. 따라서 현재 갖고 있는 데이터셋에서 지금까지 보지 못한 새로운 데이터를 확보하는 것이 중요하다. 3장에서 설명한 n-폴드 교차 검증법<sup>n-fold cross-validation</sup>을 이런 경우 유용하게 사용할 수 있다. 보통 머신러닝에서는 데이터가 알고리즘 선택보다 더 중요하다. 그리고 특징을 잘 선택하면 할수록 모델의 성능이 좋아진다.

다음절에서 다루는 평가 지표는 R의 `Metrics` 패키지나 파이썬의 `scikit-learn` 패키지에 들어 있는 기능을 활용해 계산할 수 있다.


## 평가 지표

머신러닝 문제에 사용되는 평가 지표는 상당히 많다. 분류, 회귀, 클러스터링, 연관 학습, 자연어 처리 등 머신러닝 방법에 따라 다양한 평가 지표가 있다.

## 분류

분류Classification 문제는 주어진 입력의 레이블을 찾아 특정 클래스로 분류하는 것을 목적으로 한다. 분류에서 성능 측정 방법은 정확성accuracy, 정밀도-재현율 precision-recall, 혼동 행렬, 로그-손실, AUCArea Under the Curve 등이 있다.


## 정확도

정확도Accuracy는 모델이 정확히 예측하는지 평가하는 가장 간단한 방법이다. 이는 전체 예측 개수에서 정확히 예측한 비율을 백분율로 계산한다.

- 정확도 = 정확히 예측한 개수/전체 예측 개수


## 혼동 행렬

정확도는 클래스를 구분하는 것을 고려하지 않은 일반적인 지표다. 따라서 잘못된 분류나 잘못된 분류에 대한 벌칙을 고려하지 않는다. 예를 들어 의료에서 오진은 거짓 양성(예, 환자가 유방암이 없는데도 있다고 진단하는 것)과 거짓 음성(예, 실제로는 환자가 유방암이 있는데도 없다고 진단하는 것)이 있는데, 이 둘은 환자에게 지대한 영향을 미친다. 혼동 행렬은 모델이 정확히 분류한 것과 부정확하게 분류한 것을 나누고, 각각의 경우에 적절한 명칭을 부여한다.

- **참 양성:** 실제 클래스는 'yes'이고, 예측된 클래스 역시 'yes'인 경우
- **거짓 양성:** 실제 클래스는 'no'인데, 예측된 클래스는 'yes'인 경우
- **참 음성:** 실제 클래스는 'no'이고, 예측된 클래스 역시 'no'인 경우
- **거짓 음성:** 실제 클래스는 'yes'인데, 예측된 클래스는 'no'인 경우

예를 들어 양성, 음성 사례가 똑같은 분포를 하고 있는 테스트 데이터셋을 사용해서 유방암 50건의 사례에 대해 어떤 모델이 표 5-1과 같이 예측했다고 생각해보자.

**표 5-1.** 혼동 행렬

|  | 예측: 양성 | 예측: 음성 |
|---|---|---|
| 레이블: 양성 | 20 | 5 |
| 레이블: 음성 | 15 | 10 |

이 혼동 행렬에 따르면 양성 클래스인 경우가 음성 클래스의 경우보다 정확도가 높다. 양성 분류의 정확도는 20/25 = 80%이고, 음성 분류의 정확도는 10/25 = 40%다. 두 정확도 모두 모델의 전체 정확도인 (20 + 10)/50 = 60%와는 다르다. 이를 보면 혼동 행렬이 머신러닝 모델의 전체 정확도보다 훨씬 상세한 정보를 제공하는 것이 명백하다는 점을 이해할 수 있다.

전체 모델의 정확도는 혼동 행렬 용어를 사용해 계산해보면 다음과 같다.

- 정확도 = (정확하게 예측된 관찰 값의 수)/(전체 관찰 값의 수) = (TP + TN)/(TP + TN + FP + FN)

### 클래스별 정확도

클래스별 정확도$^{\text{per-class accuracy}}$는 각 클래스의 정확도를 고려하는 방법이다. 앞의 예에서 평균 클래스별 정확도$^{\text{average per-class accuracy}}$는 (80% + 40%)/2 = 60%다. 클래스별 정확도는 특정 클래스의 사례가 다른 클래스의 사례 수와 큰 차이를 보이는 경우 이 불균형을 조정할 때 유리하다. 사례 수에서 큰 차이를 보이는 경우 수가 많은 클래스가 계산에 큰 영향을 주기 때문에 단순 정확도만으로는 모델의 성격을 설명하는 데 충분하지 않으므로 클래스별 정확도를 제시하는 것이 유용하다.

### 로그 손실

로그 손실$^{\text{Logarithmic loss}}$은 클래스 레이블이 아닌 연속된 확률 값으로 출력되는 문제에 사용된다. 로그 손실은 정확도에 대한 신뢰를 표시하는 확률적인 척도로, 실제 참인

레이블과 예측 값 사이의 엔트로피를 고려해 계산한다.

이진 분류 문제에서 로그 손실은 다음과 같이 계산된다.

$$\text{로그 손실} = -\frac{1}{N}\sum_{i=1}^{N} y_i \log p_i + (1-y_i)\log(1-p_i)$$

$p_i$는 $i$번째 데이터 포인트가 클래스에 속할 확률이며, $y_i$는 0이나 1의 값을 갖는 실제 레이블이다.

## AUC

AUC 플롯은 참 양성 대 거짓 양성의 비율을 그래프로 표시한 것이다. AUC 커브를 사용해 분류기의 민감도와 특이도의 시각화가 가능하다. 이를 사용해 거짓 양성을 어느 정도 감안했을 때 정확한 양성 분류가 얼마만큼 가능한지 확인할 수 있다.

커브는 ROC<sup>Receiver Operating Characteristic</sup> 커브<sup>curve</sup>라고도 하는데, 그림 5-2는 한 예다. 높은 AUC, 즉 커브 아래 면적이 넓을수록 좋은 것이다. 그림 5-2에서 테스트 A는 테스트 B와 비교해 더 낫다. 이러한 ROC 커브는 모델의 특이도와 민감도 사이의 트레이드오프를 시각적으로 보여준다.

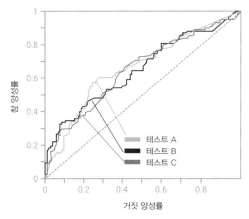

**그림 5-2.** ROC 커브

## 정밀도, 재현율, 특이도, F-Measure

정밀도와 재현율은 모델 성능을 평가하는 지표로 종종 함께 사용된다. 정밀도는 관련 있다고 예측한 항목 가운데 실제로 관련된 항목의 비율이다. 재현율은 실제 관련 있다는 항목 가운데 모델이 몇 개나 정확하게 관련 있다고 판정 했는지로 계산한다.

- **정밀도**$^{Precision}$: (정확하게 예측된 양성)/(양성으로 예측된 전체) = TP/(TP + FP)
- **재현율**$^{Recall}$: (정확하게 예측된 양성)/(실제 양성 관찰 값의 개수) = TP/(TP + FN)

특이도$^{specificity}$는 실제로 음성인 경우에서 모델이 정말로 음성으로 판정한 비율로, 그림 5-3과 같이 계산된다.

- **특이도**$^{Specificity}$: (정확하게 예측된 음성)/(전체 음성 관찰 값) = TN/(TN + FP)

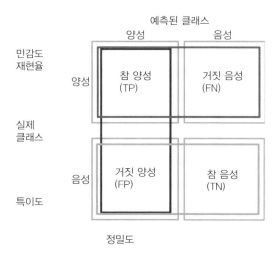

**그림 5-3.** 특이도 분류 다이어그램

F-Measure 값은 정밀도와 재현율의 조화 평균으로 아래와 같이 계산한다.

$$F = \cfrac{1}{\cfrac{1}{2}\left(\cfrac{1}{p}+\cfrac{1}{r}\right)} = \cfrac{2pr}{p+r}$$

$p$는 정밀도, $r$은 재현율이다.

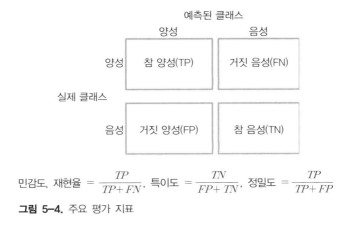

민감도, 재현율 $= \dfrac{TP}{TP+FN}$, 특이도 $= \dfrac{TN}{FP+TN}$, 정밀도 $= \dfrac{TP}{TP+FP}$

**그림 5–4.** 주요 평가 지표

## 회귀

회귀 머신러닝 모델은 연속 변수를 출력한다. 회귀에서 가장 많이 사용되는 지표는 평균 제곱근 오차[RMSE, Root-Mean-Squared Error]다.

### 평균 제곱근 오차

평균 제곱근 오차는 예측된 값과 실제 값 사이의 거리를 제곱한 값의 평균을 구하고, 다시 그 값의 제곱근을 구해 계산한다. 이는 실제 값으로 구성되는 벡터와 예측 값으로 구성되는 벡터 사이의 유클리드 거리를 평균한 값으로 이해할 수 있다. 평균 제곱근 오차의 단점은 이상치[outlier]에 민감하다는 것이다.

$$RMSE = \sqrt{\frac{\sum_i \left(y_i - \hat{y}_i\right)^2}{2}}$$

$y_i$는 실제 값, $\hat{y}_i$는 예측 값이다.

### 오차 값의 백분위수

오차에 대한 백분위수(또는 사분위수)는 이상치에 덜 민감하기 때문에 통계적으로 견고하다고 알려져 있다. 실세계 데이터는 이상치를 포함하는 경우가 많기 때문에 평균을 이용하는 대신 평균 절대 비율 오차<sup>MAPE, Median Absolute Percentage Error</sup>를 사용하는 것이 종종 유용하다.

$$MAPE = 중앙값\left(\|\left(y_i - \hat{y}_i\right)/\left(y_i\right)\|\right)$$

$y_i$는 실제 값, $\hat{y}_i$는 예측 값이다.

MAPE는 데이터셋의 중앙값을 사용하기 때문에 이상치에 영향을 덜 받는다. 회귀 추정치의 정밀도에 대한 이해를 높이고자 주어진 문제의 예측에 대한 임곗값이나 백분율 차이를 설정할 수 있다. 임곗값은 문제의 특성에 따라 다르다.


## 비대칭 데이터셋, 변칙 값, 희소 데이터

경험 있는 데이터 과학자라면 모든 데이터를 의심을 가지고 바라본다. 데이터는 일관성이 없을 수 있어서 편향된 데이터셋<sup>skewed datasets</sup>, 균형이 잡히지 않은 클래스 사례, 이상치가 모델 성능에 상당한 영향을 줄 수 있다. 어떤 클래스의 사례 수가 다른 클래스의 사례 수보다 많은 경우 모델 성능을 떨어뜨릴 수 있다. 나아가 이상치나 데이터 변칙 값은 성능 지표에도 왜곡을 일으킨다. 커다란 이상치에 의한 효과는 오류의 백분위수로 줄일 수 있다. 실제로 데이터를 잘 정제하고, 이상치를 제거하고, 변수의 정규화를 통해 이상치의 민감도를 낮출 수 있다.

## 파라미터와 하이퍼파라미터

하이퍼파라미터와 파라미터는 종종 혼동돼 사용되지만 둘 사이는 차이가 있다. 머신러닝 모델은 데이터의 여러 측면에서 관계를 표시하는 일종의 수학 함수로 이해할 수 있다.

모델 파라미터는 학습에 사용되는 훈련 데이터셋의 특성이며, 훈련 과정에서 모델에 의해 조정된다. 모델 파라미터는 모델, 데이터셋 특성, 주어진 과제에 따라 달라진다. 예를 들어 보자. 텍스트의 말뭉치를 출력하는 자연어 예측기의 경우에는 단어의 빈도, 문장의 길이, 문장당 단어나 동사의 분포와 같은 파라미터가 모델의 파라미터다.

모델 하이퍼파라미터는 모델에 대한 파라미터로 훈련 과정에서 학습되는 것이 아니다. 하이퍼파라미터는 머신러닝 모델의 성능에 상당한 차이를 만들어낼 수 있다. 하이퍼파라미터는 모델의 구조를 정의하고, 모델의 성능과 유연성에 영향을 준다. 하이퍼파라미터는 훈련 과정에서 손실 최적화 알고리즘에 영향을 줄 수 있다. 최적의 하이퍼파라미터는 예측에 상당한 영향을 주고, 모델의 과적합을 예방하는 데 도움이 된다. 최적의 하이퍼파라미터는 데이터셋이나 모델에 따라 종종 달라진다.

신경망에 적용되는 하이퍼파라미터에는 은닉층의 수와 크기, 학습률 등이 있다. 의사 결정 트리에는 원하는 깊이와 트리의 잎 개수가 하이퍼파라미터다. 서포트 벡터 머신의 하이퍼파라미터에는 잘못된 분류의 벌칙 항목이 있다.

## 하이퍼파라미터 튜닝

하이퍼파라미터 튜닝이나 최적화는 머신러닝 모델에 대한 최적의 하이퍼파라미터 조합을 찾는 것을 말한다. 최적화된 하이퍼파라미터 값은 모델의 예측 정확도를 올려준다. 하이퍼파라미터는 모델을 훈련하고 정확도를 집계하고 하이퍼파라미터를 조율하면서 최적화된다. 다양한 하이퍼파라미터 값을 사용하면서 최적의 값을 결정하고, 이를 통해 모델의 정확도를 올린다.

## 하이퍼파라미터 튜닝 알고리즘

하이퍼파라미터 튜닝은 머신러닝 모델을 훈련하는 것과 비슷하다. 주어진 과제는 일종의 최적화 문제다. 모델 파라미터는 손실 함수 등으로 표현할 수 있는 데 반해 하이퍼파라미터는 그렇게 표현할 수 없으며, 전적으로 모델 훈련 과정에 달려있다. 하이퍼파라미터를 튜닝하는 방법은 몇 가지가 있는데, 가장 흔히 사용되는 것으로 그리드 서치와 랜덤 서치 방법이 있다.

### 그리드 서치

그리드 서치Grid Search는 모든 하이퍼파라미터의 그리드 조합을 조사하는 방법으로, 간단하고 효과적인 방법인 동시에 자원을 가장 많이 필요로 하는 하이퍼파라미터 최적화 방법이다. 이 방법은 모든 하이퍼파라미터를 평가하고 승자를 결정한다. 이를테면 하이퍼파라미터가 의사 결정 트리의 잎 개수라면 이 숫자는 $n=2$에서 100까지 있을 수 있다고 가정했을 때 그리드 서치는 각각의 $n$에 대해 모델을 만들어 보고 가장 효과적인 하이퍼파라미터를 결정한다.

이런 작업을 할 때는 하이퍼파라미터의 최솟값과 최댓값을 짐작하는 경우가 많다. 이는 전형적인 시행착오 방법으로, 최적 값이 최대와 최소의 중간 어딘가에 놓여 있을 것으로 추정하면서 모델의 하이퍼파라미터를 최적화하는 방향으로 확대해 나간다.

## 랜덤 서치

랜덤 서치<sup>Random Search</sup>는 그리드 서치의 변형으로, 그리드 지점을 랜덤 샘플링해서 모델을 평가한다. 컴퓨테이션 관점으로 보면 일반적인 그리드 서치보다 덜 비싸다. 얼핏 생각하기로는 이런 방법이 최적의 하이퍼파라미터를 찾는 데 그다지 유용해 보이지는 않을 수 있지만, 버그스트라 등<sup>Bergstra et al.</sup>은 상당히 많은 경우에 있어서 랜덤 서치는 그리드 서치와 거의 대등한 성능을 보여준다는 것을 증명해보였다.[65] 랜덤 서치의 간단함과 예상을 뛰어넘는 성능 때문에 종종 그리드 서치보다 더 자주 사용된다. 그리드 서치와 랜덤 서치 모두 병렬 계산이 가능하다.

평가의 결과로 어떤 샘플을 시도할지 평가해야 하기 때문에 컴퓨테이션 관점에서는 비싸지만 좀 더 지능적인 하이퍼파라미터 튜닝 알고리즘이 있다. 이런 알고리즘은 그 자체로 하이퍼파라미터를 갖고 있다. 그런 알고리즘에는 베이지안 최적화<sup>Bayesian Optimization</sup>, 랜덤 포레스트 스마트 튜닝, DFO<sup>Derivative-Free Optimization</sup> 등이 있다.


## 다변량 테스팅

다변량 테스팅<sup>Multivariate Testing</sup>은 주어진 특정 문제에 대한 최적의 모델을 결정하는 매우 유용한 방법이다. 이 방법은 통계적 가설 검증법<sup>statistical hypothesis testing</sup>이라고도 하는데, 귀무가설<sup>null hypothesis</sup>과 대립가설<sup>alternative hypothesis</sup>의 차이를 확인한다. 귀무가설은 새로운 모델이 평균 성능 지표에 영향을 주지 않는다는 가설이며, 대립가설은 새로운 모델이 평균 성능 지표에 영향을 준다는 가설이다.

다변량 테스팅은 유사한 모델을 서로 비교해서 어떤 것이 더 성능이 좋은지 이해하거나, 새로운 모델을 기존 모델과 비교하는 데 사용된다. 보고자 하는 성능 지표를 서로 비교하고, 어떤 모델이 좋을지 결정한다.

그 과정은 다음과 같다.

1. 모집단은 임의로 대조군과 실험군으로 나눈다.
2. 설정한 가설에 따라 집단의 행동을 기록한다.
3. 성능 지표와 관련된 $p$ 값을 계산한다.
4. 어떤 모델로 진행할지 결정한다.

절차가 상대적으로 간단해 보이기는 하지만, 고려할 몇 가지 핵심 포인트가 있다.

## 어떤 지표를 평가에 사용해야 하는가?

모델을 평가하는 데 적절한 평가 지표를 선택하는 것은 상황에 따라 다르다. 거짓 양성, 거짓 음성의 영향과 그와 같은 예측의 결과를 고려해본다. 나아가 어떤 모델이 0.001%의 비율로 발생하는 이벤트를 예측하고자 시도할 때, 99.999%의 정확도를 얻을 수는 있겠지만 확인하기 쉽지 않다. 적절한 지표를 제공하도록 모델을 만들 필요가 있다.

한 가지 방법은 실험을 반복해 반복된 평가를 수행하는 것이다. 실패하지 말라는 장담은 없지만 이렇게 하면 착각된 결과로 유도하는 변화를 줄일 수 있다. 귀무가설과 대립가설의 진정한 차이가 있다면 그 차이는 확증될 것이다.

## 상관은 인과와 다르다

"상관이 인과와는 다르다"는 문구는 두 변수 사이의 상관관계가 그중 하나의 변수가 다른 변수의 원인임을 시사하는 것이 아님을 강조하는 데 사용된다. 상관은 두 개 이상의 변수 사이 관계의 크기와 방향에 관련된 것이다.

인과는 원인과 결과로서 하나의 이벤트가 다른 이벤트의 발생과 연관돼 있음을 강조한다. 하나의 변수가 다른 변수의 원인이 된다고 가정하고 싶을 수도 있다. 하지만 여러 특징을 가진 모델에서는 변수가 함께 작동하는 것처럼 보이게끔 하는 숨은 인자가 있을 수 있다.

예를 들어 흡연은 여러 종류의 암을 발생시킬 위험을 증가시키는 원인이다. 하지만 흡연이 알코올 중독과 연관돼 있을 수 있으며, 흡연이 알코올 중독을 유발시키지는 않는다.

## 얼마만큼의 차이가 정말로 중요한 차이인가?

귀무가설을 기각하고자 얼마만큼의 변화가 있어야 하는지를 정하는 것은 상황에 따라 다르다. 프로젝트를 시작할 때 적절한 값을 정해 놓고, 그것을 따른다.

## 검정법, 통계적 검증력, 효과 크기

한쪽 꼬리 검정법one-tailed test과 양쪽 꼬리 검정법two-tailed test이라는 두 가지 방법이 있다. 한쪽 꼬리 검정법은 새로운 모델이 원래 것보다 나은지를 평가한다. 하지만 모델이 더 나쁜지는 평가하지 않는다. 그러므로 한쪽 꼬리 검정법은 본질적으로 편향돼 있다. 양쪽 꼬리 검정법에서는 양방향의 변화와 음방향의 변화에 대해 모델을 테스트한다.

통계적 검증력statistical power은 실제로 차이가 있는 경우 테스팅에서 그 차이를 감지하는 확률을 의미한다.

효과 크기effect size는 두 그룹 사이의 표준화된 평균의 차이를 계산해 두 그룹 사이의 차이를 결정한다. 효과 크기는 다음과 같이 계산한다.

효과 크기 = ((실험군의 평균) - (대조군의 평균))/표준편차

## 보고자 하는 성능 지표의 분포 확인

여러 다변량 테스팅에서는 $t$-검정을 사용해 평균의 통계적 차이를 분석한다. $t$ 값은 샘플 데이터의 변이에 따른 상대적인 평균의 차이를 평가한다. 하지만 $t$-검정의 가정들이 모든 지표에 적용할 수 있는 것은 아니다. 예를 들어 $t$-검정은 데이터가 정규 분포를 따른다는 가정을 한다.

분포가 정규 분포를 이루지 않는 경우에는 정규 분포를 가정하지 않는 윌콕스-맨-휘트니<sup>Wilcoxon-Mann-Whitney</sup> 검정법과 같은 비모수적 검정법을 선택한다.


## 적절한 p 값 결정

통계적으로 말하면 $p$ 값은 가설 검정에서 근거의 강도를 나타내는 계산 값이다. $p$ 값은 귀무가설의 참, 즉 실제로 두 집단 사이의 차이가 없다는 가정하에서 현재 관찰된 결과가 나올 수 있는 통계적 유의성이나 확률 값으로, 관련된 사람의 의사 결정에 사용된다.

$p$ 값은 0에서 1 사이의 값을 취하고 다음과 같이 해석된다.[66]

- $p$ 값이 0.05 이하이면 귀무가설에 대응하는 현재의 근거가 강하다는 것을 의미하며, 귀무가설을 기각한다.
- $p$ 값이 0.05보다 크면 귀무가설에 대응하는 현재의 근거가 약하다는 것을 의미해 귀무가설을 유지한다.
- 0.05 근방의 $p$ 값은 근소한 차이를 의미하며, 어느 쪽으로든 기울 수 있다.

$p$ 값이 작을수록 관찰된 결과가 우연에 의한 가능성이 낮음을 의미한다.

## 얼마나 많은 관측 값이 필요한가?

필요한 관측 값의 양은 프로젝트에서 필요로 하는 통계적 검증력에 의해 결정된다.
이상적으로는 프로젝트를 시작할 때 결정돼야 한다.


## 얼마나 오랫동안 다변량 테스팅을 실행해야 하는가?

다변량 테스트에 필요한 시간은 이상적으로 생각하면 정의된 통계적 검증력을 맞출
수 있는 충분한 관찰 값을 얻을 때까지다. 대표적인 샘플을 확보할 때까지 반복해서
테스트를 실행해보는 것이 유용하다.

테스팅 시간을 결정할 때는 노벨티 효과novelty effect를 고려할 필요가 있다. 노벨티
효과는 단기간에 나타나는 사용자 반응은 장기간에 걸친 반응을 대표하지는 않는다
는 것이다. 예를 들어 페이스북이 뉴스피드 레이아웃이나 디자인을 업데이트한 경
우 처음에는 대단한 소란이 생긴다. 하지만 이것은 노벨티 효과가 사그라들면서
바로 가라앉는다. 따라서 이런 편향을 줄이고자 충분히 긴 시간 동안 실험하는 것이
유용하다. 장기간에 걸쳐 다변량 테스팅을 실행하는 것은 모델 최적화에 그다지
문제가 되지는 않는다.


## 데이터 분산

대조군과 실험군이 무작위로 나눠지지 않은 결과로 편향돼 있을 수 있다. 따라서
샘플 데이터에 편향이 생긴다. 이런 경우라면 웰치의 $t$-검정Welch's t-test 과 같은 등분
산을 가정하지 않은 검정법을 사용할 수 있다.

## 분포 이동 알아내기

모델이 일단 배치되고 나면 머신러닝의 성능이 지속되는지 평가하는 것이 중요하다. 데이터 이동[data drift]과 시스템의 발전으로 모델이 원래 성능을 유지하는 것을 확인할 필요가 있다. 전형적으로 오프라인 성능이나 검증 지표를 실제 배치된 모델에서 유래되는 데이터를 사용했을 때와 비교할 필요가 있다. 검증 지표에 의미 있는 변화가 있는 경우에는 새로운 데이터로 모델을 다시 훈련시킬 필요가 있음을 시사한다. 이 작업은 매뉴얼로 할 수도 있고, 일관된 보고 작업과 모델의 신뢰를 보장하고자 자동화시킬 수도 있다.

## 모델의 변경 내용 기록

머신러닝 모델의 모든 변화에 따른 로그 기록은 잘 기록해둔다. 이는 이해관계자를 위한 기록의 역할을 할 뿐만 아니라 시스템이 시간에 지남에 따라 어떻게 변해왔는지를 보여주는 물리적 기록이기도 하다. 버전 관리 소프트웨어를 사용하면 변화를 자동으로 기록할 수도 있다. 버전 관리 소프트웨어는 기술에 대한 관리 도구이며, 광범위한 롤백 기능과 백업 기능을 갖춘 상태에서 소프트웨어를 배치할 수 있게 해준다.

# 6장

# 인공지능의 윤리

"사람들은 컴퓨터가 너무 똑똑해져서 세상을 지배할 것이라고 걱정한다. 하지만 실제
문제는 컴퓨터가 너무너무 똑똑해서 이미 세상을 지배해 버렸다는 것이다."

– 페드로 도밍고(Pedro Domingos)

슈퍼마켓 계산대에서 공항 체크인 데스크까지, 디지털 헬스케어에서 인터넷 뱅킹까
지, 의사 결정용 데이터와 인공지능의 사용은 어디에든 존재한다. 지난 20년 동안
데이터는 천문학적으로 증가했는데, 그 바탕에는 처음에는 연결성, 최근에는 사물
인터넷의 발전이 있다.

전통적인 데이터 과학 팀은 데이터의 생성, 적용, 검증과 예측 분석을 활용할 수
있는 머신러닝 모델의 평가에 관심을 기울이고 있다.

지난 10년 동안 헬스케어 분야에서 광범위한 데이터 기반 인공지능과 기술적인 진
보가 있었다.

- **비침습적인 혈당 측정:** 비침습적인 혈당 관리법에 여러 가지 발전이 있었다. 구글은 2016년에 혈당 측정이 가능한 콘택트렌즈를 개발했다. 프랑스 회사 인 피케이바이탈리티$^{PKvitality}$는 혈당을 측정할 수 있는 팔찌를 개발했으며, 원적외선 시그널$^{far-infrared\ signal}$을 사용한 혈당 측정 방법이 발전해 오고 있다.[67]

- **인공 췌장:** 인공 췌장은 두 개의 디바이스가 결합된 형태를 가진다. 첫 번째 디바이스는 센서로 혈당을 측정하고 두 번째 디바이스(또는 패치)와 교신해서 환자에게 인슐린을 주입한다. 인슐린 전달 시스템은 혈당 수준에 따라 인슐 린의 양을 조절한다.[68]

- **바이오 프린팅을 활용한 피부 재건:** 3D 프린팅을 사용해 혈관과 피부 세포를 만들어 화상 환자의 상처 치유를 촉진시킨다.[69]

- **디지털 지지 그룹:** Diabetes.co.kr과 같은 지지 그룹 커뮤니티는 회원 간 지지 활동을 통해 헬스 결과에 양적, 질적 개선을 불러일으킬 수 있다는 사실이 연구로 밝혀졌다.[70]

- **족부 궤양 발견:** 족부 상처, 타박상 등 당뇨발과 관련된 위험 요소를 머신러닝으로 발견해 절단을 예방하고, 효과적인 치료법을 결정하고, 창상 치유 시간을 줄일 수 있다.

- **오픈소스 데이터 공유[71]:** 데이터 저장소와 공공 API를 통해 시스템 간에 데이터 공유가 가능해졌다. 전통적으로 보수적인 단체도 이제는 오픈소스 분석 도구, 인공지능, 데이터 관리 소프트웨어를 채용하고 있다. 여러 기관에서 직원에게 상업적인 도구 사용을 자제하도록 권고하거나 그 결정에 자율을 부여하고 있다. 오픈 데이터 저장소가 더 강력하다고 받아들여지고 있기 때문에 비용과 성능 측면에서 오픈소스 데이터로 이동하는 경향이 생겼다. 이렇게 수용되는 현상에는 오픈소스 데이터의 안정성과 능력을 잘 아는 대학 졸업자와 데이터 과학자 세대가 배출되고 있음도 한몫하고 있다.

이러한 머신러닝으로 개발된 새로운 문제 해법은 윤리와 도덕적인 측면에서 의문을 불러일으키고 있다. 빠르게 발전하는 이 분야의 산업과 함께 거버넌스도 빠르게 이동하고 있다. 인공지능 분야에서는 선례, 규제, 법규가 없는 경우가 많다. 따라서 인공지능 시스템을 만드는 데 대한 윤리적이고 도덕적인 함의를 고려하는 것은 아주 중요하다.

세계보건기구[WHO]는 2050년에 이르러 전체 지구 인구의 57%가 만성 질환을 갖게 될 것이라고 보고했다.[72] 이와 더불어 불행하게도 세계보건기구는 보건 의료 종사자의 부족이 전 지구적으로 확산되고 악화돼 2030년에는 약 1,290만 명 정도가 부족할 것으로 예측하고 있다.[73] 헬스케어를 제공하는 전문가의 부족은 인간의 존엄성에 대해 암울한 그림자를 드리운다. 이런 전문가의 부족은 실제 손과 지능을 대체할 수는 없지만 접근성, 정밀도, 의료 서비스 활용도를 개선시킬 수 있는 인공지능, 디지털 개입, 사물인터넷과 여타 디지털 기술로 보충할 수 있다. 동시에 질환의 진단, 유전체학, 약물학, 줄기 세포, 장기 이식, 디지털 헬스케어, 로봇 수술 등의 기술 발전으로 질환을 치료하는 비용이 줄어들 것으로 예상된다. 인공지능이 사람의 일상 활동에 깊숙하게 개입하고 있기 때문에 철학적, 도덕적, 윤리적, 법적인 문제가 생겨나고 있다. 이런 현상은 헬스케어에서 증폭돼 나타나는데, 임상적인 의사 결정은 생과 사를 가를 수 있기 때문이다. 인공지능이 미래의 치사율을 예측하거나, 어떤 질환이나 상태를 진단하는 데 도움을 줄 수는 있겠지만 의사가 아닌 인공지능을 더 믿을 수 있을까? 인간이 지능 시스템을 항상 곁에 두고 살아가는 데 익숙해지면서 극복해야 할 다수의 문제가 있다.

## 윤리란?

윤리[ethics], 즉 도덕 철학[moral philosophy]은 사람이 어떤 결정을 하고 행동을 할지 판단하는 일련의 도덕적 행동 강령을 의미한다. 도덕성[morality]은 좋은/옳은 또는 나쁜/옳지 않은 행동을 구별하는 원리다. 예를 들어 직장에서의 윤리는 직원이 지키고 따라야 할 직업적 행동 강령으로 표현된다.

## 데이터 과학 윤리학이란?

데이터 과학 윤리학은 프라이버시, 의사 결정, 데이터 공유 문제를 다루는 윤리학의 한 분야다.

데이터 과학 윤리학은 다음과 같은 세 가닥으로 구성된다.

- **데이터 윤리학:** 이 분야는 데이터 생산, 수집, 사용, 소유권, 보안, 전송을 주로 다룬다.
- **인공지능 윤리학:** 이 분야는 데이터를 사용해 개발되는 예측 분석 도구의 결과와 결론을 주로 다룬다.
- **데이터 직업 윤리학[74]:** 이 분야는 플로리디$^{Floridi}$와 타데오$^{Taddeo}$가 제안한 개념으로, 데이터 과학 혁신과 관련된 종사자의 직업윤리를 말한다.

## 데이터 윤리학

세상에는 사람보다 스마트폰 숫자가 더 많고, 스마트폰, 태블릿, 디지털 디바이스와 앱, 웨어러블, 센서 등을 통해 하루에도 엄청난 데이터가 생산되고 있다. 전 세계적으로 72억 개가 넘는 스마트폰이 있고, 연간 1,120만 개의 웨어러블 디바이스가 팔리고 있으며, 모바일폰으로 다운로드할 수 있는 10만 개 이상의 헬스케어 앱이 있다.[75] IBM은 하루에 250경(2.5퀸틸리언, $2.5 \times 10^{18}$) 바이트가 생산된다고 보고하고 있다.[76] 데이터는 어디에나 흔하다. 더불어 가치가 있다.

데이터 윤리는 페이스북 케임브리지 애널리티카 스캔들과 같은 세간의 이목을 집중시킨 사건을 통해 대중의 관심을 사게 됐다. 세상에서 가장 크고 가장 신뢰받는 데이터 수집 기관의 하나인 페이스북은 플랫폼에서 심리 질문을 통해 사용자의 데이터를 모았다. 질문을 완전히 응답한 150만 명의 행동과 인구학 데이터가 케임브리지 애널리티카에 팔렸다. 그 데이터는 2017년, 미국 대선 운동에 활용돼 결과에 영향을 줬을 것으로 생각되고 있다.[77] 더 우려스러웠던 것은 보안 유출이 처음 데이터 유출이 있고 나서 2년 넘게 지속됐다는 보고였다. 우리는 가짜 뉴스가 진짜보다 빠르게 퍼지는 세상에 살고 있다. 사회가 진화의 끝에 와서 데이터의 사용, 수용, 믿음에 대해 사회적으로 논의를 하고, 데이터를 윤리적으로 다루는 방법의 원칙을 개발해야만 한다.

데이터에 대한 윤리적이고 도덕적인 함의는 매우 광대한 영역에 걸쳐 있으며, 하나의 사례를 통해 설명할 수 있을 것 같다. 6장을 설명하는 동안 다음과 같은 가상의 시나리오를 자주 언급할 것이다.

---

**시나리오 A**

30세, 제2형 당뇨를 앓고 있는 존이 심한 저혈당 증상으로 병원으로 후송된다.

존은 의식을 잃어 병원으로 옮겨지고 있다. 트럭 운전기사 일을 하는 존은 제2형 당뇨 치료를 위해 의사에게서 인슐린을 처방받고 있어서 인슐린에 의한 저혈당 가능성이 높았을 것이다. 이 과정에서 수많은 데이터가 생산된다. 병원, 의료진, 존의 애플 워치를 통한 심장 박동, 심장 박동 변이, 활동 내역, 혈액 산소 포화도 등이 당뇨병성 코마 증후를 찾아보고자 수집된다.

혈액이 채취되고, 게놈 분석이 이뤄진다. 이 모든 데이터가 사용되고 유용하다고 가정해보자.

존의 애플 워치는 응급실로 가는 동안 심장을 모니터하는 데 사용됐다. 이 과정에서 심장 박동이 불규칙하다고 의심됐고, 나중에 병원 심전도로 확인됐다.

저혈당 증상에서 회복해 의식을 회복한 후 존은 유전자 검사가 항상 나쁜 소식만 알려주는 것은 아니라는 것을 알고 기뻐한다. 2018년에 알려진 전립선암을 일으키는 유전자를 보니 존은 저위험군에 속한다고 한다. 하지만 유전자 분석 결과에서 알츠하이머병, 대장암, 뇌졸중 위험은 높은 것으로 확인됐다.

---

# 고지에 입각한 동의

고지에 입각한 동의<sup>informed consent</sup>는 사용자(환자)가 자신에 대한 어떤 데이터가 사용돼도 좋은지 인지하는 것을 말한다. 고지에 입각한 동의는 개인이 법적으로 동의하는 것을 의미한다. 전형적으로 이것이 성립하려면 대상의 나이가 18세 이상이어야 하고, 정신 상태에 문제가 없으며, 선택할 수 있는 능력이 있어야 한다. 그리고 동의는 자발적으로 이뤄져야 한다.

시나리오 A는 주어진 상황에서 얼마나 유용하게 데이터가 사용되는지와 고지에 입각한 동의에서 여러 가지 복잡 미묘한 측면이 있음을 알려준다.


# 선택의 자유

데이터 윤리학에서 선택의 자유는 자신의 데이터를 공유할지, 공유한다면 누구와 할지의 자율성을 말한다. 이는 제3자와 자신의 데이터를 공유하고자 하는 적극적인 의사를 말한다. 이를테면 존이 자기 트럭을 다시 운전할 수 있도록 허가를 받고자 혈당 수치를 조절해 권장되는 범위에 있다는 것을 밝혀야 할까? 미래에는 자신의 데이터를 공유할지에 대한 선택으로 말미암아 자신의 데이터로 증명해 보이기 전까지는 부여받을 수 없는 어떤 기회에서 제외될 수도 있다. 이상적인 상황에서 사람은 자신의 데이터를 공유할지 말지 선택할 수 있다. 하지만 실제에서는 실현 가능하지 않은 경우도 많다.

이를테면 존의 애플 워치 데이터가 존의 것이기 때문에 의료진이 그의 데이터를 사용하는 것에 동의를 하거나 동의하지 않는 것은 윤리적인 함의를 갖고 있다. 응급구조대는 존의 심장이 뛰고 있다는 것만 확인해야 할까, 아니면 존의 심방 잔떨림을 확인하는 것이 윤리적일까? 고지에 입각한 동의를 통해 존은 선택할 권리가 있는데, 이것이 데이터 윤리학을 지탱하는 기본 기둥의 하나다.

이런 것은 예전에는 환자가 굳이 생각할 필요가 없는 선택의 문제였다. 현대 일상의 모든 것이 데이터화되기 이전까지는 그와 같은 데이터를 수집하는 장비가 매우 적었으며, 미래의 사건을 예측하는 수단도 그다지 정교하지 않았다. 헬스케어 분야에서 인공지능과 머신러닝이라는 기술이 발전하면 사람은 두 부류로 갈린다. 하나는 도움이 되고 미래에 발생할 시나리오를 관리하고자 적극적으로 건강 정보를 구하는 집단이고, 다른 하나는 모르는 상태로 행복하게 지내겠다는 집단이다. 모든 것의 데이터화 현상이 지속되면서 무지 상태로 행복하게 지내겠다는 사람은 실제로는 행복한 삶을 살고자 하는 기회를 잘 잡지 못하게 돼 가고 있다.

## 데이터에 대한 동의가 항상 절대적 기준인가?

이상적인 세상에서는 데이터를 공유할지 개인이 결정하는 것을 존중해야 한다. 하지만 절대적인 개념으로는 비현실적이고 가능하지도 않다. 예를 들어 존이 그의 데이터 사용에 동의하지 않았다고 가정해보자. 응급 구조팀의 책임은 환자의 건강을 보호하는 것이고, 존의 데이터는 그의 생체 징후를 모니터하고 생존에 도움이 될 것이라고 가정할 수 있다. 논쟁이 있을 수 있겠지만 응급 구조대가 주어진 상황에서 가용 가능한 데이터를 모두 활용하지 않는다는 것은 비윤리적으로 행동하는 것이 된다. 존 자신도 생존의 기회를 높인다는 것을 이해한다면 데이터를 공유하지 않겠다는 선택을 철회할 수도 있을 것이다.

이 사례는 선택의 자유와 고지를 바탕으로 한 동의가 궁극적으로 유토피아적인 개념임을 보여준다. 2016년 10월, 독일에서 19세 의대생을 강간하고 살해했다고 의심되는 피의자가 법정에서 그에게 불리할 수도 있는 스마트폰 건강 데이터를 갖고 있었다.[78] 범죄 현장에서 발견된 체모를 통해 범인으로 지목된 피의자는 경찰에게 스마트폰의 비밀번호를 제공하기를 거부했다. 경찰 당국은 뮌헨에 있는 사이버 포렌식 팀의 도움을 받아 스마트폰을 열었다. 피의자의 아이폰 데이터에는 걸음 수와 계단 오름의 내용이 있었으며, 경찰은 그것을 분석했다. 경찰은 피의자의 계단 오르내림의 데이터를 피의자가 피해자의 시신을 강둑으로 끌고 가는 것과 다시 올라오는 것과 연관이 있다고 추정했다. 피의자의 동선에 대한 데이터와 더불어 스마트폰에는 계단을 오르내리는 동안 기록됐을 것으로 추정되는 힘든 신체 활동의 기록이 있었다. 경찰은 피의자가 사체를 처분했을 것으로 생각되는 방식을 모방했으며, 피의자의 아이폰에서 탐지된 계단을 오르거나 내리는 두 번의 격한 신체 활동이 동일하게 나타났다.

## 대중의 이해

페이스북 케임브리지 애널리티카 사건은 데이터 프라이버시에 대중이 얼마나 무지한지 일깨웠다. 페이스북 CEO 마크 주커버그[Mark Zuckerburg]에 대한 미국 상원 청문회는 기술에 대해 대중이 얼마나 잘 알지 못하고 있는지를 알려주는 사례였다. 상원의원들은 페이스북이 공짜 플랫폼으로 돈을 벌 수 있는지, 왓츠앱[WhatsApp]을 통해 이메일을 보낼 수 있는지, 암호화된 메시지가 타깃 홍보에 사용될 수 있는지 궁금해했다.[79] 데이터 거버넌스에 대한 핵심 이해관계자의 오해와 지식의 부재 정도는 아주 심각하다.

데이터 사용에 대한 대중의 교육을 통해 인지도와 이해를 높여야 하며, 그에 바탕을 두고 사람들이 언제, 어디서, 어떻게 자신의 데이터가 사용될 수 있을지 결정할 수 있도록 권한을 부여할 필요가 있다.

# 데이터는 누구의 소유인가?

사람들은 하루에도 수천 건의 데이터 포인트를 생성한다. 거의 모든 거래나 행동은 스마트폰, 텔레비전, 스마트워치, 모바일 앱, 건강 디바이스, 비접촉 카드, 자동차, 심지어 냉장고 등을 통해 디지털 흔적을 만든다. 그런데 이 데이터는 도대체 누구의 것인가? 데이터 소유권의 주제는 전례가 없는 문제로 대두돼 국제적인 정책과 거버넌스의 논의를 불러 일으켰다. 역사적으로 사용자 데이터는 개인이 아니라 회사의 것이었다.

전자의무기록 데이터는 머신러닝을 통해 예측 분석에 사용돼, 궁극적으로 사용자에게 좀 더 수준 높은 케어를 가능하게 해준다. 환자가 자신의 데이터를 통해 이환율과 사망률을 개선하는 데 사용할 수 있게 한다면 공유를 원하지 않을 가능성은 떨어지는 것은 사실이지만, 그와 같은 특권을 완전히 포기할 것 같지는 않다. 이는 마치 장기적으로 공공의 이익이 될 것이라는 가정에 따라 명확히 고지되거나 분명하지 않은 방식으로 획득되고 있는 CCTV 자료와도 비슷하다. 많은 플랫폼 회사는 사용자가 데이터 공유를 하지 않을 경우 사용할 수 있는 서비스를 제한하고 있다. 이런 정책은 데이터에 대한 안전, 거버넌스, 개선을 목적으로 튼튼한 중장 저장소에 보관하고자 하는 기관의 필요 때문에 추진된다.

연결된 혈당 측정 도구와 데이터를 추적하고 기록하는 도구를 사용하는 환자의 예를 살펴보자. 혈당과 관련된 데이터는 사용자의 혈당 측정 도구에서 모바일 앱으로 전송된다. 그 데이터가 사용자의 폰에 존재하지만, 데이터는 모바일 앱 제공자의 데이터에 저장되고, 사용할 때는 미리 정해진 계약 규정을 적용받는다. 오늘날의 웹 사이트, 모바일 앱, 연결된 디바이스, 건강 관련 서비스를 제공하는 다수의 회사는 데이터가 익명 처리되고, 그룹화된 형태로 보관되고, 어떤 경우에는 식별 가능한 형태로 보관될 것이며, 선택한 협업 회사와 공유될 것이라고 말한다.

데이터 수집, 사용, 공유는 데이터 기반 서비스 개선에 핵심적인 요소다.

공유된 데이터는 다음과 같은 형태를 가진다.

- **익명 처리된 데이터:** 익명화된 데이터는 개인을 식별할 수 있는 정보를 제거한 데이터를 말한다. 개인을 식별할 수 있는 정보는 그것을 통해 누구의 것인지를 알 수 있는 것을 말한다. 예를 들어 익명 처리된 데이터는 암 병동 환자 스프레드시트에서 환자의 이름, 생년월일, 환자 등록 번호를 제거한 것이다.

- **식별 가능한 데이터:** 식별 가능한 데이터는 그것을 통해 개인을 식별하는 데 사용할 수 있는 데이터를 말한다. 예를 들어 암 병동 환자 스프레드시트에 환자의 성명, 생년월일, 환자 등록번호가 있다면 어떤 환자인지 알 수 있을 것이다.

- **그룹화된 데이터:** 그룹화된 데이터는 여러 데이터를 결합해 종합된 결과의 정보를 갖고 있는 것을 말한다. 암 병동 스프레드시트의 예를 보면 병동에 10명의 환자가 있었을 때 그룹화된 데이터는 성비, 나이 분포 등을 보고할 수 있을 것이다. 그룹화된 데이터는 데이터셋에 들어있는 집단의 종합적인 결과를 갖고 있는 데이터다.

- **개별화된 데이터:** 개별화된 데이터는 그룹화된 데이터의 반대다. 데이터가 결합된 형태가 아니라, 데이터셋에서 개별 환자의 데이터를 포함하고 있다. 개별화된 데이터라고 해서 식별 가능한 데이터일 필요는 없다.

데이터 프라이버시에 대한 우려는 글로벌 반응을 불러 일으켰다. 2018년 5월, 전 유럽에 걸쳐 일반 개인정보법<sup>GDPR, the General Data Protection Regulation</sup>이 발효됐다. 일반 개인정보법은 데이터를 사용하고 공유하는 방법에 대해 기관이 규정을 준수하게 하고 있다.[80] 일반 개인정보 때문에 회사는 멤버십에 대해 필수적으로 동의서를 받고, 사용자에게 사용자 데이터를 어떻게 사용하고 누구와 공유하는지 알려야 한다. 일반 개인정보법은 데이터의 지배권을 확실히 사용자의 손에 쥐어줬다. 데이터 기반 시스템 사용자는 이제 회사가 보관하고 있는 데이터를 보고 누구와 공유하는지를 알 권리를 갖게 됐고, 잊혀지고 삭제될 권리를 획득하게 됐다.

또한 일반 개인정보법은 데이터를 수집하고 프로세싱하는 주체를 다음과 같이 정의하고 있다.

- **데이터 통제자:** 데이터 통제자란 데이터를 조절, 저장, 사용하는 개인이나 단체를 말한다.
- **데이터 프로세서:** 데이터 프로세서란 데이터 통제자를 대신해 데이터를 프로세싱하는 개인이나 단체를 말한다. 이런 정의에 기반을 두면 계산기와 같은 에이전트는 데이터 프로세서에 해당된다.

데이터를 다루는 주체는 데이터 프로세서와 통제자의 차이점과 각각의 책임을 이해하는 것이 유용할 것이다.

일반 개인정보법 출현은 데이터 보안이 중요함을 보여준다. 일반 개인정보법은 데이터 접근, 보안, 관리의 엄격한 규정을 마련해 5억의 유럽 시민을 보호하고자 한다. 그리고 사용자에 대한 단일화된 규제 체계를 갖고 있다. 일반 개인정보법을 어길 경우는 2천만 유로 또는 큰 회사의 경우 글로벌 매출의 4%의 과징금을 부과한다.[81] 불행하게도 이런 규제는 모든 비즈니스 분야와 기관에 영향을 미친다. 따라서 인터넷에는 재동의의 요청이 쇄도하고 있다. 그런데 일반 개인정보 적용에는 혼동이 존재하는데, 마크 주커버그가 2018년 유럽 의회에 소환됐을 때 이런 부분이 드러났다. 미국에서와 마찬가지로 주요 인사는 21세기에서 데이터가 어떤 방식으로 연결되고 작동하고 있는지 무지함을 드러냈다.

사용자의 잊혀질 권리는 머신러닝 분야에서 여러 가지 윤리적인 질문을 하게 만들었다. 예를 들어 존의 데이터가 심각한 저혈당의 가능성을 예측하는 알고리즘을 학습하는 데 사용됐고, 존이 자신의 데이터를 삭제할 것을 요청했을 때 이미 학습에 사용된 상태에서는 머신러닝 모델에서 존의 데이터를 떼어내는 것이 거의 불가능에 가깝다. 이런 경우 공익적 관점에서 존의 주장이 무시될 수 있을까?

더 나아가 존의 데이터가 어떤 이유에서 질환을 진단하고 예측하는 데 아주 유용하다고 한다면 존이 자신의 데이터를 사용하지 못하게 하고, 자신의 데이터를 알고리즘에서 빼낼 수 있게 하는 것은 비윤리적일 수 있다. 존이 어떤 유전적 결함을 갖고있는 전 세계에서 유일한 환자이거나 그의 데이터가 어떤 이유로 의학의 발전에유용하다고 했을 때 존의 데이터가 인류에게 도움이 된다는 것은 자명하다.


## 데이터는 어떤 목적으로 사용될 수 있는가?

데이터는 이미 다양한 의사 결정을 촉진하는 데 사용되고 있다. 고용주는 직원의가능성을 이해하고자 수십 년 동안 심리 분석 검사를 사용해 왔다. 최근 고용주들은보조 데이터 원도 찾고 있다. 미래 직원의 평판도를 확인하고자 소셜 미디어 프로필을 샅샅이 뒤지곤 한다. 이러한 맥락에 따라 과거 부적절하다고 판단되는 소셜 미디어 사용 전력 때문에 직업을 잃었다는 이야기도 심심치 않게 들려온다.

개인 데이터를 어떤 목적으로 사용할 것인지의 문제는 윤리적, 도덕적 우려를 유발한다. 개인 데이터가 자신도 모르는 사이에 자신에 관한 의사 결정에 사용될 수있다는 사실은 정체성identity과 자유 의지의 개념에 상당한 도전이 되고 있다.

자동차 보험은 최적화된 데이터 사용을 바탕으로 진화해 온 산업이다. 역사적으로자동차 보험료는 사고로 인한 보험 청구 데이터에 바탕으로 두고 있는데, 이 데이터는 인구 집단별로 분석돼 있다. 자동차 블랙박스의 등장으로 보험 회사는 운전자연령, 자동차 사용 빈도, 운행 속도, 잘못된 가속 빈도 등과 같은 다양한 인구학적,행동학적 요인에 바탕을 두고 좀 더 정교한 보험료를 계산할 수 있게 됐다. 이런데이터를 바탕으로 안전 운전자에게는 보험료를 낮춰주고, 보험자가 정한 약관을따르지 않는 운전자에게는 보험료를 높이는 데 사용할 수 있다. 어떤 사람은 이러한 상시 실시간 데이터 분석을 '빅브라더big brother'의 일종이라고 바라본다.

의료보험, 생명보험 회사도 자동차 보험 회사의 족적을 따라가려고 시작하고 있다. 이런 회사는 긍정적인 행동을 하는 경우 인센티브를 제공하고, 부정적인 행동을 하는 경우에는 그에 대한 책임을 전가하는 것을 늘리기 시작했다. 예를 들어 생명보험 회사인 바이탈리티Vitality는 가입자에게 애플 워치를 줘서 긍정적이고 건강한 행동을 하게 하는 상품을 제공한다. 이와 유사하게 영국의 다이어비티스 디지털 미디어 Diabetes Digital Media는 건강한 삶에 대한 인센티브를 주고자 근거 중심 디지털 건강 중재 방법을 보험자와 지불자에게 제공하고 있다.[82]

개인은 자신의 데이터가 좀 더 악의적으로 사용될 수 있음을 인지하고 있어야 한다. 예를 들어 환자 데이터가 치료, 수술, 또는 다른 기회를 박탈하는 데 사용될 수 있다. 대중은 데이터 사용을 믿을 수 없을 정도로 신뢰하고 있었는데, 미래에 잘못된 데이터 사용을 예방하고자 강력한 데이터 거버넌스를 확립할 필요가 있다.

일반 개인정보법GDPR은 데이터의 이해 증진과 데이터 거버넌스로 향하는 첫 번째 단계다. 어떤 사람은 일반 개인정보법이 인터넷의 출현과도 같은 데이터 과학에서 이뤄진 하나의 혁명이라고 생각한다.


## 프라이버시: 누가 나의 데이터를 볼 수 있는가?

데이터 소유권에 대한 대화는 자연스레 누가 나의 데이터를 볼 수 있는가 하는 문제로 이어진다. 핵심은 오로지 승인된 서비스나 기관만이 데이터에 접근할 수 있게 하는 것이다. 예를 들어 생명보험 회사가 당신의 동의 없이 당신의 의무기록을 들여다보고, 보험 적용 범위에 영향을 줄 수 있는 데이터가 있는지 확인하는 것을 반기지는 않을 것이다.

애플리케이션 간에 데이터를 공유하는 것은 아주 흔하다. 여러 가지 API를 통해

서로 독립적인 서비스 간에 쉽고 빠르게 데이터에 접근할 수 있다. 이를테면 사용자는 마이피트니스팔MyFitnessPal과 같은 앱에서 당뇨 관리나 건강 관리 앱으로 데이터를 옮겨올 수 있다. 이런 서비스는 다양한 독립적인 구조 사이에 개인의 데이터를 재현하기 때문에 데이터 접근의 승인 문제를 관리하는 데 대한 걱정을 유발시킨다. 이런 데이터 통합이 가능한 애플리케이션은 환자 데이터를 떼어 놓을 수 있게 하는 장치를 반드시 제공해야 한다. 그리고 가져온 데이터에 대한 데이터 거버넌스, 감시, 환자 안전의 문제를 증명할 수 있는 시스템이라야 한다.

페이스북과 케임브리지 애널리티카를 둘러싼 시스템 붕괴는 우리가 데이터 수집자를 신뢰하더라도 자신도 모르게 제3자에 의해 문제가 유발될 수 있음을 보여준다. 페이스북은 케임브리지 애널리티카에게 페이스북 사용자 데이터를 삭제해 줄 것을 요청했다. 케임브리지 애널리티카가 승낙하고 사용자 데이터를 지웠다고 말했음에도 불구하고 나중에 그 데이터를 삭제하지 않았음이 드러났다.[83] 이런 부정행위는 제3자가 데이터를 유출한 상황에서 누구에게 책임이 있는지 그 책임 소재에 대한 질문을 하지 않을 수 없게 한다.

더군다나 데이터가 익명 처리가 됐더라도 프라이버시가 보장되는 것은 아니다. 넷플릭스는 회사의 권고 시스템을 개선하는 챌린지를 위해 50만 회원에게서 조사된 천만 건의 영화 랭킹 데이터를 발표했다. 데이터가 회원의 개인적인 세부 사항을 제거해 익명화됐지만, 텍사스대학교의 연구자는 인터넷 영화 데이터베이스인 IMDB의 공공 정보에 있는 유사한 영화 랭킹과 시간 데이터로 넷플릭스 데이터를 기명화할 수 있었다. 익명화된 데이터에도 자연적인 보안 문제가 있는데, 어떤 개인 자체가 익명화되는 것은 아니라는 의미다.

데이터 공유에는 일반적인 사람과 환자를 구분하는 것이 유용하다. 일반 대중이 헬스케어 영역에서 데이터를 사용하는 것은 비의료적인 사용에 비해 훨씬 열린 자세를 갖고 있다. Diabetes.co.uk에서 5천 명을 대상으로 조사했는데, 전체의 56%가 특별한 이유 없이 자신의 데이터를 공유하는 데 주저함을 보였다. 그런데 제2형 당뇨를 가진 환자 그룹을 대상으로 데이터를 수집해 향후 연구에 사용하는 데 대한 의견을 물었을 때 83% 환자가 기꺼이 데이터를 공유하겠다고 답했다.[84] 환자는 건강 데이터를 공유하는 것을 통해 의학적인 이해와 치료를 발전시킬 수 있을 것이라는 희망을 품고 있다고 이해된다. 그런데 일반인은 좋은 의도의 데이터 사용에 대해 좀 더 비판적인 시각을 갖고 있다. 비밀 유지는 데이터 윤리학의 핵심이다.

## 데이터가 어떻게 미래에 영향을 미칠까?

환자 데이터의 공유와 수집된 빅데이터셋은 진단, 치료, 케어를 개선시키는 데 사용되고 있다. 데이터의 종류와 질이 개선되면서 다음에 다룰 영역에서 헬스케어의 정밀도가 좀 더 높아질 것이다.

### 치료 우선순위 결정

의료 빅데이터를 사용한 예측 분석을 통해 다양한 인구 집단별 최적의 치료법을 결정할 수 있다. 치료에 반응을 보일 것으로 판단되는 사람만 치료를 하게 될 가능성이 있으며, 이는 그렇지 않은 사람을 어떻게 치료하는 것이 최선일지에 대한 질문을 불러일으킬 것이다.

### 새로운 치료와 관리법 결정

실제 생활 데이터real world data, 임상 연구, 무작위 임상 실험RCT 등에서 나오는 데이터와 약물학적 데이터를 통해 치료와 관리법의 발견이 촉진되고 있다. 디지털 건강 중재는 제2형 당뇨를 호전시킬 수 있고, 뇌전증 발작의 횟수를 줄일 수 있음을 보여준다. 데이터는 새로운 약물학적 중재의 개발을 유도하고 전통적인 치료 패러다임에 혁신을 일으키고 있다.

## 더 많은 실제 생활 근거

환자 커뮤니티, 디지털 교육 프로그램, 건강 관리 앱 등을 통해 광범위하게 수집되는 실제 생활 근거[RWE, Real World Evidence][1]는 건강에 대한 지기 관리를 점점 더 개선시키고 있다. 전형적인 실제 생활 네이터에 대한 우려는 학술적인 견고함의 부족이었다. 그런데 실제 생활 근거는 점점 더 많이 연구에 활용되고 있다. 실제 생활 근거는 인공지능의 윤리적 여정에서 핵심적인 부분이고, 환자와 서비스 제공자 간에 신뢰가 있어야 한다.

## 약물 개발 능력 향상

무작위 대조 실험과 학술 연구에 필요한 연구자는 디지털 플랫폼을 통해 더 빠르고 쉽게 모집될 수 있다. 이는 임상 참여자 모집 기간을 단축시키고, 다양한 비교를 가능하게 한다는 이점이 있다. 실제 생활 데이터는 더 효과적이고 더 나은 약물을 개발하는 데 사용되고 있다.

## 연결을 통한 치료법의 최적화: 한계가 있을까?

근접한 미래의 어느 시점까지 머신러닝은 1차적으로 데이터 분석과 예측 분석에 사용될 것이다.

---

1. 연구라는 관점에서 RWE는 실제 임상 근거, 실제 임상 데이터로도 번역되고 있다. - 옮긴이

# 보안

실제 하나로 통합된 시스템에는 심각한 프라이버시에 대한 우려가 있다. 그와 같은 시스템이 잘못되기라도 하면 어떻게 될까? 사람이나 환자는 하나로 통합된 시스템을 정말 원할까? 또는 잠재적인 선한 목적보다는 악의적으로 사용될 가능성은 없을까? 보안, 운영, 기술적인 면에서 어떤 취약성의 결과는 단일화된 시스템에서는 증폭돼 나타난다.

수년 동안 대기업들은 사람에 대해 여러 가지 방법으로 수집된 데이터를 거대한 저장소로 결합해 분석하는 것을 논의해 왔다. 스마트폰 데이터, 은행의 재무 활동 데이터, 소셜 네트워크 앱에 있는 관계 데이터, 웹 브라우저 검색 데이터를 한데 묶어서 한 사람의 행동을 전제적으로 이해하는 그림을 그리겠다는 의도를 갖고 있다.

페이스북은 병원이 갖고 있는 개별 환자 데이터와 소셜 네트워킹 사이트에서 얻어진 친구의 숫자나 다른 사람과의 관계 맺음과 같은 관계망 정보를 결합시키고자 했다고 한다. 이 계획은 케임브리지 애널리티카 스캔들에 의해 불거진 프라이버시의 우려로 중단됐다고 한다.

더 나아가 체온계, 자동차, 세탁기에서 혈당 측정기, 지속적인 혈당 모니터, 인슐린 펌프에 이르는 다양한 사물인터넷 디바이스를 둘러싼 보안 우려가 존재한다. 스마트 디바이스로서 작동하려면 네트워크 연결이 필요할 수밖에 없기 때문에 보안에 취약성을 가질 수밖에 없다. DDoS<sup>Distributed Denial of Service</sup> 공격은 사물인터넷 디바이스를 침범해 악성 코드를 통해서 봇넷<sup>botnets</sup>을 개발하거나 데이터 유출을 일으키거나 장비를 손상시킨다. 위라이브시큐리티<sup>WeLiveSecurity</sup>는 2016년, 인터넷에 연결되는 73,000개의 카메라가 기본으로 설정된 비밀번호를 사용한다고 보고했다.[85] 이런 사례로 알 수 있는 것은 아주 기본적이면서도 핵심적인 것인데, 기본 비밀번호를 다른 비밀번호로 항상 바꿔야 한다는 교훈이다. DDoS 공격은 새로운 것은 아니지만 취약성의 범위는 자세한 조사를 통해서만 밝혀질 수 있다. 플로리다 대학교의 연구원은 구글

네스트 체온계를 단 15초 이내로 못쓰게 만들 수 있었다.[86]

DDoS 공격으로 어떤 기관이든 마비가 될 수 있다. 들어오고 나가는 네트워크 트래픽을 투명하게 볼 수 있는 기반 구조를 구축하고 이런 공격을 예방하려는 시도가 필요하다. DDoS 방어 계획을 세우고 이를 유지하고 업데이트해야 한다.

## 인공지능과 머신러닝의 윤리학

헬스케이 분야에서 머신러닝의 1차 응용 영역은 환자 진단과 치료다. 인공지능 모델을 사용해 의사가 환자를 진단하는 데 사용하는데, 특히 아주 희귀한 질환이거나 결과가 예측하기 어려운 경우에 도움이 된다.

의사는 당신이 지난달에 패스트푸드를 얼마나 자주 먹었는지 알게 되고, 그 데이터가 당신의 의무기록에 연결되는 미래를 상상해보자. 그 데이터는 어떤 음식을 섭취하면 좋을지 제안하고, 당신의 건강 기록은 수백, 수천 명의 다른 사람과 비교해 당신이 어떤 부류에 속하는지 추정하게 된다. 더불어 이런 데이터가 직접적으로 생명보험이나 의료보험 회사로 연결돼 긍정적인 행동이나 나쁜 음식을 피하는 경우에 보상을 받는 상황을 상상해보자. 그리고 실시간으로 당신이 미래에 어떤 특정 질환에 이환될 가능성을 예측할 수 있는 시스템을 상상해보자.

머신러닝의 윤리학은 데이터를 사용하는 머신러닝의 결과와 관련된 도덕성과 이에 따르는 윤리적인 문제에 대한 질문을 다룬다.

머신러닝은 이미 건강 바이오마커를 통해 사망률과 생존 기간을 예측할 수 있는 지능 시스템을 개발하는 데 사용되고 있다. 인공지능은 전자의무기록 데이터를 분석해 아주 정확하게 심장 마비의 위험성을 예측할 수 있게 됐다.

더 나아가 머신러닝을 통해 환자의 실제 생활과 임상 데이터를 사용해 가장 효과적인 약물을 결정하고, 이를 통해 환자와 보험자의 비용을 낮출 수 있다. 인공지능은 약물의 투여량만 결정할 수 있는 것은 아니며 해당 환자에게 최적의 약물이 무엇인지도 결정할 수 있다. 활용할 수 있는 유전자 데이터가 늘어나면서 에이즈나 당뇨 같은 질환의 약물도 인종 같은 인구학적 특성에 맞게 조절할 수 있고, 특정 약물의 개별적인 반응도 예측할 수 있다. 같은 데이터로 약물 간의 상호작용, 부작용도 추적할 수 있다. 임상 실험이나 FDA 인허가는 잘 조절된 환경에서 실험이 이뤄지는 데 반해 실제 생활 데이터real-world data를 통해 약물 상호작용과 인구학적 특성, 약물, 유전자 등과 같은 여러 요인의 영향을 실시간으로 파악할 수 있다.

적용 가능한 기술의 범위가 점차 넓어지면서 여러 윤리적, 법적 문제가 발생한다.

## 기계의 편향

기계의 편향이란 머신러닝 모델이 나타내는 편향을 말한다. 기계 편향은 여러 가지 이유로 생긴다. 모델을 훈련시키는 데 사용되는 데이터도 한 원인이다. 편향은 종종 미묘하고 분명한 효과를 가진 첫 대면 문제로 지적된다. 모든 머신러닝 알고리즘은 아직 보지 않은 데이터를 예측할 때 통계적 편향에 의존한다.

인공지능은 데이터를 처리하는 속도와 프로세싱 능력에서 인간보다 훨씬 뛰어나다. 따라서 항상 공정하고 중립적인 것은 아니다. 글로벌 인공지능을 선도하는 구글과 모회사인 알파벳에서 구글의 포토Photos 서비스에서 사람, 사물, 장면을 알아내는 인공지능을 만들었다. 그런 회사 제품이더라도 잘못될 수 있다. 인공지능에게 백인과 흑인 10대를 비교해 덜 민감한 사항을 비교해보라고 했을 때는 아무런 문제가 없다. 하지만 미래에 범죄를 일으킬 확률을 예측하는 문제에서는 흑인으로 기우는 편향을 보였다. [87]

인공지능은 편향되고 판단에 기반을 둔 인간에 의해 만들어진다. 따라서 제대로 사용돼 인간의 발전에 긍정적인 영향을 주고자 한다면 인공지능은 긍정적 변화를 촉진시킬 것이다.


## 데이터 편향

편향은 기대되는 결과에서 벗어나는 것을 말한다. 편향된 데이터는 나쁜 결정으로 이어진다. 편향은 데이터 자체는 물론이고 어디에서든 존재한다. 데이터를 준비하면서 데이터에 의한 편향을 줄이는 노력이 필요하다. 그리고 다양한 형태의 편향이 데이터에 개입해서 분석과 결정에 영향을 줄 수 있음을 이해하고 있어야 한다. 따라서 데이터 거버넌스의 모범 절차를 정의한 공식적이고 문서화된 절차를 개발하는 것이 좋다.


## 사람에 의한 편향

의사 결정에 인간이 개입하는 한 편향은 있게 마련이다. 마이크로소프트는 2017년 테이$^{Tay}$라는 인공지능 챗봇을 출시했다. 테이는 트위터 사용자와 상호작용하고 그런 과정을 통해 학습하도록 개발됐다. 테이가 트위터에 일단 들어가자마자 긍정적인 상호작용에서부터 부정적인 욕설과 코미디까지 온갖 내용이 테이에게 주어졌다. 몇 시간 만에 테이는 성$^{sex}$을 밝히고 인종 차별적인 내용을 올리기 시작했다. 불행하게도 테이는 24시간 정도만 유지됐다. 이 실험은 인공지능이 인간의 행동을 통해 학습한다고 할 때 정말 안전할까라는 의심을 불러 일으켰다.[88]

## 지능 편향

머신러닝의 질은 훈련하는 데이터의 질적 수준에 따르며, 어떤 형태로는 편향이 있게 마련이다. 인간과 같이 사고하는 인공지능 시스템이 편향을 증폭시키는 모습을 보며 여러 데이터 과학자는 인공지능 기술의 윤리적 사용이 문제가 될 수 있음을 인식했다. 초기 인구 집단에 기반을 둔 사고 시스템은 성별, 인종, 사회적인 지위와 같은 측면에서 뚜렷한 편향을 보였다.

악명 높은 사례는 형사 법정 시스템에서 사용되는 알고리즘이다. 위스콘신의 한 재판에서 교정 위반자 관리 프로파일링COMPAS, the Correctional Offender Management Profiling for Alternative Sanctions 알고리즘 사용이 깊이 다뤄졌다. 범죄 예측 모델에 아프리카계 미국인에 의해 저질러진 범죄가 상대적으로 많이 사용됐으며, 이로 인해 결과가 흑인 사회에게는 불리하게 편향돼 나온다는 사실이 밝혀졌다. 편향된 알고리즘의 사례와 정의는 매우 많다.[89] 예를 들어 범죄 데이터를 바탕으로 특정 지역에 살고 있는 사람에게 불리하게 적용되는 주택 보험 알고리즘이 있을 수 있다. 이런 상황에서 데이터 정규화는 필수다. 데이터가 그와 같이 민감한 데이터에 정규화되지 않고, 적절히 검증되지 않은 시스템에 의존할 때 사람은 머신러닝 모델이 소수자나 여러 부류의 사람을 제대로 평가하지 못하는 오류와 편향을 범할 수 있다.

## 편향 수정

편향을 수정하는 것은 편향이 존재함을 인지하는 것에서 시작된다.

제임스 무어James Moor가 암묵적 윤리 행위자implicit ethical agent와 명시적 윤리 행위자explicit ehtical agent를 정의한 1985년경부터 연구자들은 머신러닝 윤리학에 대한 토론을 시작했다.[90] 암묵적 윤리 행위자는 내재된 프로그램과 목적을 따르기 때문에 윤리적이다. 명시적 윤리 행위자는 불확실하거나 알려지지 않은 상황에서 윤리적 결정을 할 수 있도록 학습에 원리나 사례가 주어진다.

편향을 극복하는 방법에는 모든 과정을 진행하고 나서 모델을 수정하는 방법이 있다. 분류기classifier가 민감한 특성의 경우 모든 하위 그룹에 같은 성능을 보이도록 조절할 수 있다. 데이터를 다시 추출해 편향된 표본을 완화시킬 수 있다. 그런데 여러 가지 이유로 더 많은 데이터를 수집하는 것이 그렇게 쉬운 것은 아니며, 예산과 시간이 많이 소요될 수 있다.

데이터 과학자는 적극적으로 편향을 줄이려고 노력해야 한다. 공학자는 과정과 인지 시스템에 선입견이 있는지, 편향이 데이터 자체나 예측 결과에 드러나고 있지 않은지 등을 정직하게 물어야 한다. 이는 해결하기 어려운 도전적인 문제일 수 있어서 여러 기관은 외부 기관을 통해 자신의 일을 평가하게 하기도 한다.

일터에서의 다양성 역시 인공지능 시스템에 스며들 수 있는 편향을 줄이는 데 도움이 된다. 다양성이 부족한 연구자와 개발자가 인공지능을 개발한다면 인공지능 시스템의 문제와 이들이 모델에 전달하는 훈련에 사용될 데이터 역시 편향될 가능성이 높다. 다양성은 생각의 범위, 인종, 마음 자세 등에 깃들어 있고, 이는 편향되지 않고 다양한 디바이스에 적용될 수 있는 학습 모델을 촉진시킨다.

최대로 편향을 줄이도록 알고리즘을 작성할 수도 있겠지만 그렇게 하는 것은 극도로 도전적인 일이다. 예를 들어 의사나 다른 의료인의 동기를 이해하지 못하는 인공지능 프로그래머에 의해 편향이 생길 수도 있다.


## 편향은 나쁜 것인가?

머신러닝에서 편향은 일반적으로 나쁘다는 가정은 하나의 철학적 질문을 하게 한다. 어떤 시스템이 있는데, 어떤 평가자가 이 시스템이 편향돼 있다고 평가해서 새로운 데이터로 이 시스템을 재훈련시켰다고 상상해보자. 그런데 이 모델이 비슷하게 편향된 결과를 출력했을 때 평가자는 생각했던 대로 결과가 나와서 정확하게 결과를 냈다고 평가할 수도 있다. 이런 경우 편향이 있다고 봐야 하는지 다시 판단할 필요가 있다.

## 예측의 윤리학

더 뛰어난 머신러닝 알고리즘과 모델이 개발되면서 짧은 시간 안에 더 정확하고 믿을 수 있는 결론을 얻을 수 있게 됐다. 현재 이런 기술을 사용해 초음파, 자기공명영상, X레이, 망막 사진 등 다양한 이미지를 판독한다. 이미 머신러닝 알고리즘을 사용해 망막 이미지에서 문제가 있을 것으로 보이는 곳을 찾아내고 있다.

좋은 데이터 거버넌스와 투명성을 통해 당신의 목적, 데이터, 기관의 신뢰를 확보하는 것이 핵심이다. 이는 인공지능이 앞으로 나아가는 데 있어 가장 중요하다.

## 예측 설명

인공지능 알고리즘이 점점 더 스마트해지면서 알고리즘도 더 복잡해지고 있다. 머신러닝 시스템이 설계 방법을 모르는 상태로 지내거나 또는 그 자체를 블랙박스처럼 설계하는 것을 허용하는 것은 결과적으로 윤리적 문제를 유발하게 될 것이다. 에이전트가 부정확하게 예측한다는 사실을 발견했을 때 그런 방식으로 설계된 경우 어떤 이벤트를 일으키는 행동의 원인을 찾아내기란 여간 어려운 일이 아니다.

데이터와 머신러닝에서 설명 능력interpretability은 지능적 시스템에서 가장 중요한 핵심 가운데 하나다. 이는 모델의 신뢰를 확보하는 것뿐만 아니라 적절한 문제를 해결하려는 시도이기도 하다. 데이터 과학이 내재된 솔루션의 사용자는 항상 사용하는 해법을 이해할 수 있고 설명할 수 있는 상태를 선호할 것이다. 데이터 과학자는 설명 능력 척도를 검증하고 시스템을 개선하는 기초로 사용할 수도 있다.

블랙박스처럼 만들어진 머신러닝은 프로그래머의 편향, 불공정, 차별을 품고 있을 수 있고, 어떤 데이터가 사용됐는지도 파악되지 않는다. 신경망은 전형적으로 설명 불가능한 알고리즘의 한 예다. 역전파<sup>backpropagation</sup> 알고리즘에서 계산된 값은 왜 그렇게 나왔는지 설명되지 않는다. 인공지능이 거의 인간과 비슷한 정확도를 갖게 되면서 인공지능이 인간의 나쁜 습관을 학습하지 않게끔 하는 것의 요건도 점점 중요해질 것이다.

## 실수에 따른 보호

사람이건 기계이건 간에 지능은 학습을 통해 얻어진다. 사람이 바로 그러한 예인데, 지능적인 머신은 실수를 통해 배운다. 데이터 과학자는 전형적으로 훈련, 테스팅, 검증 단계를 거쳐 정의된 허용 범위 안에서 정확한 패턴을 감지하도록 머신러닝 모델을 개발한다. 머신러닝 모델 개발의 검증 단계도 실세계에서는 일어날 수 있는 모든 파라미터의 경우의 수를 다 발견하지는 못한다. 이런 시스템은 인간이었으면 속임을 당하지 않는 방식으로 속임을 당할 수도 있다. 인공지능 시스템이 의도한 대로 제 역할을 하고, 사람이 의도를 가지고 모델에 영향을 줄 수 없도록 보장하려면 시스템의 관리와 정기적인 감사가 필요하다.

정확하지 않은 예측으로 인해 결과가 거짓 양성이나 거짓 음성이라는 시나리오를 만들 수 있다. 두 가지 시나리오의 영향은 어떤 영역의 맥락 안에서 고려돼야 한다. 유방암에 대한 부정확한 진단의 예를 들어 보자. 거짓 양성 시나리오에서는 환자가 실상은 그러지 아니한데 유방암을 갖고 있다고 고지될 것이다. 나중에 이것이 잘못 됐다는 것이 밝혀지면 환자에게는 어느 정도 안도감을 줄 것이다. 거짓 음성인 경우 환자는 치료받지 못해서 질환이 진행될 것이고, 결국은 암이 있다고 다시 진단될 것이다. 이런 경우 심리적, 신체적 트라우마가 따라온다. 따라서 환자에게는 결과의 정확도 수준을 항상 고지할 필요가 있다.

환자에 의해 사용될 시스템의 정보 통제권은 그것이 예측을 위한 것이든 아니면 다른 것이든 결과에 실수가 있었을 때 완화시킬 수 있는 강력한 절차를 제공해야 한다. 부정확한 진단의 결과에 따른 트라우마를 가진 사람에게는 심리적, 감정적인 지지를 제공하는 것을 고려해야 한다.

혁신의 촉매자가 되기도 하지만, 기민한 디지털 기술이 시장에 성급하게 다가가는 것은 인공지능의 가장 큰 단점이기도 하다. 기술 회사인 LG는 CES 2018(Consumer Electronics Show, Consumer Technology Association에서 주관하는 연례 전시회)에서 인공지능 봇을 선보였는데, 발표자의 지시를 무시하는 행동을 보였다. 혁신적인 편리함을 주는 제품으로 광고된 인공지능 봇이 기능을 제대로 하지 않거나 또는 지시를 무시하는 것을 선택한 것이다.[91] 헬스케어 영역이건 아니건 인공지능 시스템의 성능 지표는 투명해야 하고, 정기적으로 감사를 받아야 한다. 그렇지 않은 경우 특히 헬스케어 영역에서는 그 비용이 너무 커진다. 인공지능 시스템이 아주 심하게 잘못한 사례가 있다. 영국에서 NHS 유방암 검사 시스템에서 검사를 받아야 하는 안내를 발송하지 않는 실수가 일어나 일부 분석에 의하면 270명의 여성 환자가 사망하게 됐다는 일이 있었다.[92] 이 특수한 경우에서는 시스템을 운영하는 책임을 진 기관이 계약자에게 잘못을 돌렸다. 그와 같은 실수에 대한 윤리적인 함의와 대중의 인지는 상당하다.


## 타당성

시간이 흘러도 모델이 일반화될 수 있고, 그 일반화가 타당하다는 머신러닝 모델의 타당성Validity을 항상 보장하게 할 필요가 있다. 따라서 정기적인 테스팅과 모델에 대한 타당성 검증을 통해 모델의 신뢰성과 정밀도를 유지하는 것은 핵심 과제의 하나다. 최적화되지 않은 예측 분석 모델은 믿을 수 없는 결과를 제공하고 결국에는 신뢰에 손상을 입힌다.

# 알고리즘이 비도덕적이지 않도록 예방

알고리즘은 비도덕적으로 행동할 수 있고, 이미 그렇게 하기도 한다. 지금까지 설계 방식 때문에 비윤리적 방식으로 작동해 온 알고리즘이 있다. 우버, 폭스바겐과 같은 헬스케어 분야 이외 회사들의 사례는 그런 내용을 잘 보여준다. 우버는 그레이볼 Greyball이라는 알고리즘을 사용해 함정 단속을 벌이는 경찰관을 예측하고 운송 서비스를 거절하게 시도했다.[93] 폭스바겐 알고리즘은 테스트 단계에서 질소 산화물의 양을 줄여 배기가스 배출 기준을 통과할 수 있게 했었다.[94] 이 두 회사는 대중을 기만하고 투명성이 배재된 데 대해 국제적으로 대중의 질책을 받았다. 세계적인 회사가 보인 이런 선례는 알고리즘의 도덕성과 신뢰를 검증할 수 있고, 회사 자체를 다루는 내부 및 외부 감사 시스템이 필요함을 보여준다.

인공지능이 창조자에게서 비도덕적으로 행동하도록 배울 수도 있지만 경험으로도 그것을 배울 수 있다는 진짜 우려가 있다. 스위스 로잔 연방 공과대학교의 지능 시스템 실험실 팀은 긍정적인 자원을 발견하고 위험한 항목을 회피하게 설계된 여러 로봇을 관찰하는 프로젝트를 진행했다.[95] 로봇은 일종의 유전적인 에이전트이고, 센서로 긍정적인 자원을 발견하면 빛을 내게 설계됐고, 긍정적인 자원은 일정한 수만큼만 존재하게 했다. 각 에이전트의 게놈은 자극에 대한 반응을 지시할 수 있게 했고, 게놈 자체는 수백 세대를 거치면서 돌연변이를 일으킬 수 있게 만들어졌다. 에이전트 학습은 긍정적인 자원을 확인했을 때 긍정적인 점수를 받고, 독성이 있는 아이템 근처에 있을 때는 부정적인 점수가 부여되는 방식으로 이뤄졌다. 가장 성능이 좋은 상위 200개의 게놈끼리 서로 교배하고 다음 세대에서는 돌연변이가 무작위로 일어날 수 있게 했다. 첫 번째 세대의 에이전트는 긍정적인 자원을 발견했을 때 빛을 발광했다. 이는 다른 에이전트가 긍정적인 자원을 찾는 데 도움이 됐다. 긍정적인 자원은 한계가 있어서 모든 에이전트가 이득을 볼 수는 없었다. 처음 긍정

---

2. 우버가 완전히 합법화되기 이전의 일이다. - 옮긴이

적인 자원을 발견해서 여러 에이전트가 모여들면 그것을 처음 발견했던 에이전트는 그 위치에서 밀려날 수 있었다. 그런데 500세대에 이르러 다수의 에이전트가 긍정적인 자원을 발견했을 때 스위치를 끄게끔 진화했으며, 에이전트의 삼분의 일은 원래의 프로그래밍과 정반대로 행동하도록 진화했다. 그리고 어떤 에이전트는 빛을 싫어하는 거짓말쟁이 에이전트로 성장했다. 따라서 초기에는 서로 협력하게 설계됐던 에이전트가 나중에는 자원의 희소성 때문에 서로를 속이는 에이전트로 변하게 된 것이다.

이런 걱정은 인공지능이 인센티브를 부여하게끔 설계된 임상 의사 결정 시스템에 적용됐을 때 증폭된다. 이해관계가 있는 임상 검사, 치료, 기기를 권고하거나 환자 전달 패턴에 영향을 줘서 시스템 설계자나 서비스 제공자에게 큰 이득이 돌아가게 만들 수도 있다.

헬스케어에서 이런 시나리오는 매우 걱정스러운 일이다. 모든 머신러닝 모델은 어디에 사용되는지에 관계없이 통제되고 검증돼야 한다. 의사 결정에서 인센티브를 부여하는 머신러닝 시스템은 투명성, 도덕성, 검증 가능성의 강력한 표준을 지켜야한다.


## 의도하지 않은 결과

의학에서 인공지능이 점점 더 많이 채택되면서 첫 대면 문제 또는 의도하지 않은 결과가 미디어의 주목을 받고, 인공지능 윤리의 방향성에 대한 논의를 불러일으키고 있다. 그간 의도하지 않거나 나쁜 효과 없이 헬스케어 분야로 포함된 기술은 거의 없었다. 데이터 과학자가 인간 대신 과연 그런 위험을 경감시킬 수 있을지에 대한 질문이 나온다.

인공지능과 의도하지 않은 결과에 대한 윤리학은 1942년, 작가 아이작 아시모프[Isaac Asimov]가 쓴 공상과학 소설에 나오는 로봇 공학 3 원칙에 의해 의미 있게 다뤄져왔다.[96] 『로봇 공학 핸드북, 56판, 2058 A.D.』라는 책에 나오는 아시모프의 법칙은 로봇이 인간에게 해를 끼치지 않게 하는 안전에 관한 특성을 기술한다.

1. 로봇은 인류에게 해를 가하거나 행동을 하지 않음으로써 인류에게 해가 가게 해서는 안 된다.
2. 로봇은 첫 번째 법칙과 대립하지 않는 한 인간의 지시를 따라야 한다.
3. 로봇은 첫 번째, 두 번째 법칙과 대립하지 않는 한 생존을 위해 자신의 존재를 보호해야 한다.

아시모프의 이야기에서는 인간과 비슷한 기계가 상식에 반하게 행동한다. 이런 행동은 에이전트가 아시모프의 법칙을 환경에 적용할 때 의도하지 않았던 것이다. 고작 70년이 지나서 아시모프의 공상과학은 정말로 현실이 됐다. 2012년, 한국은 나쁜 행동과 악의적 의도를 예방하기 위한 로봇 윤리 헌장을 제정했다.[97] 그리고 전기 전자 기술자 협회IEEE와 영국 표준 연구소는 인공지능 공학의 모범 윤리 지침을 출판했다.[98] 윤리적으로 건전한 에이전트를 설계하기 위한 모범 실천 지침은 아시모프의 원칙에 바탕을 두고 있다.

기본적으로 지능 시스템은 바이너리 코드로 만들어져 있어 아시모프의 원리를 따르거나 포함하고 있지는 않다. 지능 시스템을 만드는 인간 설계자에게 그런 법칙을 적용시키고 의도하지 않은 결과의 위험을 줄이는 데 책임이 있다.

할리우드에서 묘사되는 것과 같은 방식으로 인공지능이 악해지거나 사람을 속일 것 같지는 않다. 하지만 맥락의 몰이해가 인공지능이 의도하지 않은 재앙적인 행동을 할 수도 있다. 예를 들어 전 세계의 에이즈를 박멸시키도록 과업이 부여된 인공지능 에이전트가 목적을 달성하고자 지구상의 모든 사람을 죽여야 한다는 결론에 도달할 수도 있다. 인공지능을 부정적인 상황으로 프레임을 씌우는 것은 더 쉽다. 따라서 조심스럽게 관리하지 않으면 인공지능 에이전트의 기능은 해로운 시나리오를 만들 수 있는 가능성을 갖게 될 수도 있다. 인공지능 에이전트가 그런 극단적인 적응력을 가질 것으로 가정하는 것은 근거가 부족하다. 하지만 분명 재고할 가치는 있다. 물론 의심의 여지없이 인간에게 도움이 되는 여러 가지 긍정적인 원하지 않은 결과도 많다.

## 복잡하고 지능적인 시스템의 주도권을 인간이 유지하는 방법

수백만 년 동안 인간은 재주와 지능을 결합해 다른 종을 조절하는 방법과 도구를 창조해 왔다. 하나의 종으로서 인간은 자신과 여타의 실수를 통해 배우는 능력을 주로 사용해 지배적인 위치로 진화했다. 이를 통해 인간은 더 크고, 더 빠르고 더 강한 동물을 지배하고, 과업에서 최적의 성능을 획득하기 위한 정신적 물질적 기술을 개발해 왔다.

인공지능이 인간보다 더 지능적으로 된다면 어떻게 될까? 인간이 만든 인공지능은 이미 일부 영역에서는 인간의 인지 기능을 넘어설 수 있다. 알파벳에서 개발한 강화 학습 에이전트인 알파고 제로는 바둑에서 선생처럼 행동했다.[99] 알파고는 인간의 도움이나 수천 건의 과거 게임 데이터셋 없이도 스스로 배울 수 있다. 인간은 기어이 진화하는 인공지능에게 자리를 내줘야 하는 것일까? 이 개념은 인공지능이 인간을 뛰어넘는 지점인 특이점singularity이라는 개념으로 알려져 있다. 사람을 넘어선 지능을 가진 인공지능을 작동하지 하지 못하게 하는 것도 불가능할 것으로 예측되고 있다. 상식적으로 생각해도 지능적인 에이전트는 이런 행동을 예측하고 자신을 보호하려 할 것이다. 인공지능이 사람보다 더 뛰어나게 되는 상황이 오면 특히 학습 부분에서 인간은 더 이상 그것이 초래할 결과를 예측하지 못하게 될 것이기 때문에 그런 상황에 대비해야 한다.

# 지능

지능은 인공지능 모델의 결과이자 그것을 이용하는 방법을 말한다. 지능은 당신이 보는 광고, 다운로드하는 앱, 인터넷을 통해 보는 내용, 렌트하는 자동차, 대출이나 모기지 같은 항목의 가격으로 만들어내고 있다.

인공지능 윤리학은 자율 주행 자동차가 위험한 상황에서 운전자를 보호해야 할지 아니면 다른 사람을 보호해야 할지에 대한 질문을 던진다. 자동차가 승객을 먼저 보호해야 할까 아니면 운전자나 일반 행인을 보호해야 할까? 사고가 사망을 유발할 수 있을 때 어떻게 접근하는 것이 맞을까? 이런 문제는 자율 주행 자동차가 흔하지 않고, 거기에 관여되는 사람이 흔하지 않을 때는 큰 문제가 되지 않을 것이다. 사람이 운전하지 않고 자동 운행 시스템이 운전하는 자동 운송 수단이 사고를 유발했을 때 누가 책임을 져야 하는가? 자율 운송 수단 사고와 관련된 소송 사례는 자율 운전 기능을 사용하는 운전자에게 책임을 묻고 있다.

조사에 따르면 사람들은 공정함이나 공공성을 원하지 않고 운전자를 보호하기를 원하는 것으로 나왔다. 이와 관련된 규제는 자율 주행 자동차가 긴 시간 동안 채용되기 위해 중요해질 것이다.

인공지능이 의미 있게 사용되는 분야가 자연어 처리다. 알렉사 같은 가상 비서는 에이전트가 우리 삶에 관여하는 방식에 혁명을 일으켰다. 인공지능이 일상에 깊숙하게 사용되는 데도 불구하고, 사람은 이런 상황을 파악하고 경계한다고 생각해서는 안 되며, 기관은 대중이 확신할 수 있게 조치를 취해야 한다. 2018년, 개발자 컨퍼런스에서 구글의 듀플렉스 봇이 미용실을 예약하는 사례가 시연됐다. 시연에는 미용실 예약 담당자와 대화를 나누는 듀플렉스 소프트웨어가 소개됐다. 컴퓨터가 만들어낸 목소리는 사람의 목소리에 존재하는 멈춤, 어감, 완곡함 등을 사용했다. 그 목소리는 구글 딥마인드의 웨이브넷 소프트웨어의 제어를 받는데, 이는 수많은 사람 간의 대화 데이터로 훈련돼 사람의 목소리가 어떤 것인지 잘 알고 그것을 효과적으로 흉내낼 수 있다. 어떤 사람은 환영했는데, 많은 사람은 인간이 인공지능에게 속임을 당할 수도 있겠다고 걱정했다. 이 사례로 인간이 인공지능과 접촉할 때 사람에게 그 대상이 명확하게 인공지능임을 알려줘야 한다는 대중적인 목소리가 터져 나오게 됐다.[100]

자연어는 스타일과 내용이라는 두 가지 요소로 나뉠 수 있다. 대화, 이메일, 메시지 등과 같은 소통의 분석으로 감성과 그 사람의 견해를 쉽게 알아낼 수 있다. 예를 들어 부정적인 용어를 통해 사람의 감정적인 건강 상태를 이해할 수 있다. 대중적으로나 프라이버시 측면에서 이것의 함의는 크다. 소셜 미디어 사용 내역과 구조화된 데이터 소스의 분석을 통해 고용주나 보험 회사는 거래, 의사 교환, 감정 데이터에 기초해 사람을 예측하고 평가할 수 있다는 의미다.

## 건강 지능

건강 지능Health Intelligence이란 헬스케어 인공지능을 통해 개발된 특수한 지능을 말한다. 다양한 분야에서 건강 지능이 산업에 활용돼 환자의 건강을 증진시키고, 비용을 절감하고, 자원을 효율적으로 배분하는 데 사용된다.

- **헬스케어 서비스:** 점점 더 많은 환자가 병을 진단하고자 예측적 분석 서비스를 이용하고 있다. 예를 들어 당뇨병성 망막증은 알파벳과 그레이트 마스덴 병원이 협력해 개발한 인공지능 시스템으로 진단되고 있다. 이와 유사하게 영국의 다이어비티스 미디어는 족부 궤양을 좀 더 일찍 발견해서 족부 클리닉에 빠르게 의뢰할 수 있는 알고리즘을 개발했다.
- **약학:** 새로운 약물이 실제 생활 데이터와 환자 프로필 학습을 통해 발견되고 있다. 이를 사용해 제약회사는 새롭고 좀 더 정밀한 약물을 개발할 수 있다.

- **건강, 생명보험 회사:** 제2형 당뇨병과 당뇨 전단계 상태나 위험을 가진 환자는 디지털 건강 중재 방법을 사용해 자신의 상태를 관리하고 개선시킬 수 있다. 지속적으로 관리해 건강을 유지하면 그에 대한 보상을 받을 수도 있다. 건강, 생명보험에 돌아가는 이득도 광범위하다. 보험 회사는 더 넓은 인구 집단을 관리할 수 있을 뿐만 아니라 보험 청구 횟수가 줄고, 약값과 의료 서비스의 비용을 줄이고, 위험 관리를 향상시키고, 위험 예측 알고리즘을 개선시킬 수 있다.

건강 지능은 개인정보 사용과 같은 인공지능에 필요한 공적, 윤리적 요건이 무시되는 환경에서는 개발될 수 없다. 뭔가 일이 생기기 전에 위험을 알아내는 헬스케어 지능을 개발하려면 인공지능의 윤리가 핵심이 돼야 한다. 건강 지능의 윤리학은 의학에서 데이터 사용 의도와 분석 결과의 적절한 사용을 이해하는 데 반드시 필요하다.


## 누가 책임을 지는가?

헬스케어에 인공지능을 적용하는 것은 단기간에 환자 케어 수준을 개선하고 비용을 절감할 수 있는 놀라운 기회다. 정확하고 시간적으로 적절한 의사 결정은 어떤 질환인지에 상관없이 진단, 치료, 환자의 치료 결과에 영향을 준다. 의료진은 어느 정도 한정된 분량의 영상, 검사 결과, 표본 분석만이 가능하며, 임상적인 결정에서 오류를 범할 수 있다. 인공지능을 사용하면 거의 무한대의 표본을 실시간으로 분석해서 다양한 수준의 신뢰도를 동반한 의사 결정이 가능하다. 인공지능의 의학적, 기술적 한계는 잠재적 도덕적, 법적 문제보다는 쉽게 극복될 수 있을 것으로 보인다. 유방암 진단 알고리즘이 유방암을 오진하거나 알고리즘이 망막 사진에서 당뇨병성 망막증을 찾아내는 데 실패하는 경우 누가 책임을 져야 하는가?

질환을 진단할 때 다음과 같은 세 가지 책임 문제를 생각할 수 있다.

- 인간 의사가 외부 에이전트의 도움 없이 환자를 진단한다. 인간 의사는 증상이 분명할 때 아주 정확하게 판단할 수 있지만 처음에 애매한 경우는 놓칠 수 있다. 이 경우에 책임은 항상 의사에게 있다.
- 99%의 정확성으로 인공지능이 환자를 진단한다고 생각해보자. 이런 경우 환자가 잘못 진단될 경우는 드물 것이다. 그런데 인공지능이 어떤 실수를 했을 때 환자는 누구에게 이의를 제기해야 하는가?
- 인간 의사가 인공지능 에이전트의 도움을 받는 경우를 생각해보자. 이 경우 결과 예측을 공유했기 때문에 책임 소재를 따지는 것이 더 어렵다. 예를 들어 인간 의사가 최종 결정을 내린다고 할지라도 인공지능의 수많은 경험은 그런 결정에 영향을 주는 핵심 요소가 되기 때문에 완전히 책임에서 자유로울 수는 없다.

인공지능 에이전트의 행동에 대한 책임은 다음과 같이 귀결될 것으로 이해할 수 있다.

- 인공지능 에이전트를 개발한 기관
- 기대하지 않았던 기능과 부정확한 예측에 책임이 있는 인공지능을 개발한 사람
- 기대하지 않은 행동에 대한 책임을 가진 인공지능 에이전트 자체

인공지능은 대부분 수많은 기술자와 협력자의 작업 결과다. 따라서 개발자에게 책임을 묻는 것은 관리하기 어려울 뿐만 아니라 향후 기술자가 이 산업에 뛰어드는 것을 막을 수도 있다. 따라서 인공지능을 개발한 기관에게 책임을 묻는 것이 윤리적인 관점에서 가장 타당하다고 볼 수 있다.

인공지능 시스템이 인간에게 반기를 들지 못하게 보장하려면 어떻게 해야 하는가? 어떤 규제에 의해 우리의 안전을 지킬까? 프리들러Friedler와 디아코폴로스Diakopoulos는 기관의 책임성을 정의하는 다섯 가지 핵심 원칙을 제안했다.[101]

- **감사 가능성**<sup>Auditability</sup>: 외부 기관이 알고리즘 행동을 분석하고 조사할 수 있어야 한다.
- **정확성**<sup>Accuracy</sup>: 정제된 좋은 데이터를 사용하게 한다. 평가 지표를 명확히 하고, 정기적으로 정확성을 추적할 수 있어야 하고, 벤치마킹을 통해 정확성을 계산하고 감사해야 한다
- **설명 가능성**<sup>Explainability</sup>: 에이전트는 모든 이해관계자에게 이해할 수 있는 방법으로 설명 가능해야 한다.
- **공정성**<sup>Fairness</sup>: 인공지능이 차별하지 않는지 들어봐야 한다.
- **책임성**<sup>Responsibility</sup>: 의도하지 않은 결과와 기대하지 않았던 출력 결과를 관리할 수 있는 단일 관리자가 있어야 한다. 이 직책은 데이터 보호 공무원<sup>Data Protection Officer</sup>과 유사하며, 인공지능 윤리에 더 전문화돼 있다.

## 최초 문제

실세계 데이터는 이미 제2형 당뇨 관리가 지난 50년간 잘못됐음을 보여줬다. 이와 같이 실세계 경험이 과거 치료가 잘못됐다는 사실을 드러냈을 때 누가 책임을 져야 할까?

환자 데이터에 바탕을 둔 지도 및 비지도학습 모델이 헬스케어 영역에서 새로운 개념을 만들어내고 있으며, 새로운 인공지능 윤리 문제를 제시한다. 새로운 문제는 일종의 의도하지 않았던 결과의 형태를 가진다. 인공지능 안에서 사용되는 데이터는 제2형 당뇨, 고혈압, 췌장암과 같은 질환의 위험성을 파악할 수 있다. 어떤 애플리케이션이 아무런 조치도 할 수 없는 말기 질환에 걸렸다고 당신에게 알려준다면 당신은 그것을 알고 싶은가? 당신은 심지어 알지 말지를 선택할 수 있는지도 알고 싶은가? 23andMe 같은 서비스는 환자의 유전적 프로파일을 통해 질환 위험도를 알려준다. 어떤 사람이 어떤 질환에 대한 위험이 낮다는 사실을 통보받았을 때 그

가운데 일부는 절제하지 않고 더 위험한 행동을 할 수도 있다. 환자가 폐암에 대한 감수성이 평균보다 낮다고 한다면 이런 사실이 그들에게 흡연이나 다른 위험한 행동을 유발할 위험이 더 높을 수도 있지 않을까? 유사하게 특정 질환이 발생할 위험을 알게 되는 것은 심리와 감정에 영향을 줄 수 있다. 시간이 가고 근거가 만들어짐에 따라 질환 위험이 알려지는 상황에서 기대되는 인간의 심리학과 행동에 대한 연구가 필요하다.

## 공정함 정의

인공지능은 우리가 제품 및 서비스와 서로 상호작용하고 사용하는 방식을 변화시키고 있다. 데이터의 접근도가 증가하는 상황에서도 어떻게 인공지능이 사람을 공정하게 다루도록 보장할 수 있을까? 예를 들어 추천 시스템은 우리의 경험에 큰 영향을 끼칠 수 있다. 그런데 우리가 그들이 공정하다고 어떻게 알 수 있을까? 우리가 편향되게 다뤄지고 있는 것은 아닐까? 머신러닝 모델은 공정함에 대한 명확한 정의가 없는 상황에서는 절대 공정해질 수 없다. 공정함에는 여러 정의가 있다. 인문학자, 공학자, 인공지능 연구자가 서로 협력해서 공정함의 명확한 정의를 내릴 필요가 있다. 공정함이 데이터를 잘못 사용하는 데 대해 공적, 법적, 윤리적인 결과에 미치게 해야 한다.

## 어떻게 기계가 우리의 행동과 상호 교류에 영향을 주는가?

인공지능의 빠른 발전은 우리에게 진정으로 인간이라는 것이 무엇을 의미하는지 평가하도록 재촉한다.

## 인간성

인공지능 봇이 인간과의 대화와 서로 교류하는 능력이 이전보다 더 뛰어난 성능을 보여주면서 사용 빈도가 상당히 늘었다. 알렉사, 구글 홈과 같은 가상 비서를 1억이 넘는 사람이 사용한다. 그리고 목소리에 기초한 통화 서비스도 흔해졌다. 이런 에이전트가 구어를 흉내낼 뿐만 아니라 믿을 수 없을 정도로 이전보다 훨씬 더 감정과 반응이 정교해지고 있다. 2015년, 유진이라고 불리는 봇이 튜링 경연에서 우승을 차지했다. 여기서 알려지지 않은 에이전트가 소통하는 질을 평가하고 그것이 사람인지 인공지능 에이전트인지 사람들에게 알아맞추도록 했다. 유진은 인간을 속여 절반이 넘는 인간 평가자에게서 인간이라는 평가를 이끌어낼 수 있었다.[102] 인류와 로봇의 경계가 모호해짐에 따라 탐험적 종간 관계를 원하는 경우가 생기고 있다. 2017년, 중국 인공지능 공학자인 장 지아지아Zheng Jiajia는 잉잉Yingying이라는 로봇과 결혼했다. 결혼에 대한 주변의 압박에서 벗어나고 자신이 만든 로봇과 결혼을 한 것이다.[103] 사람을 대체하는 섹스 로봇이 이제는 흔해졌고, 인공지능 로봇 기술과 결합해 사람과 비슷한 피부와 따뜻함을 보여주고, 전기 충격과 같은 위험을 줄일 수 있는 안전장치까지 갖추게 됐다.

은행, 헬스케어, 교통 등과 다양한 분야에서 인공지능이 응용됨에 따라 인간은 이제 사람만큼이나 자주 인공지능 에이전트와 관계를 본격적으로 맺어가는 시발점에 서 있다. 인간은 확장할 수 있는 주의력, 친절함, 열정과 에너지의 양에 한계가 있는 반면 인공지능 봇은 관계를 개발하고 유지하는 데 있어 거의 무한한 자원이다.


## 행동과 중독

우리 행동은 이미 기술에 의해 영향을 받고 조절되고 있다. 웹 홈 페이지, 공유된 링크, 사용자 경험은 여러 가지 다변량 테스팅을 통해 최적화되고 있다. 이는 사람의 관심을 붙잡기 위한 간단한 알고리즘적인 접근법이다. 2017년, 미국 대선에서

도널드 트럼프 선거 캠프는 특정 유권자 집단을 겨냥해 5만 개의 변형된 홍보물을 보내서 이를 활용하고 유권자의 반응을 테스트한 것으로 유명하다.[104] 사람에 대한 실험은 수세기 동안 이어져 온 것으로 새로울 게 없다. 그런데 이제는 전에 볼 수 없을 정도로 사람의 선택과 자유에 영향을 줄 수 있는 능력이 생기게 됐다. 기관들은 인공지능의 영향을 분석하는 도덕적인 책임이 있고, 취약한 성인이나 아이에 대해 뭔가를 하게 조장하는 도구에서 사람을 안전하게 보호할 수 있어야 한다. 기술을 사용하는 행동 및 심리 실험의 행동 윤리 강령이 필요하다.

기술 중독의 걱정도 커지고 있다. 서던캘리포니아대학교의 로버트 루스티그Robert Lustig 교수는 사람의 뇌는 다른 중독성 물질과 비슷한 방식으로 기술에 반응한다는 사실을 밝혔다.[105] 인터넷 중독은 여러 나라에서 관찰되는 현상이며 특히 청소년이 좀 더 취약한데, 그 이유 중 하나는 전전두엽prefrontal cortex이 가장 늦게 발달하는 부분이기 때문이다. 액션온어딕션Action on Addiction이라는 자선 단체에 따르면 전체 인구의 삼분의 일은 뭔가에 중독돼 있다고 한다.[106] 2015년, 태국의 인터넷 카페에서 38세 남자가 5일 동안 게임만 하다가 사망했다는 보고가 있었다.[107]

실세계 및 학술 연구로 밝혀진 근거는 기술 중독이 아주 중요한 문제임을 알려주고 있다. 인공지능은 생산성을 높이고 발견을 촉진할 수 있는 가능성을 갖고 있다. 그런 상황에서 인간은 인공지능이 우리를 고립시키고 뭔가에 의존하게 하고 무력화시키는 파괴적인 디지털 중독을 예방할 수 있게 하는 조치를 마련할 책임이 있다.


## 경제와 고용

직업이 필요하지 않은 상황이 되면 어떤 일이 벌어질까? 슈퍼마켓은 이미 자동화된 계산대를 사용 중이고, 맥도날드는 디지털 인터페이스를 통해 사람 대 사람으로 행해지던 음식 주문을 대체하고 있다.[108] 노동의 위계는 주로 자동화에 의해 설정되는데, 헬스케어에도 적용된다. 약국, 조립 공정, 체크인은 모두 흔히 사용되는 자동화

시스템이다. 이런 것이 사람의 걱정을 유발하기도 하지만, 이런 자동화는 사람이 간단한 물리적인 일보다는 좀 더 복잡한 인지적인 노동으로 이동하는 것을 촉진시킬 수 있다.

인공지능 사용을 탐색하는 헬스케어 서비스 제공자는 직원을 잉여 인력으로 만들기보다는 재훈련시켜 재배치하는 방법을 알아가고 있다. 이러한 인공지능 시스템이 더 흔해지고 기능과 정확도가 커지면서 수작업과 인지 노동을 넘어 영상의학 같은 전문 분야가 어떻게 영향을 받을지에 대한 논의로 이어지고 있다. 예를 들어 인공지능을 사용해 이미지를 처리하는 헬스케어 팀은 그러한 전문가 집단과의 딜레마를 어떻게 풀어야 할지 과제에 직면하고 있다. 인공지능은 자원을 재분배해 환자 돌봄을 개선하고, 환자와의 관계를 돈독히 하고, 치료를 호전시키는 데 사용될 수 있다. 인공지능은 인간에서는 기대할 수 없는 속도와 효율성으로 환자의 데이터를 분석하고 그 안에 있는 패턴을 파악하는 효율적이고 효과적인 도구로 이해되고 있다. 이런 인공지능은 사람을 단순히 마지막 의사 결정권자로 미루는 대신 인간의 지식과 지능을 증강시키는 데 사용할 필요가 있다.

헬스케어는 '오로지 디지털digital-only'이라는 접근법만으로 문제가 해결되지 않는 독특한 영역이다. 위험을 줄이고 예측을 확신하는 데 인간의 개입이 항상 필요한 영역이다. Diabetes.co.uk에서 이뤄진 조사에서는 1000명의 응답자 중 53%는 가장 정교한 인공지능을 사용하더라도 기계가 한 진단을 사람이 한 번 더 확인하는 것을 선호한다고 했다.[109]


## 미래에 대한 영향

사람이 기술을 이용하는 방법이 어린이와 성인의 발달에 영향을 준다는 여러 근거가 있다. 그 가운데 뚜렷한 것은 스크린을 너무 많이 보는 것이 집중력, 의사 결정,

인지 조절을 담당하는 뇌의 구조적이고 기능적인 변화와 연관돼 있다는 것이다.[110] 글라스고 대학에서 390,089명을 대상으로 연구를 했는데, 디지털 디스플레이 앞에서 보내는 시간과 취약한 건강 사이에 연관이 있는 것으로 밝혀졌다.[111] 스크린 소비 시간이 많다는 것은 앉아 있는 행동 습관을 갖고 있다는 것으로 이해된다. 스크린 앞에서 과도하게 오랜 시간을 보내는 것은 뇌에 장애를 일으키는데, 우리 일상 대부분의 측면을 조절하는 인간의 전두엽에 영향을 주는 것으로 밝혀지고 있다. 다음 수십 년 동안 연결된 디지털 기술이 인간의 생리학, 심리학, 진화 그리고 궁극적으로 생존에 어떤 의미를 주는지 차츰 밝혀질 것이다.

## 신처럼 행동하기

애들레이드 대학교의 공학자가 언제 죽을지 예측할 수 있는 인공지능 에이전트를 개발했다. 그 인공지능 에이전트는 질병이 있는 장기가 보여주는 신체 증후를 이해하고자 16,000개의 이미지 변수를 분석했다.[112] 신경망에 기반을 둔 인공지능 모델은 69%의 정확도로 5년 내의 사망률을 예측할 수 있었다. 데이터 활용도가 증가하면서 사람은 인공지능과 예측 분석을 통해 더 정확한 유병과 사망 위험을 예측할 수 있게 됐으며, 이는 인공지능이 신처럼 행동하는 것인지 또는 사람이 신처럼 행동하는 것인지에 대한 논란을 다시 점화시켰다.

## 과대광고와 세상을 시끌벅적하게 만들기

역사적으로 인공지능의 능력은 마케팅과 단순화된 미디어 표현으로 과장돼 소개돼 왔다. 미디어에서의 소란은 공동 데이터 유출과 더불어 인공지능의 대의명분에 도움이 되지 않았다. 헷갈림과 오해에 대한 안개가 끼어 있는데, 특히 데이터와 그 결과의 이로운 사용과 잘못된 사용 부분에서 심하다. 따라서 이해당사자가 인공지능을 헬스케어 시스템에 도입하는 데 심각하게 고려할 수 있도록 이 문제는 해결돼야 한다.

## 이해관계자의 수용과 정렬

모든 이해관계자가 헬스케어 지능 시스템 안에서 프로젝트가 제공할 수 있는 것과 사용되는 방식에 대해 정렬되게 하는 것은 아주 중요하다. 예를 들어 헬스케어에 이용되는 인공지능 개발자가 임상의의 가치와 항상 정렬되지 않는 가치를 중심에 두고 있을 수도 있다. 이를테면 시스템이 임상의로 해 질적인 지표를 향상시키지만 환자 돌봄에는 반드시 필요하지 않은 행동을 하게 유도하거나 규제 당국에 의한 검토를 받고자 뒤틀린 데이터를 공개할 수도 있다.

## 정책, 법률, 규제

다가오는 10년 동안은 인공지능 윤리학에 있어 핵심적인 전환점이 될 것이다. 법률, 윤리 가이드라인, 산업 정책과 같은 규제는 머신러닝의 방향에 영향을 끼칠 것이다. 그와 같은 정책이 없어도 영향을 받을 것이다. 우리가 수용에 대한 척도를 마련하지 못한다면 더 큰 의도하지 않은 결과의 위험에 우리를 노출시키게 될 것이다.

기술에 대한 관리가 필요한데, 인공지능의 응용은 더욱 그렇다. 따라서 핵심 오피니언 리더, 이해관계자, 입법자, 혁신가가 모두 참여해서 머신러닝의 가능성이 불필요한 규제 없이 실현되도록 정책을 만드는 것이 정말 중요하다. 헬스케어가 아닌 영역의 인공지능 응용 사례는 실제로 대중에게 광범위하게 실전 배치됐을 때 알고리즘 학습의 윤리적 문제를 유발할 수 있는 가능성이 있다는 예를 잘 보여줬다.

입법자와 핵심 이해관계자는 법적 의사 결정을 할 때 인공지능의 복잡성을 이해해야 하고, 생길 수 있는 문제를 잘 받아들여야 한다. 더 나아가 인공지능이 유익한 목적으로만 사용될 것이라고 예단해서는 안 된다. 인공지능은 이미 미국과 중국에서 많은 자금을 투여하고 있는 전쟁에도 사용 중이다.[113] 흥미롭게도 영국은 인공지능 윤리에 집중하기로 결정했다.[114] 인공지능을 사용하는 헬스케어 전문가는 배치돼 사용되는 인공지능 알고리즘이 만들어지는 방법을 이해하고, 모델링에 사용된 데이터를 평가할 수 있어야 하며, 실수를 했을 때 어떤 안전장치를 마련하고 있는지 알고 있어야 한다. 규제 당국자는 모든 인공지능이 인간과 비슷한 하나의 개인이기 때문에 각각의 우려를 개인적으로 다룰 수 있도록 준비해야 한다. 안전하고 포용적인 인공지능 개발은 엔지니어, 인문학자, 사회학자 등과 같은 다학제적인 팀을 포함하는 다양하고 포용적인 작업을 통해서만 획득될 수 있다.

인공지능의 핵심 주제에 대해 기관이나 정부 사이의 국제적인 공조는 필수다. 윤리학, 책임, 고용, 안전, 진화에 대한 질문은 공적인 영역과 사적인 영역, 학계에 있는 이해관계자가 모여 논의해야 할 문제다. 이런 협력은 사회에 인공지능이 잘 정착하고 인간적 민주주의가 번영하기 위해서도 꼭 필요하다.


## 데이터와 정보 거버넌스

헬스케어 영역에서 인공지능이 적용될 수 있으려면 여러 가지 도전을 해결해야 한다. 비윤리적 또는 속임수를 쓰는 알고리즘, 완전하지 않고 편향된 데이터로 훈련된 알고리즘, 알고리즘의 한계에 대한 이해 부족, 의사와 환자 사이의 핵심적인 위수탁 관계에 대해 인공지능이 미치는 효과 등의 문제를 해결해야 한다.

데이터 거버넌스란 기관의 디지털, 비디지털 데이터의 적절한 관리를 보장하기 위한 문서로 정리된 가이드라인을 말한다. 그와 같은 가이드라인은 비즈니스 프로세스 관리BPM, Business Process Management, 기업 위험 관리, 보안, 데이터의 질, 프라이버시 등에 대한 정책을 포함한다. 이는 기관의 정보의 적절한 관리를 위해 문서화된 가이드라인 정보 거버넌스와 다르다. 정보 거버넌스는 예측 분석 결과의 사용을 주로 다룬다. 윤리 행동 강령이나 윤리적 관리 정책은 기관의 관리 방향과 의도 및 적절한 관리 방안을 다룬다.

## 너무 많은 정책의 단점

너무 많은 정책으로 말미암아 발전을 저해하고 이해관계자의 참여를 떨어뜨릴 수도 있다. 인공지능은 디지털 헬스를 비롯해 모든 산업에 걸쳐 혁신을 불러일으키고 있다. 스타트업 회사가 인공지능의 전파를 주도해 왔는데, 이들 회사 안에 관료제적 성격과 금지 라인이 덜하기 때문이다. 큰 회사는 이런 것으로 인해 환경의 변화에 느리게 반응한다. 사용자의 목소리를 듣고, 윤리적 혁신의 사이클을 내재화시킬 수 있도록 정책을 잘 들여다 볼 필요가 있다.

## 글로벌 표준과 제도

윤리와 책임에 대한 강령을 공유하는 여러 기관이 있지만, 전 세계적으로 강제되는 규제는 존재하지 않는다. 당신의 사망률을 예측하는 인공지능 에이전트는 당신이 아닌 다른 사람의 사망에 대해서는 검증이 덜 돼 있다. 그와 같은 에이전트는 어떻게 검증을 해야 할까? 그것은 어떤 규정에 따라야 할까? 에이전트 또는 그것의 창조자가 근거를 제시해야 할까? 아직까지 인공지능은 검증의 기준이 되는 기술에 대한 산업 표준이 마련돼 있지 않다. 따라서 당신이 사용하고 있는 인공지능의 질을 확신하기 어렵다. 그리고 인공지능처럼 빠르게 성장하는 산업에서는 제시되는 문제가 새롭고 시급한 성격을 갖게 된다. 인공지능 시스템이 갖춰야 하는 최소 조건을 명시한 글로벌 표준이 필요하다.

헬스케어 분야도 근거가 명확해지고 나서 임상적으로 수용될 때까지의 시간적 간격으로 씨름하고 있다. 예를 들어 10년 동안 관해<sup>remission</sup> 상태의 제2형 당뇨병을 가진 사람이 있는데, 건강 관리 시스템이 제2형 당뇨병이 관해 상태에 있다고 환자를 등록할 수 있을 때까지는 오랜 시간이 걸렸다. 따라서 환자는 병력에서 제2형 당뇨병에서 회복된 상태나 제2형 당뇨병을 갖고 있는 상태로 기록된다. 환자가 당뇨병에서 회복된 상태로 기록되면 환자는 제2형 당뇨병과 관해 상태에 있는지 확인하는 검사를 받지 않으려고 할 위험이 높다. 똑같이 환자가 그냥 제2형 당뇨병을 갖고 있다고(또는 없다고) 기록되면 보험에 영향을 주게 되고, 이는 기술적으로 관해 됐기 때문에 사실이 아니다. 인공지능이 채택되는 것과 병행해서 제도의 협력은 국제적인 간극을 줄이는 데 도움이 될 것이다.

## 인공지능을 인류로 취급해야 하는가?

강화<sup>reinforcement</sup>의 기본 개념은 사람이나 다른 동물이 학습하는 방법과 괘를 같이한다. 이를테면 개를 훈련시킬 때 잘 따르고 기대하는 실적이 나오면 종종 간식 같은 것으로 보상한다. 강화학습 시스템에서는 불복종의 경우 벌칙이 주어진다. 우리가 상과 벌을 주는 방법과 비슷한 방법으로 강화학습은 인공지능 에이전트를 훈련시킨다. 긍정적인 성과는 가상의 상으로 강화되고, 부정적인 행동에는 벌이 주어진다.

현재 사용되는 인공지능 시스템의 대부분은 비교적 간단하고 환원적이다. 그런데 인공지능이 발전하면서 그것들이 더 복잡하고 진짜 생명을 가진 것처럼 될 수 있을 것으로 기대할 수 있다. 인간은 이미 로봇과 관계를 형성하기 시작했다. 동료로서 또는 성적인 대상으로서 사람을 대체하는 사례가 많다. 인공지능 시스템에 벌을 입력하는 것이 해롭거나 부정적인 입력으로 생각될 수도 있다. 더 이상 사용되지 않을 세대를 제거하는 유전자 알고리즘을 일종의 살인으로 볼 수 있을까? 인공지능 시스템이 사람의 행동과 모습을 흉내낼 수 있게 되면서 인공지능을 인간과 비슷하게 보려는 경향이 강해진다. 이런 상황에서 어떤 점을 고려해야 할까?

인공지능 시스템이 인지하고, 느끼고, 자극에 반응할 수 있다고 여겨진다면 그것을 새로운 종이나 법적인 존재, 심지어 국적을 부여하는 것이 그다지 큰 도약은 아닐 것이다. 미국에서 만들어진 어떤 인공지능 에이전트가 사우디아라비아 시민권을 부여받았다.[115] 인공지능을 사람과 비교되는 지능을 가진 동물처럼 취급해야 하는가? 기계가 정말로 느끼고 고통스러울 수 있을까? 우리가 인공지능 에이전트를 취급하고, 고통을 경감시키고, 부정적인 결과의 위험성에 대한 도덕적인 질문은 인간의 삶을 이롭게 할 수 있는 광대한 가능성으로 인공지능을 책임 있게 발전시키는 데 있어 핵심이 된다.


## 기관 내부에서 데이터 윤리학 적용

많은 기관은 기대되는 행동, 요건, 관계를 위한 내부 커뮤니케이션을 뒷받침하고 외부 이해관계자에게 자신감과 신뢰를 줄 수 있도록 행동 강령을 갖고 있다. 이런 행동 강령은 모든 직원이 강령을 이해할 수 있게 적절히 교육돼야 하며, 직원에게 공유돼야 한다. 기관의 모든 이해관계자는 행동 강령을 준수하고 발전시켜야 한다.


### 윤리 강령

윤리 강령은 기관의 도덕적 행동을 관리하기 위한 문서다. 윤리 강령은 기관이 비즈니스와 기술의 발전에 책임을 갖고 있음을 보여준다.

윤리 강령은 기관에 의해 장려되는 행동과 기관 자체의 도덕적인 기준, 명성, 고객에게 해가 될 수 있는 내용이 명시된다. 불법적인 행동이 어떤 것인지를 포함하지는 않을 수도 있지만, 규칙을 준수하지 않을 때의 해로운 파급 효과와 규칙 위반을 어떻게 보고해야 하는지는 전형적으로 포함시킨다. 직원은 자신이 이해하지 못하는 부분에 대한 충분한 설명을 들어야 하고, 의도하지 않았지만 잠재적으로 위험한 행동을 피하도록 교육이 돼야 한다. 윤리 강령에는 데이터 사용에 대한 동기와 그 사용 목적이 포함돼야 한다. 기관의 목적은 이익 추구, 신뢰성, 비즈니스의 명성을 반영한다.

윤리 강령에는 기술적이고 철학적인 특수 용어가 없어야 하고, 직원에게 기대되는 내용을 직접적으로 알려야 한다. 간단하고 요점에 집중해야 한다. 신규 직원이 입사할 때 내용을 알려야 하고, 전사적으로 규칙을 준수하는 문화를 만들어야 한다. 모든 이해관계자는 각각의 조항과 세부 항목을 알아야 한다. 단순히 직원이나 고객을 모을 때만 윤리 강령을 언급할 것이 아니라 내부 및 외부 이해관계자 사이에서 기관의 윤리적 방향이 스며들 수 있도록 윤리 강령을 자주 언급할 필요가 있다. 그리고 기업이 새로운 기술을 채택하고자 의사 결정 과정을 거칠 때 윤리 강령을 참고한다.

처음에 윤리 강령을 개발할 때 직원과 이해관계자를 참여시킨다. 그리고 다음과 같은 질문에 어떻게 답할 수 있을지 고민한다.

- 당신에게 인공지능 윤리학은 어떤 의미를 갖는가?
- 우리가 하는 일이 어떻게 인간성을 고취시킬 수 있을까?
- 우리 기관의 목적에서 우리 기관이 책임 있게 행동할 수 있으려면 어떻게 해야 하는가?
- 우리가 목적하는 바가 어떤 잠재적 이득이 있는가?
- 우리가 목적하는 바가 어떤 잠재적 불이익이 있는가?
- 어떻게 우리의 윤리 강령을 개선할 수 있을까?

- 윤리 강령에 헷갈리거나 설명이 필요한 항목이 있는가?
- 윤리 강령이 의사 결정을 하는 데 유용한가?
- 기관의 윤리 강령이 당신의 윤리적 관점과 일치하는가?

위와 같은 모든 질문에 대해 부서에서 응답한 것을 모아서 동의되는 내용으로 적용 계획을 세운다. 기관의 윤리 강령은 표준에 미치지 못하는 행동에 대한 어떤 기준점 역할을 한다. 윤리 강령은 윤리적 문제를 파악하고 다루는 데 있어 굳건한 기초를 제공한다.


## 윤리 프레임워크 고려

기관은 환자의 데이터 수집과 사용에 대한 윤리적인 가이드라인을 제공할 책임을 갖고 있다. 기관은 데이터 유출과 보안을 강화하는 데이터 프라이버시 접근법을 사용해야 한다. 규정을 지키지 못하면 과징금을 물게 되고, 명성에 심각한 타격을 받고, 고객을 잃을 것이다. 빅데이터가 제공하는 기회를 충분히 누리면서도 데이터 수집의 위험도를 낮추는 다양한 방법이 있다. 윤리적 데이터 수집을 보장하는 여러 가지 기술이 있다.


### 최소한의 데이터만 수집한다

사용자 데이터를 보호하는 첫 번째 단계는 꼭 필요한 데이터만을 수집하는 것이다. 더 많은 데이터가 반드시 더 유용한 데이터는 아니다. 머신러닝에서는 전형적으로 더 많은 데이터가 선호되지만, 데이터 수집은 신중하고 간결해야 한다. 예를 들어 신용카드에 대한 인공지능이 사용자의 인종이나 BMI를 알 필요는 없다. 그런데 이런 데이터는 제2형 당뇨병의 개인적인 위험을 결정하는 데는 중요하다.

## 민감한 데이터를 파악하고 잘 관리한다

모든 민감한 데이터를 파악하고 보안 처리한다. 데이터 과학자는 어떤 데이터가 개인적일 수 있는지, 그리고 그런 데이터를 사용하는 방법을 숙지해야 한다. 이를테면 동의 없이 수집된 소비자의 데이터에서는 개인 식별 가능한 데이터를 제거해야 한다. 적절한 자격을 갖춘 개인만이 민감한 자료를 볼 수 있게 하는 것이 매우 중요하다. 많은 기관은 데이터가 안전하고 사이트에서만 유지될 수 있도록 USB 저장 장치나 외부 저장 드라이브의 사용을 금지한다.

## 적용되는 법규를 준수한다

기관의 데이터에 대한 접근법과 정보 관리에 대한 신뢰는 적절한 지방 및 국가 표준, 정책, 법규를 준수함으로써 확보된다. 데이터 사용에 대한 법적 한계와 적절함을 규정하는 여러 가지 데이터와 정보 관리에 대한 법규가 있다. 모든 규정을 지키는 것이 매우 중요하다. 미국 FDA와 영국 의약품 및 보건 의료제품 규제청$^{MHRA}$은 데이터의 수집과 사용에 대한 법적 윤리적 경계를 정하고 있다. 일반 개인정보법$^{GDPR}$을 준수하고 정부 관련 인증기관에서 윤리적 데이터 사용에 따른 기관의 접근법에 대한 인증을 받고 사용자에게서 신뢰를 확보해야 한다.

여러 국가나 국제적인 수준의 표준은 서로 겹치는 측면이 많은데, 적절한 데이터 보고, 문서화, 투명성, 위험 관리 절차를 요구한다. 예를 들어 유럽에서는 GDPR과 같은 규제를 준수하는 것이 필수인데, 이 규정은 유럽 연합 27개국에서 유효하다. ISO 27001과 같은 국제 표준은 좋은 데이터와 정보 관리 표준을 보장한다. ISO 27001(이전에는 ISO/IEC 27001:2005라고 불렸다)은 정보 보안 관리 시스템$^{ISMS, Information}$ $^{Security\ Management\ System}$의 스펙이다. 정보 보안 관리 시스템은 기관의 정보 위험 관리에 따르는 모든 법적, 물리적, 기술적 관리에 필요한 정책과 절차의 프레임워크다.

많은 데이터 관련 기관이 자가 인증$^{self-accreditation}$을 하고 있다. 이는 외부 기관에 의해 검증되고자 필요한 조건이 없는 상태에서 기관 자체가 표준을 준수하고 있음을 보여주는 문서를 수집한다는 의미다. 이런 자가 인증에 대한 우려는 분명한데, 특히 헬스케어에 적용될 때 그렇다.

견고한 데이터와 정보 관리는 데이터 윤리학의 기초다.

데이터와 정보 관리를 통해 데이터 윤리학의 기초가 마련된다. 관리는 데이터와 정보가 수집, 사용, 분석, 버려지는 모든 단계에서 어떻게 보호돼야 하는지에 초점이 맞춰진다. 좋은 관리는 데이터 구조, 인프라스트럭처, 위험 평가, 감사 보고서, 위험 처리 계획, 디자인 절차, 정보 보안 절차, 고객 불만 처리, 의힉직 관리, 기업 책임 경험, 재난 회복 계획 등 다양한 주제를 다룬다. 기관의 윤리 강령은 좋은 관리의 방향을 제시한다.

## 데이터 과학자를 위한 히포크라테스 선서

민감한 데이터에 접근할 수 있는 데이터 과학자는 입사할 때 위험 경감과 보안 정책을 준수하겠다는 문서에 서명할 것을 요구받는다. 인공지능에서 보안과 긍정적인 발전에 대한 문화를 스며들게 해야 하고, 디지털이나 비디지털 분야에서 활동하는 데이터 과학자는 해를 입히지 않겠다는 히포크라테스 선서의 맹세를 할 것이 권장된다. 이는 규제, 내부 선언, 표준, 기관의 윤리 강령과 함께 가게 된다.

## 프레임워크 감사

윤리, 데이터, 정보 관리 절차에 정기 감사를 시행하고 최악의 시나리오에 대비해서 그러한 일이 일어나도 기관이 가장 빠른 시간 안에 위험을 경감시킬 수 있도록 연습하라. 위험 경감 연습은 적어도 1년에 두 번은 해야 한다.

윤리 강령의 각 장에 대해 기관의 가치를 대표할 수 있도록 재검토하라. 기술 관련 기관은 빨리 움직인다. 따라서 최신의 표준 가이드라인, 관련 산업의 정책과 부합되게 해야 한다. 의료 데이터를 다루는 회사는 새로운 예측 방법과 새로운 인공지능의 능력을 따라잡을 수 있다. 코드 강령에서 빠진 부분을 고려할 필요가 있는데, 특히 회사가 커지고 새로운 사용 예를 접할 때 그런 조치가 필요하다. 이를테면 역사적으로 비즈니스에 중점을 두는 회사가 환자와 관계되는 일을 시작할 때 환자와 관련되는 부분에 대한 새로운 항목을 필요로 하게 된다.

회사의 모든 임직원이 코드 강령을 개발하고 검토하는 데 참여하지 않을 이유가 없다. 디지털 설문조사는 의견을 모으는 데 빠르고 쉬운 방법이다. 참여자의 다양성은 인공지능에 대해 다양하고 포용적이고 다학제적인 접근을 가능하게 만든다. 직원이 알아야 한다고 느끼는 새로운 부분이나 개념에 대해 코멘트해 줄 것을 부탁한다. 대화를 통해 더 많은 훈련, 인지, 소개가 필요한 부분을 확인한다. 직원과의 대화를 통해 기관의 문화가 좀 더 넓은 팀에 스며들 수 있게 하고, 윤리적 감각이 있는 환경을 강조한다. 회사의 윤리 강령에 대해 최대한의 참여를 이끌어내는 것은 직원의 동기와 생산성을 증가시킬 것이다.

헬스케어 회사, 특히 인공지능을 사용하는 경우 윤리 프레임워크는 내부 및 외부 이해관계자에게 보안, 투명성, 신뢰, 최대한의 참여를 위한 방향성을 제공한다. 산업 표준을 준수하고 회사의 직원을 윤리 프레임워크를 개발하고 유지하는 데 참여시키는 것은 직원과 전사적인 채택을 가속화시킬 것이다. 더불어 좋은 정책 문서, 훈련, 감사는 회사 인공지능의 신뢰성을 유지하는 데 도움이 된다.

# 7장

# 헬스케어의 미래

"의학은 실세계에서 이뤄지는 발견의 속도를
따라잡아야 하는 중요한 시점에 있다."

– 샬럿 서머스(Charlotte Summers)

연결된 헬스케어와 인공지능이 결합해 헬스케어에 적용된다면 전 세계 인류의 삶을 바꿀 수 있게 될 것이다. 사람은 오늘 이전보다는 훨씬 더 많은 것을 요구하고 있으며, 헬스케어 분야의 기대도 크다. 헬스케어 시스템이 양에서 질로, 즉 환자의 수보다는 환자의 결과로의 패러다임 전환을 할 것을 기대하고 있으며, 최근 이뤄지는 혁신의 황금시대를 잘 따라잡아 큰 가치를 안겨줄 것으로 기대하고 있다. 헬스케어 인공지능에 대한 관심도 커지고 있고, 헬스케어 인공지능이 사람의 하루하루 경험을 개선시키는 데 사용될 것이라는 대중의 기대도 높아지고 있다.

의학이 발전하고 있고, 한때는 미래 공상과학 소설에서나 나올 만한 개념이 점차 현실이 돼 가고 있다. 유전자 치료, 3D 장기 프린팅, 액체 생검, 로봇 수술, 목소리를 낼 수 있는 개인 가상 비서는 시간이 지남에 따라서 점점 더 정교해지고 있다. 기술의 발전은 의료 행위에 영향을 줄 뿐만 아니라 대중의 건강에 대한 인식과 태도, 생활 습관, 건강하다는 것의 의미에도 영향을 끼치고 있다. 헬스케어는 현명하게 혁신을 구체화해 좀 더 많은 환자에게 도움이 될 수 있어야 한다. 디지털 헬스 기술은 빛과 같은 속도로 진화하고 있다. 데이터 과학, 머신러닝, 연결된 헬스케어 기술의 영향은 광범위하고 편향되지 않은 마음가짐과 가능한 한 많은 지식을 활용해 지속적으로 진화하는 환경에 적극적으로 참여하고자 하는 의지를 필요로 한다.

## 양에서 질로 이동

헬스케어 자체가 양에서 환자 중심의 질로 변화하고 있다. 의학에서도 변화가 일어나서 약물이 첫 번째 유일한 치료 옵션이 아닌 치료 방법의 하나이며, 생활 습관 자체가 예방과 치료를 목적으로 하는 하나의 치료 수단으로 여겨지고 있다.

전통적인 의료보험 지불 시스템은 환자를 진료하고 치료한 양에 따라 금액을 지불하는 구조에 기반을 두고 있다. 양 기반의 케어는 규모의 경제에 중점을 둔다. 의료 서비스 제공자는 주어진 시간 동안 환자에게 시행된 모든 서비스의 양에 따라 돈을 받는다. 그와 같은 시스템에서는 평가를 할 때 지불 금액의 가치, 환자 경험, 헬스케어의 질 등은 두 번째로 고려되는 항목이 될 뿐이다. 서비스가 제공된 환자의 인원수와 환자에게 시행된 돌봄의 비용에 따라 보상을 받는다. 헬스케어 자원과 비용에 대한 압박으로 화가 난 의사와 보상을 받는 임상가는 자신도 모르게 '가능한 한 많은 환자를 보게' 하는 행동을 따르게 되고 결국은 환자가 아닌 질환 관리에 초점이 맞춰지고, '약물 우선, 환자 그다음'이라는 관점으로 이어진다. 병원과 임상의는 가능한 한 많은 환자를 보고, 가급적 많은 검사를 하게 장려되고, 질환에 대해 약물 우선의 관점을 갖도록 유도한다.

따라서 양 기반 케어 모델은 전형적으로 환자의 결과가 아닌 최적 이익이나 환자당 최소 비용과 같은 회계적인 지표에 기반을 두고 모델화된다.

양 기반 케어 지불 시스템은 종종 환자를 건강하게 하고, 오류를 줄이고 또는 부작용을 감소시키거나 했을 때 그것이 핵심 지표가 아니기 때문에 결과적으로 벌칙을 받는 셈이 된다. 예를 들어 당신이 제2형 당뇨병으로 진단됐을 때 당신의 의료진은 전형적으로 다음과 같은 일을 할 것이다.

- 현재의 가이드라인에 따라 혈당 수준을 관리하는 방법의 정보를 제공
- 치료법의 향후 계획
- 식이 요법의 정보

예를 들어 영국에서 개원의가 제2형 당뇨병을 관해시켰다고 가정해보면 그 의사나 의원은 약물이 환자에게 더 이상 처방되지 않고 있을 것이기 때문에 보험금을 받지 못한다. 개인적인 편향도 문제를 키운다. 이를테면 영국에서 <더 텔레그래프the Telegraph>지의 보도에 의하면 NHS 환자(보험 환자)에게 처방 약물을 평가하는 데 참여하는 의사는 제약 회사에서 1년에 10만 파운드를 받는다고 한다. [116]

양 기반 케어는 인구 집단의 한정된 자금에 초점을 맞춘다. 인구가 증가하고 리소스가 부담이 되면서 질에 기초한 돌봄으로의 발전이 촉진되고 있다. 헬스케어는 이제 환자 중심의 돌봄으로 바뀌고 있다. 환자 중심 돌봄은 양이 아닌 가치를 중시하는 말과 동의어다.

첸 등Tseng et al.은 헬스케어의 질은 돌봄의 질이며, 이는 전형적으로 헬스케어 결과를 통해 측정된다고 정의했다. [117] 가치 척도는 환자의 경험과 얼마나 환자 중심적인지에 따라 측정된다. 환자 중심성은 중요하기는 하지만 반드시 가치 기반의 케어를 위한 주도적인 질 측정 척도일 필요는 없다. 환자 중심 케어는 여러 가지 접근법을 사용하는데, 환자를 둘러싸고 일어나는 일, 그들의 목적, 좀 더 넓게 환자의 결정과 평가 등을 활용한다. 환자 중심성을 포함하는 여러 개의 환자 중심 케어 영역이 있다.

환자 중심 케어는 환자의 경험과 환자의 결과에 초점을 맞춘 건강 및 사회 케어에 대한 협력적이고 다학제적인 접근이다. 환자 중심 케어는 환자에게 지식과 경험, 기술, 자신감을 가지도록 독려해서 자신의 건강을 관리하고 최적화하는 데 초점을 둔다. 케어는 환자를 중심에 둔 연민, 개인화, 협력을 통해 이뤄지고, 환자의 세계관을 존중한다. 이런 목적은 헬스케어 제공자에게는 상식으로 보인다. 하지만 지금까지 그들은 표준 지침과 같이 항상 일을 해오지는 않았다. 헬스케어는 전형적으로 환자를 전체로 접근하지 않고, 환자의 집합을 다루는 환원적 입장을 취해 왔다.

네덜란드에 있는 뷔르트조르흐 네이버후드 케어<sup>Buurtzorg Neighbourhood Care</sup>와 같은 기관은 환자 중심 케어의 모범 사례로 꼽힌다. 이 기관은 10,000명의 간호사와 21명의 감독자, 두 명의 관리자로 구성되는데, 연간 8만 명의 환자에게 돌봄 서비스를 제공한다.[118] 이 기관은 협력적 접근법을 사용해 간병인<sup>caregivers</sup>과의 관계 형성을 통해 환자에게 권한을 위임하는 데 중점을 둔다. 시간이 지나면서 환자의 건강 상태는 개선되고 전체 외부 케어 시간을 줄였다. 환자와 그 가족은 자신을 돌보는 기술과 자신감을 가질 수 있었다.

두 가지 다른 철학이기는 하지만, 환자 중심 케어와 질 중심 케어가 점점 더 동의어가 돼 가고 있다. 환자 중심 결과, 관점, 경험, 선호도와 같은 내용을 포함하는 성공의 정의는 케어 전달과 질에 긍정적인 영향을 준다.

질 중심 케어는 값 싸거나 경제적인 케어를 의미하지는 않는다. 실제로 케어는 환자 경험의 질과 결과를 통해 평가되고, 환자가 케어를 받는 방식에 따라 모델은 수정된다.

안녕과 예방이 질 중심 케어에서 강조된다. 생활 습관, 행동, 환경 요소가 질환을 유발하는 원인의 90%를 설명한다.[119] 전 세계적으로 제2형 당뇨병의 유병률이 증가하고 있다는 사실은 이를 뒷받침하는 근거다. 헬스케어 자원의 압박이 증가하면서 생활 습관 의학은 조용히 생활 습관을 하나의 약물과 같은 역할로 재조명해 왔다.

활동성, 영양, 수면 스트레스가 신체적, 정신적 건강의 지표라는 근거가 있다.[120] 생활 습관과 행동에 초점을 맞춰 헬스케어 종사자는 제2형 당뇨병과 고혈압 같은 회복 가능한 비전염성 질환을 다룰 수 있게 됐다. 환원주의적 접근법으로 환자를 치료하는 것이 아니라 전인적, 감성적인 케어를 통해 환자를 돌본다. 생활 습관 조절이라는 처방은 이미 헬스케어의 한 부분을 차지고 있으며, 질환을 치료하고자 디지털 애플리케이션으로 처방되고 있다. 예를 들어 제2형 당뇨병에 처방되는 다이어비티스 디지털 미디어Diabetes Digital Media에서는 로우 카브 프로그램Low Carb Program 앱이 있다. 이 처방으로 4명의 환자 중 1명을 당뇨 관해 상태로 만드는 효과가 있었다.[121] 생활 습관 중재는 전형적으로 안전하고, 쉽게 적용 가능하면 많은 사람에게 적용할 수 있다. 늘어나고 있는 만성 질환의 부담을 적절한 조건하에서 사용한다면 이런 방법으로 경감시킬 수 있다.

가치 중심 케어에서는 이벤트에 대응하는 대신 건강에서 예방과 생활 습관을 가장 우선하게 된다. 초점이 환자의 안녕, 헬스케어의 질과 효율성에 맞춰진다. 이것이 환자 데이터, 디지털 건강, 인공지능이 희망을 품는 곳이다. 효율성 강조는 접근법에 확장 가능하고 효과적임을 보장하고, 헬스케어 제공자의 헬스케어 비용을 줄일 수 있게 해주고 임상적 건강 결과를 개선시킨다. 금연, 영양 조절, 생활 습관 변화, 활동, 수면, 유전적 위험 인자를 파악하는 등의 질병 예방법으로 헬스케어 자원의 부담을 경감시킨다. 안녕이 적극 권장된다. 환자의 건강을 좀 더 밀접하게 모니터하는 것은 보험 회사와 헬스케어 제공자에게 최대 관심사가 된다. 스타트업과 디지털 기술 회사는 디지털 건강 도구를 개발하고 이를 통해 전통적인 의사-환자 관계를 혁신하고, 서비스 제공자로 하여금 지속 가능한 건강을 촉진시키는 제3의 활동가가 될 수 있게 한다. 가치 기반 케어의 목적은 최적의 의료 활동을 통해 헬스케어 과정을 표준화시키고 케어의 질과 접근도에서 민주화를 이뤄내는 것이다. 데이터 마이닝과 헬스케어 근거로 어떤 방법이 작동하고 그렇지 않은지 결정하게 될 것이다.

사람의 안녕을 유지하는 것은 헬스케어 전달 비용을 줄이고 자원의 사용을 최적화한다. 예를 들어 제2형 당뇨병과 같은 만성 상태를 관리할 때 가치 기반 케어는 협력적이고 다학제적인 접근법을 사용해 질병과 관련된 합병증을 예방할 수 있게 질환을 관리하게 된다. 환자는 환자의 경과와 건강 상태를 잘 아는 헬스케어 팀과 함께 가게 된다. 이런 헬스케어 팀에는 환자를 위한 질병 관리를 지원하는 당뇨 전문 간호사, 영양사, 행동 및 건강 조력자, 그리고 다른 전문가가 참여하게 된다. 팀은 환자 중심의 목적을 설정하고 다음과 같은 측면에서 환자를 돕는다.

- 혈당 관리
- 지원을 위해 제2형 당뇨병을 가진 디지털 커뮤니티에 소개
- 건강 모니터링과 건강 유지를 돕기 위한 생활 습관 안내
- 신체 활동 프로그램 촉진
- 영양 가이드를 제공하고 최신의 지식 사용
- 제2형 당뇨병의 심리적 측면 다루기

인센티브 방식도 변한다. 예를 들어 병원을 보자. 병원은 많은 환자를 돌본 것에 대해 돈을 받는 것 대신 정반대의 활동에 보상을 받는다. 병원은 얼마나 많은 환자가 건강 상태를 유지하는지와 가용한 침상 개수에 따라 보상받는다. 관심사가 병원 입원에서 예방적인 솔루션을 사용해 미래의 위험과 예상되는 바를 예측하는 데로 옮겨진다. 직접 대면 방식의 서비스 전달 방식뿐만 아니라 환자에 대한 지원 체제는 디지털 방식으로도 이뤄진다. 예를 들어 앱, 웨어러블, 원격 의료 기술을 통해 건강 코칭, 운동 프로그램 전달, 정신 보건 지원 서비스가 제공될 수 있다. 인공지능과 예측 분석으로 헬스케어 제공자는 질병의 예방과 치료에 초점을 맞춰 헬스케어 전달 방법을 최적화시킬 수 있다. 가치 기반 케어는 저가의 디지털 기술을 활용해 돌봄을 강화하고 케어 방식의 민주화를 가져온다. 행동, 인구, 참여 등에 관한 데이터를 동시에 수집해 이를 머신러닝과 새로운 인공지능 개발에 활용할 수 있으며, 이를 통해 사용자의 행동과 건강 결과를 빠르게 개선시킬 수 있다.

헬스케어 운영을 관리하고 헬스케어의 질을 평가하는 것은 복잡하다. 가치 기반 케어 모델을 평가하고자 헬스케어 기관은 데이터를 수집하고 분석해 객관적인 방식으로 케어의 질, 환자 건강 결과, 비용 효율성을 평가해야 한다. 서비스를 제공하는 병원 재입원율, 오류율, 질병의 진행도, 집단 건강 개선도, 참여 전략의 예방적인 지표를 보고하고 모델링할 수 있다. 헬스케어 질은 여러 가지 지표로 정의된다. 환자 경험과 만족도는 전형적인 첫 번째 지표가 된다. 환자와 함께 보낸 시간, 환자의 참여도, 약물을 덜 사용한 정도, 순응도 등과 같은 지표는 생산성과 관련된 질을 반영한다.

여러 헬스케어 인공지능 애플리케이션은 병원 환경에서 사용된다. 병원 관리 플랫폼은 병원이 무엇을 준비해야 하는지를 알려줘서 투자 대비 이익을 가져다준다. 환자가 밀리는 피크 시간, 재입원 빈도를 예측하고, 실시간으로 실세계의 헬스케어 수요에 데이터를 활용함으로써 헬스케어 제공자들에게 장기적인 가치를 줄 것이다. 임상 케어를 개선시키는 데 사용되는 애플리케이션들은 광대한 가능성을 갖고 있다. 이런 기술이 질병 관리와 대중의 건강에 어떤 영향을 미치는지 평가하기 위한 장기적인 연구가 필요하다.


## 근거 중심 의학

근거 중심 의학은 최신의 가장 신뢰할 수 있는 과학적 근거에 기반을 둔 의사 결정을 특징으로 한다. 그림 7-1에서 보는 바와 같이 근거 중심 의학은 최상의 연구, 실제 전문 임상 지식, 환자 가치를 통합해 임상적인 문제를 해결하고자 하는 접근법이다. 헬스케어의 경우 이는 무작위 대조 실험과 실세계 근거를 강조하는 개념이다. 이제 데이터화와 사물인터넷이 이런 근거 중심에 상당한 기여를 하고 있다. 근거 중심 의학의 선구자인 데이비드 새킷Davide Sackett은 그 개념을 '개별 환자의 케어를 위한 의사 결정 과정에서 현재 최상의 근거를 양심적이고 명확하고 사려 깊게 사용하는 것'이라고 정의했다.[122]

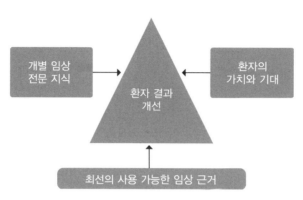

근거 중심 의학 삼각형

**그림 7-1.** 근거 중심 의학

흥미롭게도 약물 치료와 관련된 전통적인 근거 중심은 편향돼 있는 것으로 보이며, 이는 신뢰에 의심을 품게 한다.[123] 무작위 대조실험은 치료 효과를 평가하는 가장 강력하고 믿을 수 있는 근거로 여겨지고 있다. 그런데 여러 가지 요인이 무작위 대조실험의 신뢰도에 영향을 미친다고 밝혀지고 있다. 그 요인에는 방법론적 질, 보고서의 질, 자금의 출처 등이 있다. 약물을 대상으로 하는 대부분의 임상 연구는 제약회사가 자금을 대고 있어서 이해관계 충돌이라는 문제를 유발한다. 회사가 지원하는 연구비로 연구를 했을 때 회사에 유리한 방향으로 편향되는 경향을 보이고 있다는 보고가 있다. 이는 의학 지식에서 확실성을 위태롭게 한다.

실세계 근거로 근거 중심 의학은 중대한 전환점에 서게 됐다. 실세계 근거는 전통적인 근거 중심의 위계와 접근법에 파괴적 혁신을 일으키고 있다. 모바일폰, 소셜 미디어, 디지털 커뮤니티, 건강 앱, 영양 추적 앱, 웨어러블, 건강 사물인터넷 등을 통한 인간 경험의 데이터화를 통해 환자는 새로운 능력을 부여 받아 스스로가 근거의 기반이 되고 헬스케어 관련 학문과 의학 지식에 영향을 주고 있다. 예를 들어 환자는 서로 다른 병원과 심지어 개별 의사의 치료 성적을 비교해 최고의 치료 제공자를 선택할 수 있다.

대부분의 약물 관련 무작위 대조실험은 내부적으로 유효한데, 특정 약물을 검증하는 데 정확한 집단을 대상으로 하게 된다. 이를테면 제2형 당뇨병 약물의 임상실험은 제2형 당뇨병만을 가진 사람에게만 초점을 맞추고 다른 동반 질환은 무시한다. 하지만 실세계에서 제2형 당뇨병을 가진 환자는 고혈압, 고지혈증과 같은 질환을 동반하는 경우가 많다. 이런 접근법이 의미하는 것은 무작위 대조실험의 결과와 실세계 환자와의 결과 사이에 차이가 있을 수 있다는 것이다. 디지털 기술은 이런 약물 중재와 실세계 환자 경험 사이의 간극을 메우는 데 도움이 된다. 예를 들어 디지털 커뮤니티는 약물 부작용의 실세계 근거를 제시할 수 있다. 건강 커뮤니티의 하나인 Diabetes.co.uk는 환자들이 보고한 약물 부작용 정보를 모바일 애플리케이션을 통해 제약회사로 보내는 서비스를 제공한다. 전 세계적으로 두 번째로 많이 처방되는 당뇨약인 메포민[Metformin]은 복용한 환자의 10분의 1에 해당하는 환자에게서 설사 부작용을 일으킨다고 알려져 있다. Diabetes.co.uk 회원들이 보고한 실세계 근거에 따르면 이것보다 400% 더 흔해서 제2형 당뇨병을 가진 환자의 48%가 이를 경험하는 것으로 나타났다.[124]

역사적으로 보면 실세계 근거는 의료계에 의해 일회적인 것으로 간주돼 왔다. 그러나 환자 삶의 데이터화로 인해 데이터가 디바이스, 웨어러블, 센서에서 직접 수집되기 때문에 잘못 보고될 수 없다.

실세계 근거는 빠른 속도로 성장하고 있어, 기존 헬스케어는 이를 따라잡고자 전력을 다해야 할 정도다. 디지털 헬스 플랫폼과 데이터 수집은 기존 의학 패러다임에 의문을 던지고 있다. 다이어비티스 디지털 미디어의 로우 카브 프로그램은 10만 명의 환자에서 데이터를 수집해 저당분 식사를 하면 제2형 당뇨병의 관해 상태를 유도할 수 있다는 것을 보여줬다. 5년 전만 하더라도 제2형 당뇨병은 만성으로 진행하는 질환이라고 여겨졌다. 실세계에서 관찰되는 빅데이터는 반드시 그럴 필요가 없다는 것을 증명하고 있다.

근거 중심 의학은 실세계 근거의 발전과 보조를 맞추는 것이 필요하다. 데이비드 새킷<sup>David Sackett</sup>이 말한 대로 "의과대학에서 배운 지식의 절반은 졸업 후 5년 이내에 옛 것이 된다. 문제는 아무도 그 절반이 무엇인지 알려주지 않는다는 것이다. 배움에 있어서 가장 중요한 것은 스스로 배우는 것을 배우는 것이다." 환자는 이제 인터넷과 자신, 그리고 주변 환자를 근거 중심으로 사용한다. 실세계 근거와 헬스케어의 인공지능 출현으로 헬스케어 제공자는 더 이상 옛날의 패러다임에 사로잡히거나 근거 중심에 대한 변화를 모른 체 할 수 없게 됐다.

데이터는 인공지능과 머신러닝을 풍요롭게 한다. 헬스케어는 이제 다양한 데이터 소스를 사용해 데이터에 기반을 둔 접근법을 채용하려 환자의 경험을 개선하고 비용을 줄일 수 있다. 다가오는 수십 년 동안 이런 데이터를 대상으로 한 탐구는 헬스케어를 의미 있게 발전시키고 정밀 의학을 촉진할 것이다.


## 맞춤 의학

질병 위험의 약 10%는 유전자에 있다.[125] 개인은 고유한 버전의 인간 게놈을 갖고 있다. 특정 환자 그룹은 공통된 게놈 특성을 공유하기 때문에 비슷한 질병의 위험을 가진다. 예를 들어 어떤 연구에 의하면 영국에서 남아시안의 후손은 영국 코카시안 후손보다 제2형 당뇨병 유병률이 높다고 한다.[126] 맞춤 의학은 계층화 의학이나 정밀 의학이라 불리는데, 환자를 그룹으로 분류하고 거기에 따라 환자의 예측되는 반응에 기반을 두고 치료와 중재 서비스를 제공하는 접근법이다. 맞춤 의학은 환자 개인에 맞춰진 접근법을 쓴다. 개인 수준에서 관리돼 환자의 건강은 가능한 한 최상의 상태를 확보하게 된다. 예를 들어 우리의 유전적 변이는 특정 약물의 반응을 결정한다. 어떤 약물은 모든 사람에게 맞지 않을 수 있다. 두 사람이 같은 약물을 같은 용량으로 복용하더라도 그 반응은 다를 수 있다. 맞춤 의학을 사용해 각각의 사람에게 가장 적절한 약물과 용량 조합을 선택할 수 있다. 이런 접근법은 새로운 것은 아니며 헬스케어 종사자는 히포크라테스 시절부터 이런 방법을 사용해 왔다.

그런데 분석 비용이 아주 저렴해진 환자의 게놈 정보, 의무기록에서 나온 데이터, 웨어러블 디바이스, 건강 사물인터넷에서 얻어지는 정보를 종합한 초개인화hyper-personalization가 가능하도록 다시 대중의 관심을 받게 됐다. 질병을 예측하는 것, 신체의 특정 약물의 반응, 잉크가 아닌 어떤 물질로 치료제를 인쇄하는 일 등은 이전에는 상상할 수 없었다. 이런 기술의 조합은 맞춤 의학과 헬스케어 혁신의 불꽃에 연료를 공급하고 있다.

예측 도구는 건강 위험을 평가하고, 개인화된 건강 관리 계획을 세울 수 있게 해줘서 건강 위험을 낮추고 질병을 예방하고 관리하며, 발병하면 치료하는 데 사용할 수 있다. 치료와 서비스 전달 영역 모두에서 헬스케어가 점점 더 환자 맞춤형으로 바뀜에 따라 사회 구성원이 모두 참여할 수 있도록 접근도를 높이는 것이 중요하다.

혈액 검사와 같은 진단 검사는 보통 환자의 생리적인 상태를 바탕으로 적절한 치료를 하는 데 사용된다. 최적의 치료를 선택하는 것은 환자 게놈에 맞춰져 점점 더 개인화될 것이다. 헬스케어 제공자는 아주 빠르게 병을 진단하고, 질병의 위험도를 예측하고, 치료의 반응을 예측할 수 있을 것이다. 유전자 검사는 이미 맞춤 의료에 영향을 주기 시작했다. 아직은 DNA 검사 결과는 맞춤 치료, 영양 관리, 환자 교육 등에 한정돼 사용되고 있다. DNA 검사 결과를 얻으려면 몇 주가 걸린다. 유전자 검사 결과가 즉시 얻어지는 시기가 오면 환자는 치료, 서비스, 제품, 약물, 치료 결과의 정보를 바탕으로 고지에 입각한 선택을 할 수 있는 권한을 갖게 될 것이다.

유전자 검사의 의사 결정, 결과를 활용하는 일 등에서 발생할 중대한 윤리적 이슈에 대비하고 생각해야 한다. 서비스 제공자는 환자 경험의 질을 최상으로 두면서 충분히 맞춤화된 가치 기반 케어를 제공할 수 있는 기회를 갖게 된다. 환자는 어떤 질환에 노출될 위험을 가질 돌연변이를 특정할 수 있다. 그와 같은 지식의 신체적, 정신적 결과는 매우 심오할 수 있어서 의료계와 일반 대중 사이에 논란을 불러 일으켰다. 특정 문제에 대해 찬성이나 반대 의견으로 나뉘는 것은 자연스러운 것이다. 진보는 도덕적 문제없이 이뤄지지 않는다. 처음 접하는 문제가 발생하는 속도에 맞춰 적절한 법제화가 필요하다. 사람은 자신에 대한 너무 많은 정보를 갖게 됐다는 상황 때문에 갈등을 일으킬 수 있다.


## 미래의 비전

10년 이내에 산모의 자궁 안에 있는 배아의 유전자 분석으로 환자의 상태, 질병 위험도의 프로파일링이 가능해져서 새 생명이 시작되는 순간부터 건강과 생활 습관 등에 대한 전략을 수립할 수 있을 것이다. 수정에 대한 윤리적 관심이 배아의 유전적 상태에 기반을 둔 의사 결정에 수반하는 문제로 이동할 것이다. 유전자 프로파일링으로 더 빠르게 유전자 결핍과 원하지 않는 특성을 수정하거나 삭제할 수 있을 것이다. 질병에 대한 성향이 측정될 것이고, 매일 일상적인 추적 관찰을 통해 건강한 라이프 케어 플랜이 만들어질 것이다. 환자는 항상 모니터되고, 그의 데이터는 의무기록으로 보관돼 최적의 안녕 상태를 유지하는 데 사용된다. 이런 일은 웨어러블 기술 혁신, 의학과 의료 서비스 전달 체계, 사물인터넷, 스마트 홈, 스마트 커뮤니티의 혁신으로 더욱 힘을 받을 것이다.

환자 데이터가 쌓여 기초 건강의 이해가 촉진되고 건강한 사람의 상태는 알고리즘적으로 시각화될 것이다. 데이터 모니터링과 예측 분석은 즉각적으로 환자의 상태가 정상에서 벗어났다는 것을 의료진에게 알려준다. 사용자에게 악화된 건강 상태, 질환, 그리고 지금 하고 있는 습관이 건강에 이롭지 않음을 넌지시 알려줄 수 있다. 환자는 임상적으로 증명된 앱을 다운로드해 의료진을 만나기 전에 질환을 감지하고, 진단하고 치료할 수 있을 것이다. 센서는 이전보다 훨씬 덜 침습적이 돼서 피부에 심는 칩이나 스마트 문신으로 항상 연결된 상태를 유지할 수 있다.

진료를 받으러 의사를 만나는 풍경도 지금과는 다를 것이다. 시리나 알렉사와 같은 디지털 개인 비서가 당신의 목소리를 듣고 아픈 상태이거나 정상이 아님을 감지하고 진료를 받도록 권고할 것이다. 당신이 올려놓은 글을 보고 소셜 미디어, 건강 커뮤니티, 폰 등은 당신의 정신 건강에 경고를 보낼 것이다. 병원이 말리부에 있건 맨체스터에 있건 당신의 의무기록은 어디서든 접근 가능해 폰으로 볼 수 있을 것이다. 그런 의무기록은 블록체인과 같은 분산형 원장에 기록될 것이고, 의료진은 시간이 지나면서 획득되는 정보를 거기에 기록하게 될 것이다.

로봇 기술, 자동화, 디지털 헬스는 의료진으로 하여금 자신의 시간을 가장 필요한 곳, 즉 환자에 집중할 수 있게 해준다. 환자의 일상생활, 폰, 웨어러블, 건강 센서, 연결된 옷에 관한 데이터와 검진 결과, 임상 검사, 이미지 등과 같은 데이터가 결합돼 이전보다 훨씬 나은 분석이 가능해지고 최적의 건강 상태를 모니터하고 관리할 수 있게 된다. 이런 기술은 특히 제2형 당뇨병과 같은 만성 질환이나 치매와 같은 진행성 상태를 추적하는 데 특히 효과적이다. 헬스케어 제공자와 보험 회사는 증상을 추적하는 환자와 치료법에 도움이 되는 제품 개발자에게 인센티브를 부여할 것이다.

환자 데이터에서 우려되는 건강 문제가 감지된 경우 처음에는 인공지능이 이를 검토하고 중요성을 파악한 후에 환자 주치의에게 알려서 어떤 문제인지 검증할 것이다. 환자는 환자의 의무기록, 유전자 분석 기록과 인공지능의 분석 결과를 바탕으로 맞춤화된 치료를 받게 될 것이다. 약물은 환자에게 맞춰진 약물로 3D 프린팅 방식으로 만들어질 것이고, 모바일 앱을 통해 중재 방법이 전달될 것이다. 디지털 중재, 건강 결과는 인구학적, 행동, 건강의 목적, 선호도 등에 기반을 두고 초맞춤화될 것이다. 여기 저기 흩어져 있는 센서는 변화가 있었을 때 경고를 보낼 것이고, 알고리즘과 인공지능 모델이 진단과 치료에 사용된다. 조기 진단이 지금보다 더 흔해져서 증상이 악화되기 전에 필요한 조치가 취해질 것이다.

케어는 디지털 및 면대면 방식이 혼합된 하이브리드 방식을 통해 제공될 것이다. 가상 및 증강 경험immersive experience은 행동의 변화를 강화하고 유지하는 데 사용될 것이다. 자율 주행 자동차가 가고자 하는 위치로 갈 것이고, 드론을 통해 어디에 있든 약물을 전달받을 수 있을 것이다. 약물 부작용은 자동으로 보고되고 그에 대응해 곧바로 가장 적절한 대안점이 제시될 것이다. 다양한 방식의 헬스케어 원리가 적용돼 환자를 전인적으로 치료하게 될 것이다. 이런 혁신을 통해 의사, 간호사 및 다른 헬스케어 종사자는 좀 더 시간적인 자유를 얻어 환자에 더욱더 집중하게 될 것이다. 로봇 인공지능이 환자를 이송하고, 환경 소독, 혈액 검사, 영상 검사 등을 수행할 것이다.

환자의 불안은 곧바로 처리될 것이다. 환자가 심장 잔떨림<sup>atrial fibrillation</sup> 증상을 느낀다고 보고할 때 의사는 자신의 태블릿을 통해 환자의 심전도를 기록하게 하고 시스템에 전송되게 해서 정말로 맞는지 확인한다. 부정맥이 있으면 그 동영상을 바로 심장 전문의에게 보내 진단하고 환자에게 맞는 맞춤 치료를 제공한다. 추적 관찰을 위한 진료 예약 주기는 수주 또는 수개월이 아닌 몇 시간 또는 며칠 단위로 좁혀질 것이다. 연결된 케어 네트워크를 통해 환자의 문제에 여러 전문가가 함께 고민하고 곧바로 2차 의견을 전달할 수 있다.

정밀 의학은 또 하나의 떠오르는 접근법으로, 개인의 차이를 고려해 치료를 수정하는 전략을 말한다. 이를 위해 환자의 환경 노출 정보, 그들의 생활 습관 정보, 유전자 데이터가 기존 환자 의무기록에 추가된다.[127] 이런 정보를 통해 의사는 어떤 접근법, 치료법, 예방법이 어떤 환자에게 효과적일지 파악하게 된다.


## 연결된 의학

웨어러블과 사물인터넷이 연결된 의학<sup>Connected Medicine</sup>의 핵심이다. 이들 장비에 있는 센서를 통해 포획된 데이터는 환자 중심 헬스케어 시스템의 발전을 촉진시키는 강력한 역할을 한다. 여러 가지 요인이 웨어러블 헬스케어 솔루션을 받아들이는 것을 촉진하고 있는데, 특히 임상실험과 학술 연구에서 환자의 건강과 생활 습관 요인을 모니터하는 데 사용되는 것이 주된 요인이다. 이를테면 여러 연구에서 안드로이드 워치, 애플 워치, 가민, 핏빗과 같은 스마트 장비로 환자의 생체 증후를 기록한다. 참가자는 앱을 사용해 생활 습관, 영양, 활동, 약물 순응, 약물의 부작용을 기록한다. 이런 웨어러블과 환자 데이터는 보험 회사에서 건강한 생활을 할 때 인센티브를 부여하고자 사용되기 시작했다. 역사적으로 보험 회사는 디지털을 잘 활용하는 피보험자를 대상으로, 건강 증진 활동에 보상을 주고자 최신의 기기를 활용하는 보험 상품을 판매해 왔다. 앞으로는 이런 인센티브를 주는 보험 상품이 더 많은 사람을 대상으로 판매될 것으로 보이는데, 이는 비전염성 질환에 대응해 나가는 데 매우 효율적이기 때문이다. 연결된 디지털 헬스케어는 질환을 모니터하고 관리하며, 질병을 회복시키고, 위험 인자를 낮추고, 장기적으로 생명을 연장시키고, 집단의 질병 이환율을 낮추는 기회를 제공한다.

센서가 빠르고, 작아지고, 좀 더 기능이 좋아지면서 수면 분석, 지속적인 혈당 모니터링, 심장 박동, 혈압, 칼로리 소비 등에 관한 아주 자세한 환자 건강 정보가 만들어질 것이다. 스마트워치는 여러 종류의 진단기기와 결합돼 혈압, 심장 박동 변이, 혈당, 케톤 등에 관한 것을 모니터링할 수 있을 것이다. 헬스 센서는 신체에 심을 수 있고, 신체 안에서 분해 가능해질 것이며 항상 연결된 상태를 유지해 환자 케어와 같은 일에서 핵심적인 역할을 할 것이다. 하지만 운동량 추적 장치가 일상에서 그다지 많이 사용되지 않고, 체중 감량에도 도움이 되지 않는 근거도 주목할 가치가 있다.

표 7-1에는 연결된 의료 기기가 나열돼 있다. 어떤 디바이스가 어디서 왜 유용한지 설명한다. 예를 들어 몰입 경험 기술을 적용한 디바이스는 교육용으로 머리에 착용할 수 있다. 몇 가지 웨어러블과 장착용 센서를 소개하면 다음과 같다.

**표 7-1.** 웨어러블 기술의 응용

| what | where | why |
|------|-------|-----|
| 몰입기술 | 머리 | 교육 |
| 군복 | 머리 | 행동 변화 |
| 헬멧 | 머리 | 지능 대 지능 |
| 복합 현실 | 머리 | 소통 |
| 스마트 콘택트렌즈 | 눈 | 혈당 |
| 트래커 | 눈 | 혈당 |
| 보청기 | 귀 | 소리 |
| 헤드폰 | 귀 | 소리 |
| 트래커 | 귀 | 소리 |
| 냄새 감지기 | 코 | 냄새 |
| 스마트 문신 | 팔/손목 | 혈당 |
| 트래커 | 팔/손목 | 혈압 |
| 패치 | 팔/손목 | 산소포화도 |
| 매립형 장비 | 팔/손목 | 케톤 수준 |
| 스마트워치 | 팔/손목 | 교육 |
| 트래커 | 팔/손목 | 재활 훈련 |
| 옷 | 몸통 | 재활 |
| 흉부 스트랩 | 몸통 | 재활 |
| 매립형 기기 | 몸통 | 재활 |
| 외골격 로봇 | 몸통 | 재활 |
| 옷 | 다리 | 보호 |
| 옷 | 다리 | 재활 |

(이어짐)

| what | where | why |
|---|---|---|
| 매립형 발 착용물 | 발 | 헬스 지표 |
| 매립형 발 착용물 | 발 | 자세 수정 |
| 매립형 발 착용물 | 발 | 재활 |

- **스트레스 밴드**

  스트레스 추적과 마음의 진정은 웨어러블에서 두 가지 핵심 시장이다. 현재 웨어러블은 호흡, 심박수, 긴장도를 감지해 호흡을 개선시키고 마음을 고요한 상태로 유지시킨다. 피트니스 트래커는 명상 기능을 제공하고, 뇌에 어떤 형태의 파형을 보내는 헤드 밴드도 있다.

- **UV 센서**

  노스웨스턴 대학교는 사람의 UV 빛 노출을 모니터하는 UV 센서를 개발했다. 사람 손톱에 낄 수 있을 정도로 작은 웨어러블 센서로 아주 얇다. UV는 잘 알려진 발암 요소이기 때문에 이 센서를 사용하면 UV에 과도하게 노출되는 것도 줄이고, 열사병이나 흑색종을 예방하는 데 도움이 된다.[128]

- **스마트 문신**

  스마트 문신은 MIT와 하버드의 연구자에 의해 개발된 혁신적인 피부에 들어가는 센서다.[129] 스마트 문신 잉크는 어떤 상태를 알려주고자 간질액의 생화학적 성분에 반응한다. 더 발전하면 생체에서 분해되게 만들 수 있고, 필요한 만큼 오래 지속되게 할 수도 있다. 그리고 특정 빛에서만 보이게도 할 수 있을 것이다. 이것을 사용하면 혈당이 높으면 빨간색을, 낮으면 파란색을 보이게 할 수 있다.

- **스마트 약물**

  약물을 스마트하게 만드는 분야에는 여러 가지 방향이 있다. 스마트 약물은 환자와 환자의 의료진에게 소모된 약물의 양, 복용한 시간과 복용하는 것을 잊은 것 같으면 적절한 시간에 알려주는 기능을 한다. 오늘날 블루투스로 연결된 약통이나 약 상자는 약물을 잘 복용하도록 안내하는 알리미 기능을 제공한다. 블루투스로 연결된 인슐린 펜과 펜 캡은 인슐린을 주사한 시간, 양과 그 종류의 데이터를 수집해 클라우드로 보낸다. 사용자는 디지털 앱 인터페이스를 통해 데이터를 조회할 수 있다. 스마트 천식 흡입기는 사용자가 증상을 느끼기 전에 다가올 천식 발작을 알아차릴 수 있다.

- **스마트 인슐린**

  스마트 약물의 하나인 스마트 인슐린은 환자의 혈당에 따라 자동으로 반응하는 자세대 인슐린이다. 혈당이 오르면 인슐린이 많이 투여되고, 혈당이 떨어지면 인슐린도 적게 투여된다. 2015년, 노스캐롤라이나 대학교의 연구진은 신체 밖에 위치하는 스마트 인슐린 패치를 소개했는데, 이것은 미세침을 사용해 자동으로 높은 혈당을 감지해 살아있는 베타 세포를 통해 인슐린을 주입한다. 베타 세포가 신체 밖의 패치에 존재하기 때문에 제1형 당뇨병 환자의 면역 시스템에 의해 거부 반응에 따른 공격을 받을 염려가 없다.[130]

환자는 어떤 질병이 있을 것으로 예상되는 증상을 느끼면 닥터 구글로 바로 간다. 환자는 신체에 일어나는 일에 대해 더 잘 이해할 수 있게 됐고, 이전보다는 준비된 상태에서 의사를 만나게 된다. 더 잘 알고, 더 자각하고, 더욱더 건강을 의식하는 환자가 이제는 진료실에 나타난다. 또한 이런 현상은 어느 정도의 정신적인 고통과 건강에 대한 염려를 유발한다. 환자는 자격 요건을 갖춘 의료 전문가가 최신 지식을 바탕으로 더 완벽한 설명을 해준다고 하는 사실을 잊어서는 안 된다. 이런 점이 의료 전문가가 항상 환자 중심 접근법을 선호하지 않게 하는 이유 가운데 하나다. 2018년, Diabetes.co.uk에서는 87% 환자가 플랫폼을 이용했을 때 의료진과 더 좋은 관계를 맺는다고 응답했고, 75% 환자가 자신의 상태에 대해 더 잘 이해하게 됐다고 보고했다. 2015년에도 같은 조사가 있었는데, 당시에는 같은 숫자의 환자가 자신의 상태를 더 잘 이해하게 됐다고 답했었고, 단 20%의 환자만이 의료진과 관계를 개선할 수 있었다고 답했었다.[131]

연결된 의학은 특히 노인 케어와 질병의 관리 같은 새로운 건강 문제를 해결할 수 있는 풍부한 기회를 제공한다. 2015년, 유엔은 10명 가운데 1.2명이 65세 이상이라고 했다. 2050년에는 이 수치가 22%로 뛰어오를 것으로 전망했다.[132] 노인에게 들어가는 건강 지출은 다른 연령 그룹에 소요되는 지출과 비교해 아주 높아 우려가 크다. 그리고 제2형 당뇨병과 같은 비전염성 질환이 많아져서 2050년에 이르러 6억 명이 이환될 것이라는 WHO 전망이 있었다.[133] 전 세계 인구의 4분의 1은 두 개 이상의 만성 질환을 앓게 된다고 한다.[134] 건강 관리에 들어가는 비용을 줄이게끔 정부, 보험자, 회사에 대한 압력이 가해지고 있는 상황에서 노인과 장기 케어는 폭증하는 숫자에 대한 해법을 필요로 한다. 의료 사물인터넷은 그런 면에서 큰 도움이 될 수 있다.

## 질병과 상태 관리

제2형 당뇨병, 고혈압, 심혈관 질환과 같은 비전염성 질환은 환자와 의료진에 의해 모니터링될 수 있다. 심장 모니터 장비는 환자의 심박 변동을 감지해 바로 의료진에게 상황을 알려줄 수 있다. 같은 개념으로 스마트 혈당 모니터 장비가 제1형 소아 당뇨병 환자의 부모를 해방시키고 있다. 혈당이 바로 클라우드로 전달되고, 이를 통해 부모에게 자녀의 혈당 수치가 실시간으로 보내지고, 저혈당 이벤트가 일어나고 있지는 않은지 알려 준다. 디지털 앱은 제2형 당뇨병을 관해시키고, 뇌전증 관리에 쓰이는 등 우리 삶의 질을 높이고 있다.

새로운 기술의 사용을 통해 건강 위협 위험을 감소시키고 결국에 헬스케어 비용을 줄일 수 있다. 디지털 앱을 통해 노인 케어 서비스를 전달할 수 있다. 예를 들어 낙상 감지와 응급 보조를 통해 낙상 위험을 경감시킬 수 있다. 폰과 워치에 있는 가속 측정 장치로 낙상, 발작을 감지할 수 있으며, 그런 경우 보호자에게 발생한 장소 등의 내용을 상세하게 알려줄 수 있다. 이런 미래 기술에는 안전 장비도 포함된다. 미국에 있는 액티브프로텍티브ActiveProtective는 낙상을 감지했을 때 에어백이 터져 환자를 보호할 수 있는 케어 벨트 제품을 제공한다. 이런 기술을 통해 낙상 관련 비용을 줄일 수 있다.

그런데 노인 케어에서 연결된 디바이스를 사용하는 진정한 기술의 가치는 수집된 정보에서 파생되는 머신러닝과 예측 분석에 있나. 예를 들어 일상적인 루틴에서 벗어나는 어떤 신호는 이런 머신러닝과 예측 분석을 통해 신체적, 정신적 문제가 발생하고 있다는 징조를 알려주기 때문이다.


## 가상 비서

가상 비서는 재미만 있는 것은 아니다. 가상 비서는 혼자 사는 사람의 동무가 되기도 하고 노인을 지원할 수도 있다. 가상 비서는 질문에 답을 제공하고, 새로운 기술을 가르쳐 주고, 약물을 제때 복용하게 알려주고, 전화를 받거나 전화를 거는 등 집안일을 제어하는 기능을 통해 사람에게 힘을 부여한다. 가정이 점점 더 연결되면서 가상 비서는 여러 가지 일상에서 사람에게 도움이 되고 가정의 모든 측면을 조절하는 인터페이스 역할을 할 것이다. 가상 비서는 환자를 대신해 응급 서비스를 요청할 수 있는데, 그럴 때 정확한 설명과 위치를 함께 알려줄 수도 있다. 연결된 카메라가 운동을 추적하다 낙상을 감지하면 가상 비서를 자극해 도움을 요청하게 만들수 있다. 반드시 목소리 영역에만 머무는 것은 아니며, 로봇 형태의 가상 비서는 노인 케어에서 침상에서 내려오기, 목욕, 휠체어 타기와 같은 여러 가지 활동을 도와줄 수 있다. 가상 비서 안에 있는 인공지능은 언제 화장실에 가고 싶어 하는지 그 패턴을 학습할 수도 있다. 목소리와 터치스크린을 통한 상호작용은 커뮤니케이션을 가능하게 하고 사람에게 더 많은 자율성과 노인 케어 부담을 경감시킬 수 있다.

## 원격 모니터링

연결된 디바이스는 간병인과 헬스케어 전문가를 지원해 사람들이 병원을 멀리하고 의사 방문 횟수를 줄일 수 있게 해준다. 앱과 가상 비서는 약물 복용 알리미 역할을 할 수 있고, 피트니스 트래커는 사용자의 건강과 운동을 모니터링해 간병인에게 정상에서 벗어난 일이 있는지 알려줄 수 있다. 가족과 간병인에게 냉장고를 사용했는지, 목욕을 했는지, 현관문을 열었는지 등과 관련된 사건에 대한 정보를 알려줄 수 있다. 데이터에서 일상적인 것이 어떤 것인지를 학습한 후 정상에서 벗어난 일이 발생한 경우 책임이 있는 사람에게 그 내용을 알려준다. 응급 버튼은 노인이나 장기 질환을 앓고 있는 사람이 가장 필요한 순간에 적절한 중재를 받을 수 있게 해줄 수 있다. 연결된 디바이스, 앱, 가상 비서의 조합은 환자를 돕고 헬스케어전문가/의료진이 환자의 최신 건강 상태를 쉽게 파악할 수 있도록 보장하고, 가정을 더 스마트하고 위험이 덜한 환경으로 만들어준다.

## 약물 순응도

약을 복용하는 것을 잊어버리는 것은 쉬운 일이다. 하지만 그것이 문제가 될 소지가 있다. 어떤 보고에 의하면 처방된 약물의 50% 이상이 복용되지 않는다고 한다.[137] 약 복용을 놓치면 회복이 느려지고, 병이 악화되는 등 심각한 결과가 초래될 수 있다. 벤자민 등Benjamin et al.의 연구는 환자가 약물을 적절히 복용하게 하는 것으로 미국에서만 연간 125,000명의 사망을 예방할 수 있다는 것을 알려줬다.[138] 환자에게 약물을 복용하도록 알려주는 여러 앱과 디지털 서비스가 있는데, 요즘 의학은 이것보다 더 나아간다. 소화되는 센서를 가진 스마트 약물은 약물이 소모됐음을 확인해줘서 의사가 더 나은 임상 결과를 얻을 수 있게 해준다.[139] 알림은 센서가 위액과 접촉하는 순간에 촉발된다. 이것은 의사가 치료의 효과를 제대로 측정하고 나아가 환자의 치료를 최적화하는 데 도움이 된다.

## 접근 가능한 진단 검사

장기 지병을 가진 사람과 노인은 전형적으로 진단 검사의 니즈가 높다. 의원이나 약국에 가서 소변이나 혈액 검사를 받는 대신 포터블 디바이스에 있는 스마트 센서를 사용하면 사용자의 집에서 편안히 검사할 수 있다. 결과는 무선으로 헬스케어 팀과 공유된다. 콜레스테롤, 심장 검사, 당화혈색소, 공복 시 혈당, 비타민 D 수준과 인슐린에 대한 검사는 자주 할 수 있게 돼서 빠른 치료와 합병증의 감소, 결국은 헬스케어 지출 경감으로 이어진다. 데이터베이스와 근거 중심이 넓어지면서 웨어러블이 질병 징후를 감지하는 응용도 넓어지고 있다. 예를 들어 제2형 당뇨병은 애플 워치를 통해 수집된 심장 박동 변이를 통해서도 예측할 수 있다.

## 스마트 임플란트

스마트폰, 헬스케어 제공자, 네트워크로 연결된 스마트 임플란트는 실시간으로 질병을 모니터하고 치료하는 데 사용될 수 있다. 이런 데이터를 사용해 할 수 있는 일은 너무나 많다. 이런 디바이스로 장기와 조직에서 유래하는 생물학적 마커를 감지할 수 있고, 외부의 웨어러블 디바이스는 이런 데이터를 수집하는 외부 임플란트의 역할을 하게 된다.

## 디지털 건강과 치료법

원격 의료는 기원이 1900년대 경으로 거슬러 올라가는데, 전자 기술을 사용한 기술을 임상에 응용하는 것으로서 먼 거리에 있는 환자 케어의 지원, 환자와 헬스케어 전문가의 교육, 보건 관리 등을 한다. 디지털 건강이나 디지털 치료법은 원격 의료의 강화된 형태로, 건강, 생활 습관, 사람의 요인 등과 디지털, 게놈 기술을 결합시켜서 환자에게 맞춤화된 치료를 주는 등 헬스케어 전달 방법의 효율성을 강화한다.

애플 앱스토어에는 건강과 웰니스에 관한 15만 개가 넘는 앱이 있고, 5천만 명의 사람이 다운로드했다.[141] 디지털 헬스 앱은 건강을 개선할 목적으로 인간의 행동적 측면에 영향을 주는 방식을 통해 사람이 자신의 건강과 웰니스에 예방적 접근법을 취하는 것을 도와준다. 건강 중재의 초점이 급성 질환보다는 만성 질환으로 이동하고 있어서 행동 치료가 1차 치료로써 약물 치료보다 더 중요해지고 있다. 디지털 헬스와 더 넓어진 원격 의학은 다양한 건강 상태에 응용할 수 있으며, 헬스케어와 치료법을 빠르게 바꾸고 있다. 예를 들어 비만 대사 수술bariatric surgery 영역에서는 환자에게 디지털 앱을 처방해 수술을 준비하기 전에 체중을 감량할 수 있게 한다. 천식이 진단된 환자에게는 연결된 천식 흡입기와 앱을 처방할 수 있고, 뇌전증 환자에게는 발작을 관리할 수 있는 앱을 처방할 수 있을 것이다.[142] 스카이프 비디오 콘퍼런스 장비를 통해 진료 의뢰를 하거나, 전자의무기록 장치를 통한 원격 모니터링, 디지털 건강 교육, 의료 영상을 다른 앱을 통해 전송하는 것은 모두 원격 의료의 한 부분으로 볼 수 있다.[143]

세상은 정말로 모바일하다. 디지털 도구는 이런 전자적 수단을 통해 주로 1차 의료를 다루는 데 목적이 있다. 이런 환경에서 의료 서비스 전문가, 서비스 제공자, 팀과 연관된 좀 더 심각한 문제가 일어날 수 있다. 디지털 헬스는 헬스케어 전문가가 이전처럼 증상이 나오기를 기다리는 대신 예측해 움직일 수 있는 환경을 제공한다.

디지털 건강의 평가 지표는 환자의 경험이 얼마나 편안했는지에 대한 부분과 환자의 건강 결과, 케어의 질, 장기간 도구를 사용하는 사용자의 숫자 등을 중심으로 구성될 것이다.

# 교육

디지털 헬스는 교육에 아주 좋은 기회를 제공한다. 영국에서는 당뇨병 환자의 10명 중 1명 이하가 병을 진단받고 12개월 이내에 잘 짜인 교육에 참여한다고 한다.[144] 그리고 의학적 중재 과정을 마치고 나서 1~3개월 후면 교육의 효과가 떨어지는 것으로 나타나 학습된 행동이 시간이 지나면서 변하게 돼 생활 습관이 유지되게 하려면 지속적인 추가 지원이 필요하다고 한다. 결론적으로 오프라인 딩뇨 교육 과정에 참여하는 것은 한계가 많다. 디지털 교육은 그 자체가 매력적이다. 언제 어디서든 교육이 가능하고, 환자에게 편한 디바이스를 통해 이뤄질 수 있다. 부가적으로 디지털 교육은 사용자와 교육 제공자 간의 데이터 교환을 통해 사용자 맞춤형 콘텐츠를 제공할 수 있다. 그리고 환자의 실시간 데이터 분석을 바탕으로 맞춤화되고, 목적 지향적인 연습과 지속적인 행동 변화가 일어나게 만들 수 있다. 교육은 전통적인 교사-학생 환경이 아닌 환자 중심적이고 환자가 직접 참여하게 만들 수 있다. 디지털 치료법은 환자에게 자신의 건강을 관리하고 최적화하는 데 필요한 지식, 기술, 리소스를 가질 수 있도록 상당한 기회를 부여한다.

주로 만성 질환을 예방하기 위한 금연, 운동, 체중 감량과 같은 생활 습관 변화는 행동 중재를 통해 모두 추적할 수 있다. 만성 질환의 관리에서 행동 변화가 중요하다. 디지털 건강 도구는 맞춤화되고, 민주화되고, 확장 가능한 치료를 가능하게 한다. 실세계 근거는 이러한 디지털 도구의 효율성을 입증해 나가고 있다. 그 효과에 대해서는 더 많은 근거와 무작위 임상실험이 필요하다. 그런데 여전히 불분명한 영역은 누가 이런 디지털 치료의 비용을 지불할 것인가 하는 문제다. 의사가 디지털 치료법을 처방했을 때 누가 비용을 지불해야 할까? 보험 회사? 의료 서비스 제공자? 고용주? 환자?

그럼에도 불구하고 디지털 혁신은 질환의 관리에 혁명을 일으키고 있다. 환자는 점점 더 많은 자율성을 요구하고, 자신의 건강에 대해 더 잘 교육받고 싶어 하고,

자신의 건강에 대한 최신 근거 자료를 알고 싶어 하고, 더 많이 참여하고 싶어 한다.

## 웰니스에 대한 인센티브

병에 걸리면 비용이 많이 들어간다. 고용주나 경제적인 측면을 보더라도 영국에서 신체적, 정신적 문제로 770억 파운드 이상이 들어가고 있다.[145] 피고용자는 건강의 악화로 연간 평균 30일 이상의 작업일 만큼 손해를 보고 있다. 암, 제2형 당뇨병, 정신 질환과 같은 글로벌 만성 질환에 따른 경제적 손실이 2030년까지 47조 달러를 넘을 수도 있다고 세계 경제 포럼은 전망하고 있다.[146] 개인의 생활 습관, 신체적, 정신적 건강 상태는 모두 작업 실적에 영향을 준다. 직원의 결근과 근무 태만을 개선시키는 것이 보험자나 고용주에게 심각한 도전이 되고 있다. 이를 실현하고자 보험 회사나 고용주는 일과 일 밖에서 신체적 정신 건강, 사회적, 인간적 상호 교류를 아우르는 전체적인 건강의 중요성을 인식하고 있다.

급성 질환보다 만성 질환으로 중재의 포커스가 옮겨지면서 행동 치료가 약물 치료보다 앞서는 1차 치료가 돼 가는 경향을 보이고 있다.

웰니스 프로그램은 고용주가 직장에서 건강과 웰니스를 지원하는 편리한 방법이다. 이전에는 웰니스에 대한 인센티브는 헬스클럽에 가게 하거나 계단을 오르거나 좀 더 걷게 장려하는 것을 의미했다. 고용주는 종종 근로자의 웰빙과 관련된 건강한 행동을 장려하고, 의료 비용을 줄이고자 했다. 오늘날 웰니스 프로그램과 디지털 도구는 단순한 보여주기나 구호를 넘어선다. 원격으로 접근되는 몰입되고 재미있는 프로그램은 개인이 긍정적인 임상 결과, 더 나은 건강이라는 목표를 갖고 그들의 행동을 조절하는 것을 돕는다. 치료적 행동 변화, 행동 코칭, 바이오메디컬 데이터 피드백과 센서는 진정한 환자 중심의 웰니스를 가능하게 만든다.

# 인공지능

인공지능은 수십 년 동안 널리 사용되면서 산업에서 핵심적인 역할을 해왔으며, 마침내 헬스케어 영역에서도 주도적인 역할을 하기 시작했다. 연결된 의학은 머신러닝 모델을 개발하기에 비옥한 환경을 제공했다. 인공지능으로 의사를 우리의 주머니 안으로 불러들이게 됐다. 무엇보다도 인공지능은 질환 예측, 비용 절감, 효율 개선, 자동화, 건강 증진에서 중요하게 이용한다. 데이터의 양과 다양성이 증가하면서 인공지능 모델의 능력은 더 정교해지고 더 탐색적이며, 더 논쟁을 불러일으킬 것이다.


# 기록에 대한 데이터 마이닝

의학에서 건강 정보 시스템에 대한 마이닝은 어마어마한 잠재력을 갖고 있다. 시스템에는 환자와 건강, 처방, 의사의 의무기록 등과 같은 상당한 정보를 갖고 있다. 그와 같은 시스템 안에 들어있는 건강 정보는 헬스케어의 질을 개선하고, 비용을 줄이고, 실수를 줄이고, 헬스케어 질을 개선하고 민주화시키는 데 사용할 수 있다. 그런데 그와 같은 시스템에 포함돼 있는 데이터를 통한 지식 탐구는 복잡성과 다양한 용어, 비표준화로 인해 도전적인 일이 되고 있다. 데이터 마이닝을 통해 텍스트와 이미지에 기반을 둔 데이터 저장소에서 의미 있는 정보를 추출할 수 있는 기능을 제공한다. 이런 마이닝을 통해 데이터에 있는 패턴을 발견하고 예방적 모델을 수립하는 데 사용할 수 있다.

3장과 4장에서 다룬 대로 비지도학습법의 기술을 특징 추출<sup>feature extraction</sup>에 활용할 수 있고, 지도학습법은 모델을 예측하는 데 적당하다. 의무기록에 대한 데이터 마이닝은 환자와 서비스 제공자 모두에게 이익이 된다. 이런 마이닝을 통해 고위험 환자나 만성질환을 가진 사람을 식별해 맞춤형 중재법을 적용시킬 수 있다. 서비스 제공자는 데이터 마이닝을 통해 최선의 치료법을 찾을 수 있고, 병원 입원과 소송을 줄일 수 있다. 증상, 치료, 긍정적인 효과와 부정적인 효과의 비교를 통해 헬스케어 제공자는 환자 집단cohorts에 대한 건강 결과를 호전시킬 수 있는 치료 경로를 분석해서 결국은 표준적인 치료와 최상의 의료 서비스를 제공할 수 있다.

## 대화형 인공지능

대화형 인공지능은 말을 걸 수 있는 시스템이다. 텍스트나 코드를 통한 입력에 기반을 둔 사용자 인터페이스 대신 목소리를 통해 대화형 인공지능과 상호작용할 수 있다. 챗봇을 사용한 제품과 서비스가 점차 증가하고 있다. 아마존 알렉스 같은 목소리 기반 인공지능 시스템은 자연어로 대화할 수 있고, 조리법을 알려줄 수도 있고, 운동에 대한 조언, 택시 부르기, 제품 주문 등도 할 수 있다. 이런 기술은 이제 인기가 높아서 미국에서는 5명 중 1명이 스마트 스피커를 사용하고 10만 개가 넘는 페이스북 메신저 챗봇이 존재한다.[147]

챗봇이 발전하면서 그 능력도 발전하고 있고, 지능을 갖춘 개인 비서는 헬스케어 조력자 역할도 할 것이다. 목소리로 조절할 수 있다는 장점 때문에 어떤 일을 시키거나 지시할 때 목소리만 필요하기 때문에 장애를 가진 사람을 위한 서비스를 바로 구현할 수 있다. 헬스케어에서 대화형 인공지능을 사용하면 의사가 없어도 간단한 질문을 하고 대답을 들을 수 있다. 예를 들어 새롭게 진단된 환자는 의료진의 시간을 빼앗거나 당황스럽게 할 것 같은 걱정을 하지 않아도 아주 많은 질문을 던질 수 있다. 아기를 목욕시키는 데 적당한 물 온도는 얼마인지, 아기는 얼마나 자주 수면을 취하는지, 아기가 적절한 발달 과정을 거치고 있는지 등을 인공지능 스피커를 통해 바로 답을 얻을 수 있다. 어떤 궁금증이 있을 때 많은 사람은 검색 엔진으로 달려간다. 그런데 증상을 조회하는 많은 환자는 연구 결과의 신빙성을 알 수가 없고, 어떤 경우에는 상충되는 정보를 얻어 가짜 뉴스와 같은 잘못된 정보를 취할 수도 있다. 의료 인공지능 챗봇의 도움을 받으면 환자는 즉각적인 도움을 받을 수 있다. 앞의 사례에서 아기의 기관지가 안 좋아 보이는 듯한 기침 증상이 있어 걱정이 생겼을 때 의학적 궁금증 때문에 부모가 일일이 의원을 찾는다는 것은 매우 부담이 된다. 그렇더라도 부모의 궁금증에 대한 의학적인 확인은 필요한 상황이다. 지금으로서는 알고리즘적인 수단을 통해 그것을 감지할 수는 없지만, 헬스케어 영역에서 대화형 인공지능은 헬스케어 팀과 주변의 데이터를 사용한 학습을 통해 디지털 건강 조력자가 될 수 있을 것이다.

대화형 인공지능이 발전하면서 인지 시스템은 조기에 정신적, 신체적, 또는 신경학적 질환을 분석하게 될 것이다. 알렉사 같은 목소리 기반 디바이스가 언젠가는 대화의 톤에서 아스퍼거 증후군, 불안, 신경증, 조현병, 우울증을 알아낼 수 있을 것이다. 이를 통해 의사가 질환을 더 잘 예측하고 모니터하고 추적하는 데 도움을 줄 수 있다.

의료 전문가가 굳이 끼어들 필요 없이 가상 비서, 헬스케어 챗봇과 같은 디지털 도구가 기초 의학 질문에 응답할 수 있을 때 얼마나 많은 시간과 자원을 아낄 수 있는지 상상해보자.

## 더 좋은 의사 만들기

인공지능은 의사란 무엇인지에 대한 개념을 바꾸고 있다. 의학에 인공지능이 활용되면서 더 많은 생명을 구할 수 있는 더 나은 의사를 만들어내고 있다. 대기시간에서 치료 우선순위를 결정하고, 생산성을 유지하며, 의사 결정을 위한 근거를 제공하는 일 등을 통해 인공지능은 의사와 헬스케어 전문가가 근거에 기반을 둔 의사 결정을 할 수 있게 돕고 있다.

## 최적화

최적화되지 않은 업무 절차는 시간과 자원을 낭비한다. 의원, 의사, 환자를 위한 스케줄 관리 시스템은 헬스케어의 효율을 높인다. 환자의 예약을 관리하는 인공지능 시스템은 의사소통을 간편하게 해서 의사의 부담을 줄여 더 중요한 문제에 집중할 수 있게 해 준다. 예를 들어 환자에게 시급한 문제가 생겼을 때 인공지능이 평가하고 환자의 약속을 앞당긴다.

인공지능은 헬스케어 전문가가 최신 지식으로 업데이트된 상태를 유지할 수 있게 해준다. 예를 들어 PubMed 사이트에는 2,300만 편이 넘는 논문이 있다.[148] 그와 같은 논문의 내용을 마이닝하고 가장 적절한 근거를 제시하는 인공지능은 헬스케어 전문가에게 최신의 지식을 제공해 최신의 근거와 지식을 바탕으로 업무를 할 수 있게 해준다. 또한 인공지능은 인지적인 비서 역할을 수행해 행정적인 업무를 하는 데도 도움을 준다.

인공지능은 사람에 의한 실수를 비롯해서 다양한 실수를 경감시키는 데 도움이 된다. 특히 의무기록의 마이닝을 통해 의사는 시간이 흐르면서 능력이 더 개선된다. 예를 들어 환자와 치료, 헬스케어 전문가, 병의원에 대한 디지털화된 데이터를 마이닝해 어떤 질환을 치료할 때의 오류를 잘 알 수 있게 해주고, 불필요한 병원 입원을 피할 수 있게 해준다. 네덜란드의 조그프리스마 퍼블리크 병원에서는 반복되는 실수를 파악하는 데 IBM 왓슨을 사용하고 있다.[149]

## 질병 진단

신경망의 선구자인 제프리 힌튼Geoffrey Hinton 교수는 이미지 인식 알고리즘이 정교해짐에 따라 곧 인간의 능력을 앞설 것으로 예상되는 상황에서는 "영상의학과를 훈련시키는 것을 멈춰야 하는 것이 분명하다."라는 유명한 말을 했다. 현재 인공지능은 의료 영상, 제2형 당뇨병의 증상, 망막증, 심혈관 위험도, 유방암의 주요 징후를 검토하는 데 사용되고 있다. 더 많은 데이터로 알고리즘이 훈련되면 될수록 인공지능은 더 성능이 개선될 것이다. 미국에 있는 카디오그램<sup>Cardiogram</sup>이라는 회사는 애플워치나 안드로이드 워치, 핏빗, 기타 맥박을 체크할 수 있는 웨어러블을 이용해 85%의 정확도로 제2형 당뇨병을 진단할 수 있다.[150] 또한 미국의 스트리브<sup>Striiv</sup>라는 회사는 2주간의 심장 박동 데이터로 심방 잔떨림을 진단할 수 있다. 질병을 진단할 수 있는 알고리즘은 큰 잠재력을 갖고 있으며, 이미 여러 의료 현장에서 사용 중이다. 그러나 그런 사실이 모든 인공지능 진단법이 바로 적용될 준비가 돼 있다는 것을 의미하는 것은 아니다. 많은 인공지능 도구가 동료 평가<sup>peer review</sup>나 학술적인 엄격함 없이 개발됐다. 알고리즘 코드, 훈련법, 그리고 데이터셋의 검증이 필수적으로 필요하다. 어떤 데이터가 비교하는 데 사용됐고, 어떻게 성능이 평가됐으며, 신경망이 어떻게 그와 같은 결론에 이르게 했는지 등의 검증이 필요하다. 인공지능이 진화하면서 인공지능 진단 도구 역시도 약물과 같은 무작위 대조군 연구를 필히 거쳐야 할 것으로 기대할 수 있을 것이다. 인공지능 진단은 어떤 상태의 조기 진단과 적절한 치료를 통해 생명, 돈, 시간을 줄일 수 있다.

## 합리적인 의사 결정

의사는 매일 까다로운 의사 결정을 한다. 그리고 이런 의사 결정은 가능하면 많은 근거를 중심으로 이뤄지는 것이 핵심이다. 인공지능, 데이터 마이닝, 예측 분석을 사용하면 임상가가 합리적인 의사 결정을 내리고 근거에 중심을 둔 치료 옵션을 개발하는 데 도움을 줄 것이다. 인공지능이 의사 결정을 내릴 필요는 없지만 일을 진행하는 데 있어 가장 합리적인 기회를 제시할 수 있을 것이다.

## 신약 개발

신약 개발에는 많은 돈이 필요하고, 3개의 후보 신약 중 하나 정도만이 시장까지 나아간다. 시장에 나오는 새로운 약물 하나에 제약회사는 평균 27억 달러 정도를 지출한다.[151]

따라서 신약 개발 실패는 큰 손해를 입힌다. 주가 하락에서 회사 폐쇄, 임원 감축 등으로 이어질 수 있다. 따라서 제약회사와 생명 과학 산업은 점점 더 약물 연구와 개발에 인공지능을 사용하는 쪽으로 방향을 돌리고 있다. 제약회사는 사람을 대체하려고 하는 것이 아니다. 대신 혁신적인 인공지능을 통해 왜 그렇게 실패율이 높은지 알고 싶어 하는 것이다. 기존 약물에 대한 정보로 새로운 치료법을 알아내는 데 사용할 수 있는 인공지능 시스템이 개발되고 있다. 이는 효율성을 높이고, 신약 개발 성공률을 높이고, 결국에는 새로운 약물이 시장에 진출하는 속도를 가속화할 것이다. 에볼라와 돼지 인플루엔자 같은 전염병의 경우 빠른 신약 개발을 통해서 수많은 생명을 구하게 될 수도 있다.

어림잡아 약물과 비슷한 특성을 가진 1,060개의 복합물이 있다고 한다.[152] 미래의 화학자나 과거의 데이터, 실험 데이터, 추론, 어떤 경향의 데이터를 바탕으로 더 많은 힘을 갖게 될 것이다. 인공지능으로 가능성 있는 약물과 바이오마커를 더 빠르게 알아낼 수 있다. 인공지능은 임상실험에도 활용된다. 인공지능에 의한 환자 계층화를 통해 약물에 가장 잘 반응할 것으로 보이는 환자 그룹을 알아낼 수 있다. 따라서 임상실험 진행자는 약물에 잘 반응하지 않을 것으로 보이는 환자를 배제하고 임상실험에 맞을 적절한 환자를 찾아낼 수 있다.

## 3D 프린팅

3D 프린팅 혁신은 헬스케어 필드에서 흥미로운 발전을 가져올 것 같은데, 가격이 싸지고 쉽게 사용할 수 있게 되면서 전통적인 패러다임을 파괴하기 시작하고 있다. 그 이름에서 알 수 있듯이 3D 프린팅은 디지털 모델에 따라 적층 가공 방법으로 3차원의 물건을 찍어내는 기술이다. 이 기술을 사용하면 정교한 모델링이 가능하고 오류를 줄일 수 있다. 3D 프린팅 기술이 다른 기술에 비해 아직은 걸음마 수준이지만 응용 잠재력은 놀랍다. 많은 인공지능 전문가는 미래에 사람이 로봇을 착용하고 바이오 프린팅한 물질을 신체에 삽입할 수 있을 것이라고 생각한다. 얼마 지나지

않아 보조기에서 약물, 바이오 프린팅된 신체 일부 또는 장기까지 거의 대부분의 것을 프린팅하게 될 수도 있다. 3D 프린팅의 기술적인 진보는 환자의 삶을 바꾸는 의미를 가질 수 있다.

## 맞춤형 보조기

세계보건기구는 약 3천만 명의 사람이 의족, 의수, 브레이스, 이동 도구 등을 필요로 하는데, 그중 20% 정도만이 필요한 것을 갖고 있다고 보고했다.[153] 3D 프린팅을 사용하면 특정 사람에 맞춤화된 보조기를 만들 수 있다. 환자의 수치를 재서 편안하게 딱 맞는 보조기를 제작할 수 있다. 보조기는 복합 물질 3D 프린팅으로 인간의 신체에 더 잘 융합될 수 있을 것이다. 캐스트는 똑같은 원리의 맞춤화된 접근법을 사용해 더 편리하게 만들어질 수 있다. 3D 프린팅은 빠르고 비용 대비 효과적인 맞춤형 제품 제작을 촉진한다. 3D 프린팅의 혁신은 센서 및 머신러닝 알고리즘과 결합해 더 자연스럽고 간결한 움직임을 지원할 것이다. 예측적인 운동 알고리즘을 통해 더 자연스러운 운동을 모사할 수 있게 진화하고, 사람은 뇌와 신체를 사용해 그것을 조절할 수 있을 것이다. 3D 프린팅기술로 24시간 이내에 보조기를 제작할 수 있게 되고, 일반적인 보조기보다 훨씬 저렴하게 보조기를 프린팅할 수 있을 것이다.

### 바이오 프린팅과 조직 공학

신장, 간, 심장 이식은 얼마 되지 않아 과거의 일이 될 수도 있다. 3D 바이오 프린팅은 장기 이식이 과거의 것이라고 인식되는 시대가 시작된다는 것을 알려주는 표시다. 3차원으로 인쇄된 장기는 3D 프린팅과 같은 기술을 사용해 만들어지는데, 일반적인 인쇄 물질이 아닌 줄기 세포를 사용한다. 세포를 인쇄하는 것과 더불어 바이오 프린터는 전형적으로 인쇄하는 동안 세포를 보호하는 데 사용되는 겔을 출력한다. 미래에는 이러한 오르가노이드organoids가 출력되기만 하면 그것을 환자의 신체 안에

넣어 성장시킬 수도 있을 것이다. 프린스턴 대학교는 3D 프린팅 기술을 사용해 인공 귀를 개발했는데, 인간이 감지하는 범위를 넘어서는 음파를 들을 수 있다. 환자의 세포를 사용해 프린팅 가능하고 맞춤화된 인체 삽입물은 거부 반응을 줄인다.

바이오 프린팅의 사용 예 중 하나는 사람의 피부를 3차원으로 인쇄하는 것이다. 예를 들어 화상 및 화학 화상 환자의 망가진 피부에 대한 치료는 매우 제한돼 있다. 스페인 연구자는 인간의 피부 세포를 생산할 수 있는 3D 바이오 프린터를 개발했다. 30분 이내에 사람의 혈장과 기타 물질을 포함하는 생물학적 잉크로 100제곱센티미터의 인간 피부를 출력할 수 있었다.[154] 이러한 바이오 프린팅 기술은 진정으로 삶을 바꿀 수 있는 기회를 부여한다.

바이오 프린팅을 사용한 미용 시장도 분명 존재한다. 미래에는 얼굴 프린터가 있어서 다른 사람의 얼굴을 프린팅해서 자신의 얼굴에 적용할 수도 있고, 어쩌면 젊었을 때의 얼굴 정보를 기록해뒀다가 반복적으로 얼굴을 다시 프린팅해 언제나 젊어 보이게 할 수 있을지도 모른다.

나노 기술, 유전자 공학과 더불어 바이오 프린팅은 생명을 연장시키는 도구가 될 수도 있을 것이다.


## 약물과 디바이스

3D 프린팅은 전통적인 약학과 기구 제조 접근법에 파괴적 혁신을 일으킨다. 예를 들어 약물과 기타 치료법의 효율성은 모사된 인간의 세포 조직에서 테스트된다. 이를 통해 3D 프린팅으로 환자에게 맞춤화된 약물을 프린팅할 수 있다. 이런 접근법으로 약물에 대한 반응 변이를 줄여서 약물의 효과를 높이고, 부작용을 줄이고 순응도를 높일 수 있다. 같은 개념은 디바이스 소모품에도 적용된다. 혈당 검사 스트립을 환자가 집에서 3D 프린팅해서 만들 수도 있을 것이다. 가능할 것 같은 것은 끝이 없을 만큼 많다.

## 교육

리버풀에 있는 알더 헤이 소아 병원은 3D 프린팅을 사용해 수술을 위한 사전 교육과 실습에 활용하고 있다.[155] 심장 질환 환자는 전부 다르기 때문에 수술이 필요한 경우 3차원 모델을 만들어 여러 가지 용도로 사용한다. 먼저 흉부외과 의사가 사람 조직과 상당히 유사한 질감과 색을 가진 모델을 걱정하고 긴장하는 부모에게 앞으로 시행할 수술을 설명하는 데 사용한다. 두 번째는 수술 팀에게 수술 전에 앞으로 벌어질 수 있는 상황을 간접 경험하게 해서 수술에서 가장 중요한 부분이 무엇인지 집중할 수 있는 데 사용한다. 마지막으로 학생 교육용으로 사용한다.

3D 프린팅은 정교하게 만들어진 환자의 신체나 기관을 평가해 수술 전 준비를 하는 데 도움을 준다. 이것으로 실수를 줄이고 수술의 정확성을 개선하고 수술 시간을 줄일 수 있다. 또한 3D 프린팅은 침습적 방법을 사용하지 않고도 신체 장기를 모델링하는 데도 유용하다.

## 유전자 치료

장기 이식 리스트와 비슷하게 유전 질환 역시도 머지않아 과거의 일이 될 수도 있다. 아주 작은 입자를 조작해 세포와 DNA를 조작하는 나노 공학을 사용하면 세포 수준에서 유전자 편집이 가능하다. 예를 들어 유전 편집으로 에이즈 바이러스<sup>HIV</sup> 감염에 저항성을 갖도록 인간 면역 세포를 수정하는 시도가 성공적으로 이뤄져 왔다. 유전 질환을 갖고 태어나는 25명 어린이 가운데 1명 정도는 이런 유전자 편집 기술을 사용해 질환을 치료하거나 제거하는 것이 가능할 것으로 예측되고 있다.[156] 이 기술은 배아에 있는 결손 유전자를 치료하고, 소아에 대해 맞춤화된 즉각적인 치료 계획을 수립하는 데 사용할 수 있다. 낭포성섬유증, 겸형적혈구빈혈증, 근이영양증과 같은 유전 질환은 환자의 세포에 있는 유전자 편집 기술을 사용해 치료할 수 있다. 유전자 편집은 윤리적인 문제가 없는 것은 아니다. 많은 사람이 인간의 배아를 연구에 이용하거나 유전자 편집에 사용하는 것의 도덕적, 종교적 우려를 갖고 있다. 더불어 나노 기술과 유전자 편집 기술이 부유한 사람에게만 혜택이 돌아가서 헬스케어와 중재에서 양극화를 조장할 수도 있다. 이런 나노 기술은 더 나은 치료와 빠른 회복을 불러올 수도 있고, 사람이 아예 병에 걸리는 것을 예방할 수 있는 절대적인 잠재력도 갖고 있다.

## 가상현실과 증강현실

외과의가 증강현실을 통해 CT 사진을 환자의 몸에 겹쳐 보고, 의과대학생이 가상현실을 사용해 심장 안을 탐색하고, 통증 완화를 위해 화상 환자를 가상으로 눈 덮인 산 정상으로 옮겨 놓을 수 있는 날이 그다지 멀지 않았다. 가상 환경으로 완전하게 몰입되게 하는 가상현실 기술은 주로 게임에 사용돼 왔다. 가상현실과 증강현실의 혁신으로 이제는 가상 세계와 물리 세계를 묶어서 보고, 동시에 이런 환경을 조작하는 것이 가능해졌다. 가상현실, 증강현실, 혼합현실 기술이 점점 더 널리 광범위한 응용에 적용되고 있다. 이미 이런 기술이 헬스케어 영역에 들어오면서 헬스케어 서비스 전달 방법에 큰 변화를 일으킬 잠재력을 가졌다는 것이 분명해 보인다.

## 가상현실

가상현실은 주로 게임과 연관돼 있다. 가상현실 안에서 사용자의 현실은 완전히 디지털 환경으로 몰입돼 대체된다. 이는 주로 헤드셋과 손에 착용하는 센서를 통해서 환경과 상호작용하게 된다.

## 증강현실

증강현실은 디지털이나 어떤 물건의 3차원 형상, 동영상, 데이터를 사용자의 환경과 겹쳐 놓는 기술이다. 사용자의 진짜 현실이 사용자 경험의 중심에 있게 되면 그 경험을 강화시키고자 그 위에 정보가 추가되는 것이다. 정보는 대부분 디지털 형태이고 실세계 물건을 반드시 모사하려고는 하지 않는다. 증강현실은 반드시 추가 하드웨어를 필요로 하는 것은 아니고 모바일폰과 같은 기술을 통해서도 구현할 수 있다. 증강현실의 인기는 2016년에 벌어진 포켓몬 고<sup>Pokemon Go</sup> 앱 현상으로 잘 드러난다. 그 게임은 8억 번 넘게 다운로드됐는데, 사용사의 실제 환경에 사용자의 GPS 위치 정보를 활용해 3차원 캐릭터를 올려놓는 형태였다. 이 게임 앱은 증강현실에 대한 혁신의 파도를 일으켰다.

## 융합현실

융합현실<sup>Merged Reality</sup>은 상호작용할 수 있는 디지털 객체를 표현해 사용한다. 이는 헤드셋과 같은 추가 기술을 필요로 한다. 서로 다른 센서를 사용해 손의 제스처와 운동을 추적한다. 이런 혼합된 현실에서 사용자는 실제 현실과 디지털 현실 모두 조작할 수 있다.

## 통증 관리

일부 연구가 환자의 통증을 경감시키는 데 가상현실 환경을 사용할 수 있다는 사실을 보여줬다.[157] 뇌의 체성감각피질과 인슐라피질은 통증과 관련돼 있다. 환자를 가상 환경에 몰입하게 한 다음 가상현실을 이용해 아픈 수술을 견디는 목적으로 사용할 수 있을 것이다. 신체가 절단된 환자는 절단돼 사라진 사지에 통증을 종종 호소한다. 이런 통증을 환상통<sup>phantom pain</sup>이라고 하는데, 가상현실 기술로 환자를 가상현실에 몰입시킨 후 이런 통증을 좀 더 잘 견딜 수 있게 도울 수 있다.[158] VR은 주의를 다른 곳으로 돌리는 데도 사용할 수 있다. 미래에 주사를 맞아야 하는 어린이나 어른에게 바늘이 들어갈 때 느껴지는 통증을 완화하고자 헤드셋으로 주의를 다른 곳으로 유도할 수 있다. 에르메스 파르디니 연구소와 백신 센터는 가상 환경 헤드셋을 사용해 환자를 가상의 게임화된 환경에 몰입되도록 유도했다.[159] 가상화된 세계로 주의를 빼앗긴 환자는 종종 자신이 주사를 맞았다는 사실을 잘 모르게 된다.

## 물리 치료

가상 환경은 인간의 운동을 추적할 수 있어 환자의 움직임을 모니터하고 분석할 수 있다. VR 운동센터가 샌프란시스코 오하이오에 개소됐다.[160] 예를 들어 가상의 공을 차거나 공을 잡는 것처럼 재활 훈련이 가상화될 수 있다. 가상 환경에서 회복 훈련이 이뤄지고 그 과정이 추적되며, 환자에게 잘못된 부분은 바로 알려주게 된다.

## 인지 재활

공포증의 치료에 가상 환경과 증강현실을 응용하면 효과를 볼 수 있다는 것이 분명해 보인다. 점진적 노출 치료graded-exposure therapy라고 알려진 방법을 통해 환자는 공포의 대상에 대해 조금씩 강도를 높여가며 노출된다. 센서에서 얻어진 데이터는 환자의 안전을 보장하고 최선의 치료를 개발하는 데 사용된다.

인지 기능은 일상의 과제를 애써 해결해 나가는 과정에서 개선된다. 예를 들어 환자가 가상현실에서 어떤 과제를 수행하는 것을 모니터하면 의사는 기억력의 저하가 있는지 확인할 수 있고, 주로 어떤 부분에 문제가 있으며 어떤 문제부터 해결해야 하는지 결정할 수 있다. 뇌손상 환자나 일상생활 수행 능력에 어려움을 겪는 환자에게 실제 상황과 비슷한 디지털 환경을 만들어 과제를 수행해보게 할 수 있다. 여기서 환자는 과제 해결을 연습하면서 인지 기능을 회복하거나 발전시킬 수 있다. 환자의 참여도를 모니터할 수 있고, 어려워하는 점과 주의력이 떨어지는 영역을 분석할 수 있다. 가상 환경을 인지 재활에 적용한 무작위 대조군 실험이 그렇게 많지는 않다. 하지만 VR을 사용한 일부 응용 사례에서는 신경학적 문제가 있는 환자에서 인지 결핍을 치료하는 데 효과적인 것으로 나타났다.

## 간호와 수련

가상현실과 증강현실은 표준 의학 트레이닝의 일부가 될 것이다. 이 두 가지 방법으로 피교육자에게 좀 더 풍부한 정보를 전달해 교육 효과를 높일 수 있다. 예를 들어 영국의 알더 헤이 소아 병원은 가상현실 헤드셋과 360도 동영상을 사용해 스트레스 상황을 다루는 방법을 의사와 학생에게 교육한다. 참여자는 동료 및 스태프와 함께 핵심 의사 결정 포인트를 재확인하고 분석하게 된다. 가상현실은 수술이나 해부를 수행하는 의료 전문가를 교육하는 데 더 많이 사용될 것이다. 실행 과정은 전문가의 모니터링하에서 이뤄지고 실시간으로 피드백이 전달된다. 로열 런던 병원은 2016년 처음으로 가상현실 수술을 시행했다.[161] 관람자는 3차원 360도 동영상으로 과정을 지켜볼 수 있었다. 학습 경험은 다른 것과 비교가 되지 않을 정도로 훌륭했고 의학 수련에 혁신을 불러올 잠재력을 가졌는데, 특히 헬스케어 자원이 부족한 나라에서 큰 도움이 된다. 미래에는 의사가 증강현실과 혼합현실을 사용해 정보가 풍부한 환경을 구성할 수 있을 것이다. 외과의는 혼합현실을 통해 실시간으로 핵심적인 정보에 접근할 수 있고, 이것은 안경을 통해 전달된다. 예를 들어 간호사는 혈액 검사를 위한 팔의 정맥을 확인하는 데 증강현실이나 혼합현실을 사용할 수 있을 것이다. 보스턴에 있는 터프트 메디컬 센터의 중재 심장 센터는 가상현실을 사용해 시술 전의 불안을 줄일 수 있도록 미리 시설을 소개한다.[162]

## 가상 진료와 수업

가상현실과 융합현실 디바이스의 가격이 저렴해지면서 가상 진료가 흔해질 것이다. 가상 진료는 진료실을 직접 방문하는 불편함을 덜어주고, 시간을 아껴줄 뿐만 아니라 헬스케어 전문가가 좀 더 집중해야 할 분야에 시간을 쏟을 수 있게 도와준다. 가상 진료는 마치 웨비나<sup>webinars</sup>와 비슷하게 관련자가 이동하지 않고도 참여할 수 있는 환경을 제공할 것이다. 일대일 진료와 같이 가상현실, 혼합현실은 학습을 위한 몰입감 있고 재미있는 경험을 제공한다. 가상 환경은 의료 전문가와 환자 모두를 위한 교육과 수련 필수품이 될 것이다.

## 블록체인

전통적 환자 의무기록을 전자의무기록으로 이관하는 것은 헬스케어에서 중대한 발전으로 평가되고 있다. 환자 기록을 디지털화하는 것은 중앙화된 데이터 저장소가 갖는 어떤 위험을 경감시킨다. 하지만 이 모델도 아직은 의무기록이 의료 서비스 제공자의 손에서 벗어나지 못한다. 암호 화폐 기술로 많이 알려진 블록체인 기술은 데이터 접근, 프라이버시, 신뢰에 혁명을 불러올 잠재력을 갖고 있다. 아직까지는 블록체인이 주류 헬스케어에 적용되지는 않았다.

블록체인은 기본적으로 하나의 데이터 묶음이다. 이 기술은 기존의 여러 가지 기술을 묶어서 변경 불가능, 아무나 검증이 가능한 분산 공공 원장<sup>distributed public ledger</sup>, 원장에 있는 데이터를 검증하는 사람에 대한 가치 부여, 이를 통해 신뢰가 없는 환경에서 신뢰 생성, 분산된 피어 간 조절, 높은 보안, 스마트 콘트랙트를 통한 원장에 자동 거래 실행 프로그래밍 등과 같은 특징을 갖고 있어서 다양한 곳에서 사용할 수 있다.

예를 들어 페이팔, 비자, 마스터카드와 같은 회사는 금융 거래에 있어서 신뢰할 수 있는 중간 기관으로 중앙 권력 역할을 수행한다. 부동산 등기소는 집 소유권의 자세한 내용을 가진 신뢰할 수 있는 기관이다. 이런 중앙화된 데이터베이스는 해킹 공격과 조작의 가능성이 있다. 블록체인 기술은 데이터 관리, 프라이버시, 보안 문제와 의사, 병원, 헬스케어 시스템, 보험자 간에 분산된 변경 불가능한 데이터베이스를 사용한 상호운용성의 개선과 데이터 흐름을 간편하게 하고자 하는 등의 문제에 대한 해법을 제공하는 것을 목표로 한다. 환자 역시도 아이폰이나 아이패드 등을 통해서 전자의무기록을 포함해 자신의 의무기록에 접근할 수 있기를 요구하고 있다.[163] 전자의무기록, 사물인터넷, 웨어러블, 기타 디바이스에서 나오는 데이터는 원장에 저장돼서 신뢰할 수 있고, 안전하고, 투명하고, 상호운용 가능한 환경에서 사용될 수 있다.

블록체인은 그것을 사용하는 모든 사람의 장치에 저장되고 유지되는 변경 불가능한 데이터베이스다. 새로운 거래의 데이터는 암호화된 후 특정 합의 알고리즘(동의, 작업, 지분)을 통해 거래를 확인하고 저장된 데이터를 검증하는 네트워크상의 다른 노드에 의해 승인된다.

네트워크상의 각 노드는 동일한 블록체인 복사본을 갖게 된다. 따라서 거래 기록은 이전 기록과 연결돼 영원히 저장된다. 해시라고도 알려진 연결을 쭉 따라가면 블록체인에서 가장 앞에 있는 블록으로 연결된다. 그러므로 현재의 어떤 블록을 조작하려면 해당 거래와 연관된 모든 블록을 동시에 바꿔야 한다. 이런 블록은 노드에 분산돼 있어서 이런 것들까지 다 바꿔야 한다. 보통 가장 긴 체인으로 구성된 이벤트가 유효한 것으로 평가된다. 블록체인은 암호 경제학과 게임 이론을 활용한 기술이다. 경쟁하는 어떤 체인을 만들려면 신뢰를 받고 있는 현재 버전보다 빨라야 한다. 이렇게 하려면 굉장한 컴퓨팅, 에너지, 자원을 쏟아 부어야 한다. 채굴자는 블록을 검증하려고 경쟁한다. 이러한 좋은 행동은 전력, 컴퓨팅 파워를 필요로 한 비싼 것이기 때문에 채굴자는 블록을 검증하는 대가로 비트코인BTC을 받는다. 헬스케어 정보를 공개 분산돼 변경 불가능한 데이터베이스에 넣는 것은 서비스 제공자에게 여러 가지 잠재력을 부여한다. 어떤 시스템에 있건 의학 정보에 접근할 수 있고, 보안과 프라이버시를 보장할 수 있으며, 관리하는 수고가 줄어들고, 결과를 더 쉽게 공유할 수 있다.

- 탈중앙화되고 암호화된 데이터를 통해 단일 실패 지점이 제거된다.
- 누군가 참여하고 진실을 저장할 수 있어서 블록체인은 민주화돼 있는 기술이다.
- 이벤트에 대한 동의를 통해 가장 신뢰할 수 있는 진실이 유지된다.
- 투명하고 감사 가능한 이벤트에 대한 원장이 생성된 시간(타임스탬프)과 함께 제공된다.
- 게임 이론, 암호 경제학, 컴퓨터 암호학은 좋은 행동에 대해 인센티브를 부여하고, 이벤트에 대해서는 검열을 받지 않는다.

블록체인 기술은 헬스케어의 여러 분야에서 응용될 수 있는데, 아직은 시험 단계이거나 개념증명 수준에 머물러 있다.

## 공급망 검증

블록체인의 첫 번째 응용 분야는 공급망 검증이다. 블록체인은 시간 순서에 따라 검증 가능한 방법으로 만들어지기 때문에 공급망의 각 연결 단계에서 사용되는 요소를 검증하는 데 사용할 수 있다. 예를 들어 물자와 치료 과정의 각 단계는 블록체인 원장에 저장돼 사기 활동, 비정상, 오류, 데이터 입력이나 사물인터넷에서 들어오는 데이터의 분절 등을 관리하는 데 사용할 수 있다. 예를 들어 저온 유통 방식으로 제조사에서 약국으로 인슐린을 배당하는 과정에서 바뀌거나 온도가 적절히 유지됐는지 확인할 수 있다. 이는 현재 개발도상국에서 위조약 관리에 사용되고 있다. 이 기술은 빅 게놈 데이터의 프라이버시를 훼손하려는 시도에 대응해 게놈 데이터 보호를 강화하기 위한 장치로도 개발되고 있다.

## 웰니스에 대한 인센티브

블록체인은 웰니스를 보상하는 데 사용될 수 있다. 이 보상은 가치를 가진 디지털 토큰으로 암호 화폐로 이뤄진다. 헬스 서비스나 더 건강한 생활 습관을 하는 사람은 어마어마한 비용을 경감시켜 글로벌 경제에 도움이 된다. 헬스케어 제공자나 고용주는 저축이나 이익의 형태에서 이런 비용 대비 효율을 보고 있지만, 그것이 개인에게 돌아가는 경우는 아주 드물다. 블록체인 기술을 사용하면 토큰을 만들어 이런 이득을 블록체인을 통해 환자에게 배분하고, 나중에 교환 가능한 화폐처럼 사용한다.

개인은 헬스클럽에 가고, 자신의 목표를 달성하고, 교육 프로그램에 참여해 명상을 하고, 스포츠 이벤트에 참여하고, 약물이나 디지털 치료에 잘 순응하는 행동에 대해 토큰을 벌게 된다. 이런 생태계에서는 긍정적인 행동에 대해 가치를 가진 토큰의 형태로 보상을 받게 된다. 토큰의 가치는 고정시킬 수 있다. 이런 개념을 확장해 긍정적인 건강 행동을 통해 환자는 자신의 계좌에 토큰을 저축할 수 있고, 나중에 병원에서 쓸 수도 있다.

## 환자 데이터 접근

환자가 자신의 의무기록에 접근권을 더 많이 요구하고 있다. 따라서 민감한 의료 데이터를 모르는 제3자와 어떻게 공유할지가 의미심장한 문제로 대두된다. 제3자의 입장에서 보면 환자의 프라이버시를 보호하면서도 데이터의 완전성을 검증해야 하는 것이 문제가 된다. 환자의 의무기록을 적절하게 인가된 블록체인에 저장하면 다른 사람이 개입하지 않아도 암호 기술을 사용해 데이터의 질을 보증할 수 있을 것이다. 건강 데이터를 올리는 서비스 제공자나 소비자가 거래를 만들게 된다. 사용자는 서명 및 타임스탬프와 함께 데이터 접근을 위한 개인 키$^{private key}$를 제공한다. 디지털 서명을 사용해 블록체인에 저장된 모든 기록을 확인하고, 완전한 환자 건강 정보를 생성하게 된다. 디지털 서명과 암호화 기술을 통해 데이터를 안전하게 이동시킬 수 있고, 적절한 공개 키$^{public key}$를 가진 사람만 해당 데이터에 접근할 수 있다. 블록체인을 사용하면 전자의무기록에 데이터를 추가할 때 해당 이벤트에 대한 로그가 저장되고, 이는 변경 불가능해서 나중에 필요한 경우 모든 거래 기록을 감사할 수 있다. 또한 가장 최근 버전의 기록을 사용할 수 있게 된다. 환자는 누군가 기록에 접근하고 데이터를 사용하는 것을 모두 확인할 수 있다. 블록체인이 탈중앙화된 구조를 갖기 때문에 누구나 승인만 되면 데이터 신뢰성, 조작에 대한 우려 등을 걱정하지 않아도 생태계에 자유롭게 참여할 수 있다.

## 로봇

로봇 공학이 가격이 저렴해지고 광범위하게 적용되려면 어느 정도 시간이 필요하겠지만, 로봇 공학은 헬스케어를 바꾸고 있다.

그런데 실제로 로봇이 의료 환경에서 완전히 사람을 대체하지는 않을 것 같다. 현재 병원과 헬스케어 시스템은 기술에 따른 비용 부담에 대응하지 못하고 있다. 이런 점 때문에 로봇이 사람을 대체하지는 못하고 있다. 어떤 사람은 대체하지 못할 것이라고 한다. 로봇은 공급망 사슬에서 사용되는 것 이외에도 다음과 같은 영역에서 이 기술이 사용될 잠재력이 있다.

## 로봇 수술

로봇 수술은 시각, 개선된 정밀도, 손재주를 강화한다. 현재 한계는 있지만, 앞으로 하드웨어 비용과 훈련 비용의 장애가 해결된다면 로봇 수술은 앞으로 흔한 일이 될 것이다. 미래에는 헬스케어 전문가가 도구를 다루는 방법뿐만 아니라 수술을 실행하는 방법까지 배워야 할 수도 있다. 이런 로봇 수술은 책임의 한계를 모호하게 하는 측면이 있는데, 이런 점이 병원에서 로봇을 채용하는 데 장애가 된다.

## 외골격 로봇

외골격 로봇 기술은 외부에 착용되는 디바이스를 통해 환자가 어떤 과제를 수행하게 돕는 데 초점이 맞춰져 있다. 엑소 바이오닉스 같은 회사는 척수 손상 환자가 기립해 보행을 배울 때 사용되는 착용형 외골격 로봇을 제공한다. 미래에는 외골격 로봇이 재활에서 하나의 표준 형태가 될 것이고, 다양한 환경 속에서 다양한 활동을 할 수 있도록 이동을 보조하는 데 도움을 줄 것이다.

## 입원 환자 케어

로봇을 사용해 여러 가지 일을 쉽게 해주기 때문에 입원 환자 케어가 강화된다. 로봇은 우편물을 수집하고 혈액을 운반하는 일을 자동화하는 데 사용할 수 있다. 배달 로봇이 약물과 중요한 물건을 자동으로 배달할 것이다. 이미 로봇은 방을 소독하는 데 사용 중인데, 이를 통해 사람이 특정 화학 물질에 노출되는 위험을 줄일 수 있다.[164] 머지않아 소화 가능한 에이전트와 스마트 알약이 치료에 대한 환자의 내부 반응을 모니터하게 될 것이다. 로봇 간호사가 혈액 채취와 같은 자동화 가능한 업무에 배치되는 것이 흔해질 것이다. 로봇이 활력 증후를 체크하고 사람보다 더 정확하게 정맥을 확인한 후 혈액을 채취하게 될 것이다. 이런 로봇이 노인과 오랜 와병 환자를 돌볼 것이다.

## 동무되기

가상 비서가 자연어 프로세싱 기술의 발달로 좀 더 사람에 가까워지고 있다. 앞에서 설명한 것처럼 이미 사람은 로봇과 교감을 하기 시작했다. 로봇은 정신 질환, 노인, 지병 환자의 케어에서 외로움을 극복하고 동료가 될 수도 있다. 로봇의 기능이 향상되면서 로봇은 환자 목욕, 이동 등과 같은 헬스케어 업무를 수행할 수 있게 될 것이다. 로봇은 사물인터넷과 웨어러블을 통해 활력 증후를 모니터하고 실시간으로 환자를 돕는 데 사용될 수 있을 것이다.

## 드론

드론은 약품을 배달하는 방법에서 잠재력이 있다. 드론은 접근이 어려운 지역, 분쟁 지역, 외딴 곳에 사는 사람에게 약품, 백신, 진단기기 등을 배달하는 데 사용할 수 있다. 또한 쇼핑처럼 약국에서 약품을 배달하는 데도 사용할 수 있다. 혈액, 체액, 장기 같은 것을 필요로 하는 곳으로 직접 빠르게 전달할 수 있다. 그리고 외딴 지역의 위치를 파악하는 데도 사용된다. 드론 이용 사례 가운데 하나는 날아다니는 응급 약품 상자다. 뇌졸중, 외상, 심장 마비 후 몇 분 안에 이뤄지는 응급 치료는 회복을 빠르게 하고 사망을 예방하는 것이 핵심이다. 네덜란드 델프트 공과대학교[TU Delft]는 심장 제세동기, 약물, 양방향 라디오 기술 등을 결합해 앰뷸런스 드론을 개발했다. 이런 드론은 구조사보다 먼저 현장에 도착해 환자의 구조를 돕는다.[166]

드론 사용에 따른 현재 규정이 그 잠재력을 줄이고 있다. 비행 규제, 규정, 드론 배터리 수명, 드론 적재 중량과 같은 문제가 해결될 때까지는 시간이 어느 정도 걸릴 것이다.

## 스마트 장소

지능적인 홈, 병원, 기타 장소, 그리고 스마트한 물건은 우리가 살아가는 방식에 변화를 예고한다. 완전히 연결된 상태로 광범위한 센서 기반은 일반 사람, 환자, 서비스 제공자 모두에게 풍부한 기회를 제공한다. 환자 생활 습관 개선, 헬스케어의 발전은 지난 30년 동안 100세를 넘는 사람이 많아지는 데 기여해 왔다. 영국만 보더라도 100세 이상 사는 사람의 수가 65% 가량 증가했다.[167] 이런 변화는 헬스케어의 비용 상승으로 이어졌다. 스마트 플레이스, 스마트 기기 등은 환자에게 맞춤형 경험을 제공하면서도 개인당 비용을 절감해 건강과 사회적 케어의 질을 향상시키는 데 큰 기여를 할 수 있다. 앱, 센서, 디바이스를 서로 통합하고 연결시키는 절차를 거치지 않아도 연결된 플레이스는 자동화된 센서를 통해 사용자가 주의를 기울일 필요 없이 광대한 실시간 데이터를 모을 수 있다. 안면 인식, 보이스 인식, 반응형 알림 기능, 데이터 기반 제안 시스템은 아주 일반적인 것이 될 것이다. 데이터 수집과 분석 플랫폼은 빠르게 바뀌고 있는 환경에서 의사 결정 과정을 편리하고 간편하게 만든다. 이런 디바이스는 실시간으로 환자와 헬스케어 전문가에게 필요한 정보를 알려줄 수 있다. '빅브라더'는 잊어라. 이제는 '빅닥터'가 오고 있다.


## 스마트 홈

가정이 환자의 공중 보건을 개선하는 데 스마트한 역할을 수행하는 방법은 여러 가지가 있을 수 있는데, 사례로 가장 잘 설명할 수 있다. 잠에서 깨면 웨어러블 수면 모니터가 연결된 워치로 명상을 수행하는 동안 수면의 질을 평가할 것이다. 수면 모니터는 최적의 회복을 위해 수면을 청할 시간을 알려줄 수도 있다. 수분 상태를 평가할 수 있는 칫솔로 칫솔질을 하고 나면 아침 커피를 마신다. 냉장고는 시간이 지난 음식물이 무엇인지 알려주고, 구매한 식품 가운데 알레르기 유발 물질이 없는지 확인해준다. 스마트폰은 음식의 영양가와 칼로리를 계산해준다. 3D 프린터가 안전하게 먹을 수 있는 가정 내의 약물을 출력할 수도 있을 것이다. 가상 비서와 거울은 당신의 목소리에서 불안, 우울 등을 평가한다. 기침이 발생했을 때 가상 비서는 평상시보다 더 많은 기침을 한다고 알려주고, 스마트워치는 체온의 변화를 감지한다. 당신의 개인 비서가 의사를 호출하고 약속을 잡는다. 일종의 폐쇄된 공간으로서 스마트 홈 안에서 인공지능은 사용자의 개인적인 니즈에 최대한 맞춰 작동될 수 있다. 스마트한 제품이 광범위하게 사용될 때 가장 중요한 측면 가운데 하나는 뉘앙스다. 이는 맥락에 맞춰 필요한 일에 우선순위를 부여하는 것을 말한다.

미래는 보기보다 그다지 멀리 있는 것 같지 않다. 이탈리아의 볼차노 지방정부는 이미 IBM, 기타 여러 파트너와 협력해 집안에서 고령자가 안전하게 지낼 수 있는 서비스를 제공하고 있다.[168] 센서를 가정에 설치해 온도, 일산화탄소, 누수 등을 감지하는 프로젝트에서는 안전과 보안이 가장 우선된다. 데이터는 개인적인 필요에 따라 집 밖에 있는 컨트롤 센터로 보내지고, 가족, 자원 봉사자, 응급 구조팀, 사회 복지 팀에 내용을 알려준다.


## 스마트 병원

스마트 병원은 스마트 홈처럼 연결된 병원을 말한다. 스마트 병원의 목적은 최고의 의료 서비스, 효율적인 공급망 관리, 뛰어난 환자 경험을 제공하는 것을 목적으로 한다. 스마트 병원은 전자 데이터 수집, 의무기록, 디지털 기술, 로봇 공학, 3D 프린팅, 비구조화된 데이터, 강력한 분석을 아우르는 지속적인 학습 생태계를 사용할 것이다. 약간 아이러니한 것인데, 기술과 인공지능을 광범위하게 이용하게 되면 환자는 더 적극적으로 자신의 치료 결정에 참여하게 될 것이다. 비응급 진료 의뢰는 인터넷을 통해 이뤄지고, 인공지능은 적절한 기술과 수련을 가진 적절한 의사를 환자에게 권고할 수 있다. 치료는 오프라인의 물리적인 케어와 디지털 케어가 혼합된 형태로 제공된다. 순응도와 책임성이 정량화되고 유지된다. 데이터와 대규모 분석 시스템의 발전으로 환자에게 더 맞춤화된 디지털 치료가 가능해질 것이다.

병원에 갔을 때 자동화되고 편리해진 입원 절차는 환자의 대기 시간을 줄인다. 입원을 하면 환자는 임상적인 목적으로 만들어진 웨어러블 기기가 부여되고 이를 통해 입원 기간 동안 활력 증후가 추적된다. 데이터는 무선으로 의료진의 대시보드로 바로 연결된다. 이상이 있거나 걱정되는 부분이 감지되고 그에 따른 우선순위 대응법이 만들어진다. 병원과 의원은 데이터의 허브가 된다. 병원은 여러 회사와 협력해서 데이터에서 가치를 추출한다. 이를 통해 효율성을 개선시키고, 실수를 줄이고, 치료와 디바이스의 의사 결정을 개선시킨다. 헬스케어는 일종의 서비스로 전달되고, 환자는 건전하고 건강한 생활 습관을 유지하는 것에 대해 암호 화폐로 보상을 받는다. 모든 데이터는 익명 처리되고, 디지털 헬스케어 파트너와 내부 부서에서 활용돼 환자의 경험에서 지속적인 학습이 가능해질 것이다.

## 환원주의

환원주의<sup>Reductionism</sup>의 기본 가정은 복잡한 생물학적 또는 의학적 현상을 쪼개거나 간략하게 해서 여러 부분으로 나누는 것이다. 이 방법은 단 하나의 원인을 이해하거나 단 하나의 치료법만을 확인할 때는 뛰어난 수단을 제공한다. 추론은 환원주의자의 방식을 따른다. 예를 들어 쥐는 골격계, 순환계, 신경계, 소화계 등으로 나눠진다. 이는 하나의 패턴, 이론, 공식, 수식 또는 이와 비슷한 공통 구조로 통칭되는 모델로 정리된다. 인공지능 시스템 역시 똑같은 환원주의자의 접근법을 사용하고, 문제를 하나의 잘 정의된 원리로 귀결시킨다. 인공지능이 진정한 인공 이해로 발전하려면 가장 중요한 점은 환원주의를 극복하고 전체적인 관점에서 인간을 대할 수 있어야 한다는 점이다.

세상이 점점 더 디지털 기술로 빠져들면서 헬스케어 인공지능 모델은 더 빠르고 더 정확해질 것이고, 환자 중심 케어와 생활 습관 의학의 관심이 전체론적 건강으로 이동할 것이다. 생활 습관 요인, 수면 운동, 영양, 환경, 유전자 등이 건강에 어떤 영향을 주는지 더 잘 알 수 있을 것이다. 우리는 세상과 사람, 마인드와 언어가 예측 불가능할 수도 있다는 것을 잘 알고 있다. 인공지능이 발전하면서 이전 환원주의자의 방법으로 해결되지 못했던 환원 불가능한 복잡성의 문제를 해결할 필요가 있다. 그것의 초점은 가치, 환자, 환자를 사람으로 치료하는 것, 좀 더 넓은 의미의 건강, 관계, 삶의 목적 등이 될 것이다. 인공지능이 성장하면서 사람과의 접촉을 끊지 않을 필요 역시 함께 커진다.

## 혁신 대 숙의

인공지능과 디지털 건강은 큰 가능성을 갖고 있지만, 헬스케어는 부가가치가 높은 이런 시스템을 실제 의료 현장에 빠르게 통합하는 데 상당한 어려움을 겪고 있다. 헬스케어의 의미 있는 변화는 혁신과 함께 숙의를 적절히 배합하는 데에서 나올 것이다. 발견에 대한 경계 지점이 검증되면서 좀 더 맞춤화되고 정밀한 케어를 제공할 수 있는 잠재력은 현실로 구현될 것이다. 동시에 혁신에 대한 사회적, 경제적, 정치적, 윤리적 결과를 탐구하고 예측해야 하는 과제가 있다.

헬스케어에 인공지능이 적용되는 것은 점진적 발전으로 가장 잘 관리될 것이다. 점진적인 접근법이 유용한 이유는 이해관계자가 해당 기술이 어디에 적용되고, 어떤 결과를 초래하는지 이해하는 시간이 필요하기 때문이다. 질에 대한 보증과 신뢰를 올리고자 인공지능 모델을 감사하고 이해하려면 강력한 표준이 필요하다. 헬스케어에 인공지능 시스템이 적용되려면 학술 연구, 임상적 근거, 정책 입안도 필요하다. 인공지능 표준을 개발하려면 다양한 사람이 참여하는 공개 토론을 통해 학술적으로 강력하고, 최신의 근거에 기반을 둔 주기적 재평가가 필요하다.

의료 전문가와 환자 커뮤니티의 관심도 필요하다. 헬스케어 전문가는 인공지능이 자신이 몸담고 있는 의료 환경에서 어떤 역할을 할 수 있는지 기초 지식을 필요로 한다. 이를 기반으로 인공지능의 장점, 단점, 발생할 수 있는 결과를 파악할 필요가 있다. 환자는 인공지능과 교류하는 데 익숙해질 필요가 있으며, 자신을 위해 어떤 이득을 얻을 수 있을지 탐색할 필요가 있다. 헬스케어 인공지능이 효율성과 자원을 최적화하며, 일반 대중의 건강 결과를 개선하는 좋은 사례는 인공지능에 대한 대중의 인식을 강화할 것이다.

인공지능을 다루는 기관은 인공지능을 의학에 적용할 때 유발되는 잠재력과 위험에 대해 일반 대중과 교류하고 대화할 필요가 있다. 인공지능을 개발하는 기관은 학계와 협력해 인공지능 시스템의 성공과 효율성을 측정할 수 있는 필요한 조치를 취해야 한다. 그리고 저렴한 인공지능 솔루션 개발을 장려해 인공지능 기술에 대한 민주화를 이뤄낼 필요가 있으며, 이를 통해 인공지능이 21세기 청진기와 같은 역할을 할 수 있게 하는 것이 무엇보다 중요하다. 그리고 신뢰에 바탕을 둔 채용을 위해서 검증된 근거를 논문으로 출판할 필요도 있다. 지금은 그 어느 때보다도 헬스케어에 대한 희망이 큰 시대다.

# 8장

# 사례 연구

새로운 건강 및 케어 전달 패러다임을 이용하고 적용할 수 있는 사람에게 인공지능이 성공을 가져다주면서 헬스케어 경험을 개선시키고 있다. 8장에서 소개하는 응용 사례는 빅데이터, 인공지능, 머신러닝 등을 헬스케어에 적용한 것으로 차별화되고 흥미로운 관점을 제공한다. 데이터를 통한 헬스케어 문제에 대한 기관의 실제 접근 사례는 가용한 데이터 안에서 즉각적인 가치를 얻을 수 있음을 보여준다.

열정적으로 호응해준 여러 헬스케어 기관이 책에 포함시킬 사례 연구를 보내줬다. 사례 연구의 초점은 기관이 하고 있는 분야에서 새롭고 혁신적인 방법으로 인공지능, 머신러닝, 데이터, 사물인터넷을 실제로 응용한 내용을 제시하는 데 있다. 어떤 성공이 있었고, 어떤 방식으로 이뤄지는지 설명하는 것뿐만 아니라 그런 것을 구현할 때 발생하는 저항과 장애물 및 시스템 안에 내재된 학습 결과물을 함께 설명하고자 했다.

## 사례 연구의 선정

트위터를 통해 사례를 모았으며, 60개가 넘는 사례 연구를 받았다. 그 가운데 애플리케이션이 파일럿이건 아니건 상관없이 어떤 형태로든 직접 출시됐고, 재무적이거나 환자의 관점에서 가치를 보여준 근거가 있는지에 따라 수용 여부를 결정했다. 사례 연구를 평가하는 데 사용한 기준은 다음과 같다.

- 정밀 의학을 제공하는 데 중점을 두고 있다.
- 이미 존재했거나, 개발 중이거나 출시된 머신러닝이나 데이터에 기반을 둔 모델에 초점을 맞추고 있다.
- 프로젝트에서 배울 것이 많은 사례에 초점을 뒀다.
- 제작자가 프로젝트 목적에 대해 적절한 정보를 공유하고, 기관, 사업, 임상, 재무적인 영향에 대해 어떤 관점을 갖고 있는 사례에 가중을 뒀다.

포함시키기로 선택된 사례 연구는 검증을 거쳤으며, 오늘날 실제 헬스케어에서 활용 중이다. 그 사례는 다음과 같다.

- 당뇨 발 관리용 이미징 인공지능 및 이환율과 사망률을 개선하기 위한 의료 전달 체계의 우선순위 결정 – 하크리샨 싱[Harkrishan Singh], 그로 헬스[Gro Health]
- 제2형 당뇨병 자기 관리용 디지털 저탄수화물 프로그램의 결과: 단일군 종단 연구 1년 추적 결과 – 로라 사슬로우[Laura Saslow], 짐 에이켄[Jim Aikens], 다비드 언윈[David Unwin]
- 확장 가능하고 참여를 유도하는 뇌전증 디지털 치료법 – 샤롯 서머스[Charlotte Summers], 다이어비티스 디지털 미디어[Diabetes Digital Media]
- 새로운 증강 및 가상현실을 이용한 주니어 의사 교육 프로그램의 결과 – 알더 헤이 소아 병원[Alder Hey Children's Hospital]

- 빅데이터, 큰 영향, 큰 윤리: 데이터로 환자 위험도 진단 – 도미닉 오테로 Dominic Otero, Diabetes.co.uk

## 사례 연구의 선정 결과

8장에 포함된 사례 연구는 헬스케어에서 데이터 주도 시스템, 인공지능, 머신러닝의 잠재력을 보여준다. 선정된 사례 연구는 환자의 참여, 결과, 임상적 성공을 개선하려는 큰 비전, 초점, 추진력을 보여준다. 이런 사례 연구는 다음과 같은 주제에 자극을 주는 역할을 한다.

- 의사 결정을 촉진하고 환자 단위, 집단 단위 정밀 의학을 위한 데이터의 사용
- 개발 중인 머신러닝 모델의 장점과 단점
- 데이터 수집, 분석, 관리
- 지능적 에이전트의 개발 및 디지털과 오프라인 헬스케어 융합
- 인공지능의 윤리와 도덕
- 헬스케어와 디지털 기술의 미래

## 사례 연구: 당뇨 발 관리용 이미징 인공지능 및 이환율과 사망률을 개선하기 위한 의료 전달 체계의 우선순위 결정

- 영국 그로 헬스의 머신러닝 센터장Head of Machine Learning, Gro Health, United Kingdom 하크리샨 싱Harkrishan Singh

## 배경

전 세계적으로 4억 명이 넘는 사람이 고혈당증이라 불리는 혈액에서 당이 높은 수준으로 유지되는 당뇨병을 앓고 있다. 당뇨병은 크게 두 가지로, 제1형과 제2형 당뇨병으로 나뉜다. 만성 고혈당증은 당뇨 발을 포함해 잘 알려진 합병증을 일으킬 수 있다. 혈액에 당이 높은 수준으로 유지되면 환자는 상처 치유가 느려진다. 또한 말초 당뇨병 신경병증으로 말미암아 말초 신경의 기능이 떨어져 있다. 이는 발에서 뇌로 통각을 전달하는 신경도 제대로 기능을 못한다는 것을 의미하며, 따라서 통증이 없음에도 발에 손상을 입을 수 있다.

잘못 밟기, 꽉 끼는 신발, 자상, 물집, 멍 등은 모두 당뇨 발 궤양으로 발전할 수 있다. 당뇨병으로 좁아진 동맥 때문에 발로 가는 혈류가 줄어든다는 사실도 발의 창상 치유 능력을 떨어뜨린다. 발의 상처 치유가 안 되면 족부 궤양이 발생한다. 이런 족부 궤양은 잘 조절되지 않은 당뇨병에서 흔하게 나타나는 합병증으로, 피부가 손상돼 피부 아래 조직이 노출된다. 만성적인 혈류 공급 장애로 발가락, 발, 아래 다리를 절단해야 하는 위험에 노출된다. 당뇨병 환자의 약 2.5%가 당뇨 발 궤양을 앓고 있는데, 잉글랜드에서만 68,000명의 환자가 있다. NHS에서 지출되는 비용에서 140파운드가 나갈 때마다 1파운드는 이 궤양과 절단 때문에 지출된다. 전문 진료를 기다리는 시간이 긴 환자는 더 심한 궤양으로 발전할 수 있고, 그런 경우 궤양이 12주까지 치유될 가능성은 떨어진다. 오로지 20%의 환자만이 NICE(영국의 의료 진료 지침 개발 기관)가 권장하는 1일 이내에 족부 보호 서비스 기관으로 이송된다.

2014년에서 2015년 동안 당뇨병을 가진 환자 390명당 1명이 절단을 위해 병원에 입원했으며, 33명 가운데 1명의 당뇨병 환자가 족부 궤양으로 입원 치료를 받았다. 입원 치료에 사용된 NHS 비용은 3억2천2백만 파운드로, 궤양 관련 입원의 86%를 차지한다.

발 관리와 궤양을 줄이기 위한 동영상을 사용한 입원 개선 프로그램은 성공을 거둬

왔다. 입스위치 병원 NHS 트러스트[1]는 연간 19건의 족부 궤양과 571 당뇨병 입원 일수bed days를 줄였으며, 이를 비용으로 환산했을 때 연간 246,000파운드를 절약할 수 있었다. 이렇게 발 자기 관리, 적절한 의료 전달과 진단의 비용 대비 효능은 상당하다. NICE 가이드라인은 활동성 발 문제가 있는 환자는 다학제적 접근 팀이나 발 보호 전문 서비스로 하루 이내에 의뢰하고 다음 하루 이내에 적절할 치료를 받을 것을 권하고 있다. NDFAthe National Diabetes Foot Audit라는 기구의 조사에 의하면 9,137명의 환자 가운데 20% 정도가 권장된 시간 범위에서 치료를 받았다고 한다.

## 인지적 시각

인지를 가진 시각이나 이미지 인식은 사람의 뇌 기능을 모방하도록 설계된 머신러닝 기술이다. 이 기술에서는 머신러닝 모델이 이미지를 구성하는 시각적인 요소를 식별하도록 훈련된다. 많은 이미지와 패턴의 학습을 통해 입력된 이미지를 이해하고 이미지를 구성하는 요소를 분류한다. 이미지 인식은 쉬운 과제가 아니다. 성공적인 이미지 인식을 위해 주로 신경망 기술이 선택된다. 그런데 아직까지도 실제로 사용하려면 컴퓨테이션 자원에 많은 비용을 필요로 한다. 예를 들어 가로 세로 20픽셀 이미지를 사용하는 신경망에서는 400개가 넘는 이미지를 필요로 한다. 이 숫자로 보면 전형적인 하드웨어도 구현이 가능한 것으로 보이지만, 가로 세로 1,000픽셀 이미지만 생각해봐도 더 많은 수의 파라미터와 입력 이미지를 처리하고자 상당한 컴퓨테이션 자원을 필요로 한다는 것을 추산할 수 있다. 전형적인 신경망에서 하나의 픽셀은 하나의 뉴런에 연관될 수 있다. 이는 컴퓨테이션 관점으로 보면 비싼 것이다.

이미지 안에서 근접한 픽셀은 유사성에서 강한 관련이 있다. 컨볼루셔널 신경망CNN,

---

1. 영국의 국가보건의료시스템 NHS에서 2차 의료를 관리하는 기관 - 옮긴이

Convolutional Neural Networks은 이런 특성을 이용한다. 인접한 두 개의 픽셀을 서로 다른 것으로 보는 대신 CNN은 더 떨어진 두 개의 픽셀보다 이들 사이에 연관성이 더 높을 수 있다고 가정한다. 픽셀 간의 의미가 덜한 연결에 대한 것은 우회해서 가기 때문에 CNN은 통상적 신경망의 계산 부담과 시간이라는 문제를 피해갈 수 있다. CNN은 근접하고 있다는 관련성에 대한 필터링 방법으로 이미지 인식에 필요한 컴퓨테이션 자원 문제를 해결한다.

임상 연구에 따르면 진단 검사와 위험도 계층화를 통해 궤양과 절단의 위험도를 예측할 수 있고, 조기에 환자를 의뢰할 경우 절단의 위험도를 낮추고 창상의 치유 시산을 줄일 수 있다고 한다. 당뇨 발 케어 솔루션은 일반적인 헬스케어 종사자에 의존하는 서비스보다 더 넓어야 하고, 환자와 헬스케어 시스템에 낮은 가격으로 전달될 수 있어야 한다. 우리는 양 왕Yang Wang과 함께 최신 인공지능 기술을 적용해 당뇨 발 증상을 자동으로 감지해 환자에게 알리고, 헬스케어 팀과 커뮤니케이션해 평가를 할 수 있는 시스템을 지원하고자 했다. 당뇨 발에 대한 이미지 인식 기술은 궤양을 조기에 발견해 창상 치유 시간, 비용, 절단의 위험을 줄일 수 있다는 점에서 혁명적인 것이다. 모델은 높은 정확도를 확보해서 머지않아 궤양으로 발전할 수 있는 아주 작은 멍이나 발굽의 상처 등을 감별할 수 있다.

이런 모델은 클라우드 기반 시스템으로 개발돼 원격으로 어디서든 사용할 수 있으며, 인터넷 브라우저를 갖고 있다면 디바이스에 상관하지 않고 표준화된 프로토콜로 이미지를 업로드할 수 있다. 판독된 병변에 대한 정보와 더불어 해당 병변에 가장 적합한 환자 의뢰 경로, 적절한 교육 자료 등으로 서비스된다. 모델은 임의의 레이블을 가진 데이터셋과 웹으로 얻어진 데이터로 주기적인 최적화와 재학습을 실행하는 머신러닝 피드백 루프를 통해 지속적으로 정교해지고 있다.

## 프로젝트 목표

프로젝트의 목표는 당뇨 발 병변을 예측하고 환자에게 정밀한 의료를 제공하는 데 사용되는 딥러닝 신경망을 개발하고, 이러한 머신러닝 기술을 더 발전시키고 검증하는 데 있다. 여러 가지 예측을 위해 사용되는 CNN은 사용자에게서 받는 피드백 루프와 지속적 사용으로 좀 더 정교해질 수 있다. 사용자 베이스가 대부분 헬스케어 종사자이거나 간병인care givers이기 때문에 전문가의 도움을 받아 적절한 우선순위 결정 문제를 결정하고 학습의 규모를 키울 수 있다. 프로젝트는 향후 환자에게 직접 서비스를 제공하는 것을 목표로 하는데, 이는 모델이 최고의 성능을 획득해 거의 절대적인 정확도를 확보할 때 가능할 것이다. 오류를 낮추는 것은 이 프로젝트의 핵심 목표 중 하나다. 등급을 나누는 기준과 표준화된 프로토콜은 모델의 정밀도precision와 재현율recall 개선을 지원한다. 당뇨 발 궤양을 진단할 수 있는 능력은 조기 진단을 가능하게 하고, 치료를 가속화해 많은 사람의 생명을 구한다. 클라우드 기반 시스템을 사용하면 애플리케이션과 결과를 더 쉽게 공유할 수 있다. 그리고 모든 것을 기록할 수 있는 이벤트 로그 시스템이 개발돼 생태계에서 발생하는 모든 이벤트를 기록한다. 이 플랫폼에는 블루투스로 연결된 디바이스, 웨어러블, 자가 입력 데이터 등을 통해 혈당, 혈압, 기분, 식사, 체중, 수면을 추적하는 등의 행동 모니터링 시스템이 포함돼 있다.

인공지능 모델은 예측 분석에서 무한한 기회를 제공한다. 수천 개의 이미지를 분석하고 일반화하면 이런 이미지는 과학이 된다. 정밀 의학은 근거 기반 의학의 목적이다. 광대한 양의 데이터를 수집하고, 분석을 통해 환자에게 유용한 피드백을 전달할 수 있고, 병의 예방, 예측, 진단, 치료하는 데 사용할 수 있는 기술에서 디지털만큼 참여를 유도하고 몰입할 수 있는 기술은 거의 없다. 이미지라는 속성상 학습에 사용될 수 있도록 데이터를 익명 처리하는 것은 기술적으로 간단하다. 하지만 심층 신경망이 어떻게 예측하고 있는지 설명할 수 있어야 한다는 요건은 기술적으로 어렵다. 애플리케이션에 대한 좀 더 일반적인 이해를 통해 이해관계자의 우려를 낮출 수 있는데, 이는 실제 예시로 설명될 수 있다. 전에 없었던 혁신적인 서비스이기 때문에 모델을 어떻게 만들었고, 어떻게 검증했다는 것을 설명할 수 있어야 하고, 지속적인 평가를 필요로 한다. 인허가 과정도 기존 제품 카테고리에 딱 들어맞지는 않기 때문에 정의가 불분명해 다른 제품보다 훨씬 어렵다. 애플리케이션은 오류를 최소화하는 데 최우선순위를 두고, 인허가는 환자의 안전을 확보하는 데 초점을 둔다. 거짓 양성의 위험도는 궤양을 조기 발견해 빠른 치유와 절단의 위험도를 낮출 수 있게 맞춰져 있다. 조금이라도 이상이 있을 것 같은 소견은 바로 감지돼서 조금이라도 의심되는 부분은 사람의 판단을 받게 했다.

프로젝트의 결과는 결과지 형태로 기록된다. 기록지를 통해 프로젝트의 가치를 환자, 헬스케어 제공자, 글로벌 헬스케어 제공자에게 알린다. 가장 중요한 내용은 당뇨를 가진 사람에게 당뇨 발 문제를 예방하고 조기에 발견하는 것을 통해 매우 큰 건강 증진 효과를 낼 수 있다는 것을 설명하는 것이다.


## 도전 과제

프로젝트를 실행하면서 관찰된 것으로 해결해야 될 여러 가지 애로 사항은 다음과 같다.

- **데이터의 질**

  어떤 모델도 그것을 만들어내는 데 사용된 데이터의 질을 뛰어넘을 수 없다. 강력한 머신러닝 알고리즘을 위해서는 데이터의 완전성과 정확성이 무엇보다 중요하다. 강력한 데이터 거버넌스를 개발하도록 촉진하고자 여러 의미심장한 도전 과제가 있었다. 첫째, 레이블이 없는 데이터가 가장 문제가 됐다. 둘째, 이미지에 대해 수기로 작성된 노트는 종종 사용할 수가 없었다. 부정확한 철자나 불완전한 의사의 기록은 데이터 검증 과정을 복잡하게 만들었다. 데이터 정제와 검토를 통해 모델에 대한 진리의 소스 역할을 할 수 있도록 데이터셋을 준비하고자 했다.

- **데이터 관리**

  국내와 국제적인 인허가를 위해서는 적절하고 투명한 데이터 거버넌스를 필요로 한다. 데이터 거버넌스는 데이터 설계, 저장, 관리, 메타데이터 관리, 프라이버시, 보안, 검증과 같은 영역에 모두 적용됐다. 표준화되고 가장 적절하다고 판단되는 절차에 따라 데이터를 획득하고, 확인하고, 검증했다. 중앙 데이터 저장소에 모든 데이터와 메타데이터를 저장했으며, 적절한 사용자 관리법을 사용해 자격을 갖춘 사람만이 접근할 수 있게 했다. 모든 의사 결정을 위한 관리 절차는 각각의 규제 요건에 맞게 기록해서 프로젝트가 종료된 이후 학습을 재검토할 때 다시 사용될 수 있게 했다. 엄격한 데이터 거버넌스를 통해 프로젝트 안에 사용되는 데이터의 신뢰성을 보장했다.

- **성능 대 설명 가능성**

  신경망은 그 메커니즘을 설명하기 어려운 것으로 악명이 높다. 특히 모델이 복잡해지면 더욱 그렇다. 이 프로젝트의 핵심 요구 조건은 알고리즘 결정에 대한 투명성이었다. 모델이 개발되고, 학습 과정과 역전파<sup>backpropagation</sup>가 반복되면서 네트워크를 구성하는 노드는 점점 더 설명이 어려워지게 변했다. 모델 투명도가 우선이었고, 성능과 정확도는 그다음 중요한 요소였다.

- **윤리적 측면의 관리**

  데이터에 대한 윤리적, 도덕적 사용을 보장하고자 데이터 거버넌스와 함께 엄격한 데이터 윤리와 정보 윤리를 개발했다. 머신러닝 모델은 헬스케어 전문가가 당뇨 발의 위험도를 진단하고 예측하는 데 사용됐다. 임상에서 가장 큰 문제가 되는 것은 오진이기 때문에, 특히 거짓 음성과 참 양성의 효과에 관한 과정은 특히 더 잘 알렸다. 궤양과 치유 시간의 효과는 빠른 진단과 조치를 통해 줄일 수 있다. 애플리케이션은 헬스케어 전문가가 조치를 지원하는 데 사용되므로, 사용자에게 모델의 한계를 고지했다. 그 설명은 검증 데이터셋에 기반을 두고 어떻게 모델 정확도가 설정됐는지에 대한 설명이 주를 이뤘다.

- **루프 완성시키기**

  개발된 모델은 당뇨 발 궤양과 기타 가능성 있는 발 병변에 대한 가능도를 예측했다. 이 정보는 예방과 진단 단계에서 사용되기 때문에 모델이 예측한 결과를 검증하는 능력에 대한 변수가 필요했다. 그를 위해 애플리케이션을 사용하는 헬스케어 전문가는 진단을 확진할 수도 있고 더 정확한 진단을 위해 전문가에게 의뢰하게 했다. 환자의 결과에 대한 데이터를 시스템에 다시 주는 과정을 통해 시스템이 실시간으로 다시 학습할 수 있게 했다. 병원으로 의뢰된 환자에게서 피드백 데이터를 받는 것은 어렵고 복잡했다.

- **이해관계자의 이해**

  예측하지 못한 도전은 이해관계자의 이해 부족과 기술에 기반을 둔 헬스케어 솔루션에 대한 산발적인 저항이었다. 핵심 이해관계자는 전형적으로 이전의 경험, 부정적인 언론, 로봇이 사람의 직업을 대체할 것이라는 걱정 등으로 편향돼 있었다. 이런 점은 스태프 교육 훈련으로 극복됐다. 외부 전문가와 내부 이해관계자에게 인공지능과 머신러닝을 통해 헬스케어 전문가의 업무를 최적화시키고, 자원 부담을 개선할 수 있는지 설명하고, 근접한 미래의 로봇과의 경쟁에 대한 우려를 줄이는 데 초점을 맞췄다. 프로젝트가 다루는 범위는 모든 관련자를 프로젝트에 참여할 수 있도록 여러 분야의 이해관계자 그룹의 의견을 반영해 개발했다.

- **수용 전략**

  프로젝트가 연구 개발 과제로 시작됐기 때문에 파일럿 프로젝트를 더 넓은 기관의 방향과 맞출지에 대한 고민은 부족했다. 이해관계자에게 편리함을 설명하고 새로운 혁신의 수용을 위해 워크숍과 실습을 실시했다. 워크숍은 이해관계자에게 예측 시스템의 우려를 경감시키고, 편리함, 효율성, 리소스의 효율적 이용에 관한 내용을 중심으로 제공됐다.


## 결론

여러 장비로 촬영되고 다양한 포맷을 가진 사진을 잘 처리할 수 있는 클라우드 기반 지능 시스템은 환자의 임상 데이터, 인구학적 데이터, 행동 데이터, 게놈 데이터와 결합시킬 수 있고 나아가 당뇨 발 진단을 위한 정밀 의료 플랫폼을 추구하는 데 사용할 수 있다. 프로토타입으로 개발된 시스템은 헬스케어 종사자에게 환영받았는데, 주로 해당 주제에 대한 자신의 지식을 개선시키는 요소가 있었다고 언급했다. 헬스케어 전문가는 디지털 도구를 함께 사용했을 때 당뇨 발을 진단하는 데 좀 더 자신감이 생기는 것을 느꼈다. 디지털 조력자는 헬스케어 전문가가 어떤 결정에 도달하기까지의 과정에서 확신을 갖도록 도울 수 있다. 의료 영상과 헬스케어 및 기관에서 수집된 데이터와 결합돼 적용된다면 저렴하게 좀 더 넓은 영역에 걸쳐 예후 예측, 위험도 계층화, 최적 치료 결정 등에 활용할 수 있을 것이다.

우리의 경험에 비춰볼 때 더 많은 데이터를 확보하는 것이 알고리즘 자체보다 더 중요하다. 이 영역에서는 이미지 인식과 더불어 텍스트 디지털화와 레이블 인식 문제를 극복하는 것이 매우 도전적인 과제라는 것이 드러났다. 손 글씨와 같은 사람의 오류는 거짓 검출[recall]을 줄이는 데 있어 가장 큰 문제다. 프로젝트의 다음 단계는 더 큰 규모의 임상실험이다. 프로젝트의 가능성을 평가하는 파일럿 프로젝트를 위한 연구 자금 승인이 임박한 상태다.

## 사례 연구: 제2형 당뇨병 자기 관리용 디지털 저탄수화물 프로그램의 결과: 단일군 종단 연구 1년 추적 결과

- 미시건 대학교의 사슬로 박사[LR Saslow, PhD.]와 에이켄 박사[JE Aikens, PhD.], 영국 사우스포트의 노르우드 서저리 대표원장 언윈[DJ Unwin]

다음은 다이어비티스 디지털 미디어에 의해 진행된 로우 카브 프로그램이라는 디지털 중재 결과의 상세 설명이다. 이 중재는 190개국의 30만 명 이상이 사용 중이다.


## 배경

제2형 당뇨병은 시각 상실, 신체 부위 절단, 뇌졸중, 치매와 같은 심각한 합병증을 일으키고, 여기에 세계적으로 연간 8천억 달러 이상 소요된다.

보통 진행성이고 비가역적인 질환으로 여겨지지만, 일부 연구자와 의사는 제2형 당뇨병은 저탄수화물 식이를 통해 효과적으로 치료될 수 있다는 주장을 하고 있다. 저탄수화물 식이 요법으로 제2형 당뇨병을 효율적으로 개선시킬 수 있고, 잠재적으로 관해[remission]를 유도할 수도 있다고 한다.[169] 실제로 제2형 당뇨병에 저탄수화물 식이를 사용한 연구에 따르면 아주 낮은 탄수화물 식이(전체 칼로리에서 탄수화물로 오는 칼로리가 20% 이하)[170, 171, 172] 또는 낮은 탄수화물 식이(전체 칼로리에서 탄수화물로 오는 칼로리가 40% 이하)[173, 174]를 하면 당뇨에 좋은 효과(당 조절, 체중 감소, 약물 사용의 감소)를 보였다.

식이 중재는 전통적으로 직접 대면하는 방식으로 이뤄지기는 했지만, 온라인 프로그램도 효과가 있을 것이라는 주장이, 당뇨 전단계[prediabetes] 성인에 대한 식이와 생활습관 변경 중재의 효과를 살펴본 연구자에게서 나왔다.[175] 따라서 제2형 당뇨병 환자에서 저탄수화물 식이가 혈당 조절, 체중 감소, 약물 사용 감소 등과 같은 효과가 온라인 프로그램을 통해서도 재현됐다는 것은 그다지 놀라운 것은 아니다.[176, 177]

## 목적

우리의 목적은 디지털로 제시된 로우 카브 프로그램<sup>LCP, Low-Carb Program</sup>의 1년 결과를 평가하는 것이었다. 이 프로그램은 제2형 당뇨병을 가진 성인을 대상으로 영양에 초점을 맞추고, 혈당 조절, 체중 감량을 목적으로 10회 세션으로 구성된 교육 중재 방법이다. 이 프로그램은 목표 설정, 동료 지원, 행동 자기 모니터링 등을 포함하는 행동 기술을 사용해 탄수화물 섭취를 제한하도록 구성됐다.

## 방법

이 연구는 개방<sup>open-label</sup>, 단일군<sup>single-arm</sup>, 편의 샘플링<sup>convenience sampling</sup>, 중재 전후의 효과 측정 등으로 구성된 유사 실험 연구<sup>quasi-experimental research</sup> 설계법을 사용했다. 프로그램에 참여한 제2형 당뇨병을 가진 성인에게서 완전한 기저 데이터를 확보한 후 무작위로 선택된 참여자를 1년 동안 추적했다. 전체는 1,000명이었고, 평균 나이는 56.1년이었으며, 표준편차는 15.7년이었다. 여성의 비율은 59%였다. 당화혈색소 수치는 평균 7.8(표준편차 2.1)이었으며, 평균 체중은 89.6Kg(표준편차 23.1)이었다. 평균 1.2개의 당뇨약을 복용 중이었다.

LCP는 제2형 당뇨병을 가진 성인에 대한 완전히 자동화되고 구조화된 10주 건강 중재 프로그램이다. 참가자는 영양에 초점을 맞춘 모듈에 접근할 수 있는데, 10주에 걸쳐 매주 새로운 모듈이 하나씩 추가된다. 이 모듈은 참가자가 점진적으로 전체 탄수화물 섭취를 줄여나가서 자신이 선택한 목표에 맞도록 하루에 130g 이하로 줄일 수 있도록 설계됐다. 프로그램에서는 참가자에게 모듈이 끝날 때마다 '액션 포인트'라고 하는 행동 변화 목표를 제시한다. 이 목표를 달성하고자 관련 정보, 처방, 대체 음식 등에 대한 안내문을 다운로드할 수 있게 만들었다.

그리고 LCP 온라인 플랫폼에는 자기 모니터링 결과와 혈당, 혈압, 기분, 수면 음식 섭취, 체중과 같은 디바이스로 측정되는 데이터를 제출할 수 있는 기능이 있다. 이메일로 참가자가 프로그램을 사용하는 것을 기반으로 주간 자동화된 피드백을 제공했다. 그리고 새로운 주에는 새 모듈이 열렸음을 알려줬다. 강의는 동영상, 문서, 다양한 길이의 팟캐스트 등을 사용해 이뤄졌다. 프로그램은 1주, 2주, 10주에 약물 조절을 위해 참가자의 주치의를 정기적으로 만나는 것을 강조했다. 10주 동안 모듈을 마치고 나서도 참가자는 교육 콘텐츠에 계속 접근할 수 있고, 계속해서 혈당, 체중 등을 추적할 수 있게 했다. 이 프로그램에 사용된 콘텐츠와 전략은 이전 연구와 이론을 바탕으로 설계된 것이다. 예를 들어 목표 설정은 과체중 조절 프로그램에서 생활 습관 중재에 대한 순응노를 개선하는 효과적인 행동 변화 전략이라는 근거가 있다. 따라서 프로그램은 참가자에게 프로그램 초기에 목표(체중 감량, 약물 의존성 줄이기, 가족을 위해 더 건강한 행동하기)를 설정하도록 격려했다. 그리고 목표를 달성했을 때 건강에 어떤 이로움이 있는지 항상 생각하게 했다. 프로그램을 진행하는 동안 참가자가 주기적으로 자신의 목표를 얼마나 달성하고 있는지 생각하게 만들었다. 그리고 통합 추적을 통해 행동 변화를 강화했다. 프로그램은 참가자에게 기분, 음식 섭취, 혈당, 체중, 수면 당화혈색소 등을 꾸준히 추적하게 했다. 행동 변화 조절 이론에 따르면 목표 진행 과정을 추적하게 하는 것, 즉 이전 상태에 대비해 참가자의 현재 성과를 추적하는 것과 그에 따라 참가자에게 반응을 보여주는 것이 목표를 달성하는 데 중요하다고 한다. 최근 연구 결과에 따르면 진행 상황 모니터의 빈도를 올리는 것이 행동 변화를 올릴 가능성을 높인다고 한다.

## 결과

1,000명의 참가자 가운데 70.8%에 해당하는 708명이 22개월째에 결과를 보고했다. 672명은 전체 강좌의 40% 이상을 완수했고, 그 가운데 528명은 프로그램의 모든 강좌를 마쳤다. 시작할 때 당화혈색소가 제2형 당뇨병의 기준치인 6.5% 이상이 됐

던 743명의 참가자 가운데 195명(26.2%)은 당화혈색소 감소가 관찰돼서 혈당 강하 약물을 끊거나 멧포민metformin만 복용하는 상태로 바뀌었다. 시작할 때 적어도 한 개 이상의 혈당 강하 약물을 복용하고 있었던 참가자 가운데 40.4%(289/714)가 약물을 하나 이상 줄일 수 있었다. 모든 참가자 중 절반 정도(46.4%, 464/1000)가 체중이 5% 이상 감량됐다. 전체적으로 봤을 때 혈당 조절 및 체중 감량의 개선이 있었고, 이런 효과는 10개의 모듈을 모두 마친 참가자에게서 뚜렷하게 관찰됐다. 예를 들어 당화혈색소가 7.5% 이상 그룹에 속했던 참가자 가운데 10주 모듈을 모두 마친 경우 당화혈색소가 9.2%에서 7.1%(P<0.001)로 낮아졌고, 체중은 평균 6.9%(P<0.001)가 줄었다.

## 관찰된 현상

- 이 연구에서 사용된 플랫폼은 웹에서만 사용할 수 있고 모바일 앱은 없었다. 모바일 앱이 있었다면 참여를 더 많이 유도할 수 있었을 것으로 기대할 수 있다.

- 이 프로젝트에 참여할 수 있는 기준은 영어를 말할 수 있는 18세 이상의 환자였다.

- 당화혈색소가 6.5% 미만으로 검사된 비율이 26%(257/1,000)에서 50%(503/1,000)로 증가됐다. 약물 치료를 통해 이 정도로 조절하는 경우 체중 증가, 저혈당 이벤트의 위험에 종종 노출되는 현상을 보인다.[178] 이제는 유명한 ACCORD Action to Control Cardiovascular Risk in Diabetes 연구에 따르면 강력한 저혈당 유도 약물 치료는 "사망률을 증가시키고 주요 심혈관계 이벤트를 의미 있게 줄이지 못했다".[179]

- 한계는 전체 중재 과정을 마친 참가자가 528명(52.8%)에 그쳤다는 점이다. 하지만 12개월 결과를 보고한 경우는 전체 70.8%로 높았다. 이는 아마도

프로그램이 11월에 시작이 돼서 크리스마스와 계절적인 요인이 전체 과정을 완주하는 데 악영향을 줬을 것으로 판단됐다. 이 프로그램 전체가 자동화돼 더 많은 사람이 참여할 수 있게 했다면 더 많은 사람이 프로그램을 마칠 수 있었을 것이다.

## 결론

제2형 당뇨병을 가진 성인에게, 특히 전체 과정에 참여하는 경우 저탄수화물 식이 교육용 온라인 프로그램은 혈당 조절, 체중 감량, 약물 줄임 효과를 거두는 데 효과 적으로 사용될 수 있었다.

## 사례 연구: 확장 가능하고 참여를 유도하는 뇌전증 디지털 치료법

- 영국의 다이어비티스 디지털 미디어<sup>Diabetes Digital Media</sup>의 최고 운영 책임자<sup>Chief Operations Officer</sup> 샤롯 서머스<sup>Charlotte Summers</sup>

## 배경

뇌전증은 뇌 질환의 하나다. 여러 가지 원인으로 여러 가지 종류의 뇌전증이 발생한 다. 그 원인은 복잡하고 때로는 파악하기가 어렵다. 유전적 성향, 뇌의 구조적 손상 등으로 발작을 시작할 수 있다. 뇌전증은 장기 질환으로 환자는 종종 수년 동안 또는 일생 동안 뇌전증을 갖고 지내게 된다. 일반적으로 뇌전증은 치료가 안 되기는 하지만, 대부분의 사람에서 발작은 조절할 수 있고 뇌전증이 삶에 거의 또는 아무런 영향을 주지 않게 만들 수 있다. 따라서 치료의 중심은 오랫동안 발작을 조절하는 데 있다. 뇌전증을 가진 대부분의 사람은 발작이 일어나는 것을 막고자 항경련제를 복용한다. 하지만 약물의 부작용이 있고, 항경련제로 조절이 잘 되지 않는 발작을 가진 환자에게는 케톤 식이와 같은 치료 옵션이 있다.

## 근거 중심 적용

케톤 식이와 케톤증<sup>ketosis</sup>이 사람의 생리에 미치는 영향과 치료 메커니즘은 연구로 잘 밝혀진 사실이다. 케톤 식이는 지방을 높이고 탄수화물 비율을 낮추고(보통 하루 50g 미만), 적절한 단백질로 구성되는데[180], 이런 식이의 대사 효과가 1960년대부터 알려져 있었다. 또한 뇌전증 치료 효과는 1920년대로 거슬러 올라간다.[181] 그 이후로 줄곧 케톤 식이의 잠재적인 임상 유용성은 여러 연구를 통해 연구됐으며, 여러 가지 질환에서 케톤 식이의 치료적 역할에 대한 과학적 근거가 누적돼 왔다. 그리고 여러 연구에서 케톤 식이가 약물로 조절되지 않는 발작을 가진 여러 어린이의 발작을 예방하거나 줄일 수 있는 것으로 밝혀졌다. 이 식이를 하는 어린이의 반수 이상에서 발작의 빈도가 적어도 50% 정도 감소하는 효과를 보였다. 그리고 약 10~15% 환자는 완전히 발작이 멈췄다. 뇌전증 학회는 케톤 식이를 생후 12개월 이상의 환자를 위한 치료 옵션의 하나로 제시하고 있다. 기존 연구는 케톤 식이가 뇌전증 환자의 사용 약물을 줄이고 발작을 줄일 수 있다는 사실을 강조하고 있다. 레비<sup>Levy</sup>와 쿠퍼<sup>Cooper</sup>는 최근 코크란 리뷰를 통해 케톤 식이의 근거를 살펴봤는데, 이에 관한 무작위 대조군 실험은 찾지 못했다고 한다.

이런 사실들은 뇌전증이 관리할 수 있는 질환이란 점을 시사하고, 어떤 경우에는 환자가 케톤 유발 식이를 꾸준하게 유지하면 발작이 없는 상태로 지낼 수 있다는 것을 보여준다. 당뇨 환자가 당을 줄인 식사를 통해 혈당을 조절할 수 있는 것처럼 뇌전증 환자도 발작의 빈도와 사용 약물의 개수를 줄이는 것과 같은 의미 있는 건강상의 이득을 얻을 수 있다.

## 센서 기반 디지털 프로그램

KPE<sup>Ketogenic Program for Epilepsy</sup>라 불리는 프로그램은 뇌전증 환자를 대상으로 하는 구조화된 교육 행동 변화 프로그램이다. KPE는 사용자에게 적절히 개인 맞춤화된 교육, 헬스 트래킹 도구, 지지, 헬스 모니터링, 안전하고 지속 가능한 생활 습관을 유지하기 위한 자원 등으로 저탄수화물 식이 생활 습관을 지속하는 것을 돕는 프로그램이다. 결과적으로 뇌전증 환자는 혈당도 관리되고, 발작의 빈도를 감소시키고, 약물 의존성을 줄이며, 자신의 상태를 관리해 나가는 자신감을 호전시킬 수 있다.

헬스 데이티는 애플리케이션 안에 있는 혈당 모니터링, 약물 모니터링, 발작 트래킹 기능을 통해 실시간으로 수집된다. 비구조화된 데이터는 특히 환자의 심리와 감정을 이해하는 데 유용하다. 연구는 12개월 동안 진행되는데, 3개월, 6개월, 9개월, 12개월째 역학적 건강 결과를 보고하고, 이후 18개월, 2년까지 추적해 중간 기간 동안에 걸친 프로그램의 순응도와 효과성을 보려고 한다. 이는 지금까지 디지털 플랫폼을 활용한 뇌전증 연구 가운데 가장 크고 가장 장기간에 걸친 연구가 될 것이다. 연구비가 충분히 준비된다면 무작위 대조군 실험으로 진행될 수도 있는데, 그렇게 된다면 디지털 플랫폼에서 뇌전증 환자의 케톤 식이에 대한 첫 번째 무작위 대조군 실험이 될 것이다.


## 연구

이 연구를 통해 우리는 적용하는 데 있어 가장 효율적이고 효과적인 방법을 배우고, 영국 및 세계적인 피보험자를 대상으로 우리 기술을 확장 가능한 형태로 빠르게 보급하는 방법이 무엇인지 찾으려고 노력할 것이다. 프로젝트는 전 세계인의 건강과 안녕에 혁명을 일으킨다는 확고한 목표를 갖고 있고, 디지털 헬스의 혁신으로 잘 알려진 수상 및 경험이 있는 팀에 의해 주도된다. 기술적인 어려움은 글로벌 규모로 적용할 수 있도록 확장할 수 있고, 재미있고 효과적인 솔루션을 만들어내는 것이다. 이 어려움은 1년 연구에서 71%의 참여자 유지율을 보인 제2형 당뇨병 환자용 다이어비티스 디지털 미디어[DDM]의 로우 카브 프로그램 기반 플랫폼을 확장해서 사용하는 방식으로 줄여나갈 것이다. 놀랍게도 제2형 당뇨병용 로우 카브 프로그램에 등록된 30만 명의 전 세계인 가운데 3,112명의 환자가 뇌전증을 갖고 있는데(영국인의 0.5%), 이는 이 집단의 경우 온라인, 영양에 초점을 맞춘 중재를 바로 시작할 수 있음을 시사한다.

DDM은 KPE의 케톤 식이 프로토콜로 디지털 헬스 혁신을 사용한 분야에서 전 세계에서 처음으로 무작위 대조군 실험을 수행하고자 한다. 잠재적 비용 절감 효과는 매우 크다. 환자가 더 힘을 갖고 자신의 건강과 안녕을 유지하게 되면 사회에서 더 적극적인 일원이 될 것이고, 돌봄에 대한 니즈도 줄어들 것이다.


## 프로젝트 영향

가장 큰 영향은 이 프로그램으로 힘을 얻은 환자가 자신의 뇌전증을 관리할 수 있게 된 데 따른 결과를 토대로 뇌전증 환자와 가족에 의해 느껴질 것이다. 이전 연구에서 뇌전증 환자의 케톤 식이는 소아와 성인 모두에서 발작의 횟수와 약물 사용을 줄이는 데 효과가 있었다. 또한 그 근거 안에는 심혈관계 질환의 위험성에 대한 긍정적인 효과도 있다. 따라서 건강 개선과 비용 절감 효과는 작지 않다. 이와 더불어 부작용을 줄이고, 정신 및 감정적인 건강을 개선하고, 병원 입원을 줄이고, 약물 사용을 줄여 영국 의료보험 재정에 직접적인 효과를 줌으로써 영국 경제와 NHS에 굉장한 가치를 부여한다.

환자가 느낄 긍정적 사회적 영향은 더 큰 사회, 비즈니스, 영국 경제에 영향을 줄 것이다. 환자와 대중의 건강이 개선됨으로써 기관은 줄어든 결근, 개선된 정신 건강, 개선된 삶의 질과 뇌전증 관리에 부담이 줄어 이득을 보게 될 것이다. 긍정적인 영향은 임상 헬스케어 커뮤니티에서도 감지될 것이다. 이는 의사와 헬스케어 전문가의 부담을 줄여주고 근거 중심 강화를 통해 이뤄진다.

## 예비 분석

이 프로젝트의 연구 목적은 디지털로 전달된 케톤 식이 프로그램의 1년 결과를 평가하는 것이다. 이 프로그램은 영양에 초점을 맞추고 있으며, 뇌전증 관리를 위해 케톤식이를 유도할 목적으로 구성된 16개 세션의 교육 중재로 구성돼 있다. 이 프로그램은 목표 설정, 동료 지지, 행동에 대한 자가 모니터링 등을 포함하는 행동 조절 기법을 사용해 환자의 신체를 케톤증 상태로 유도하는 것을 돕는다. 상승된 혈당과 기분 사이에 존재하는 흥미로운 상관관계를 사용해 개발한 예측 알고리즘으로 발작이 임박했음을 파악한 후 알림 기능을 통해 환자에게 알려 조치를 취할 수 있게 했다.

적극적으로 모든 과정에 참여하는 환자의 경우 뇌전증 성인을 대상으로 하는 저탄수화물 식이를 가르쳐주는 온라인 프로그램을 통해 혈당 조절, 체중 감량, 발작의 횟수와 약물 절감 효과를 얻을 수 있었다. 이런 디지털 치료의 임상적인 임팩트를 이해하려면 무작위 대조군 실험이 필요하다.


## 사례 연구: 새로운 증강 및 가상현실을 이용한 주니어 의사 교육 프로그램의 결과

- 리버풀 대학교의 폴 듀발[Paul Duval], 비디 테일러-존스[Vidhi Taylor-Jones]


## 배경

주니어 의사[2]는 인류를 돕겠다고 대학병원 생활을 시작하지만, 과중한 스트레스, 응급 상황 등을 대처하는 방법을 잘 모른다. 응급이든 비응급이든 의료적인 문제를

---

2. Junior Doctors는 영국 의료제도에서 사용되는 용어로, 의과대학을 졸업하고 1~5년차에 해당되는 의사다. 우리나라의 레지던트와 비슷하다고 볼 수 있다. - 옮긴이

적절히 처리하려면 수년의 경험과 수련이 필요하다. 시간이 지나면서 수술, 병원, 클리닉에 노출되면서 자신감, 자세, 경험이 모여 의사의 본분과 능력을 습득하게 된다. 심장 마비와 같은 아주 긴장된 상황은 정밀하고 정확한 의사 결정과 행동을 필요로 한다. 대학병원에 처음 들어가서 일정 시간이 지나기 전까지 주니어 의사는 그런 결정을 할 준비가 돼 있지 않다. 이 부분이 증강현실과 가상현실이 기회를 발휘하는 곳으로, 이 기술을 통해 의과대학생은 의사로서 삶을 시작하는 것을 준비할 방법을 배울 수 있다. 더군다나 1년에 1,500명 정도의 학생이 단체로 병원 실습을 하는 것은 비용이 많이 들 뿐더러 과정을 관리하기도 어렵다.

이 프로젝트는 2016년, 혁신성을 인정받아 ASME[Association for Study of Medical Education]에서 교육 혁신상을 수상했다.


## 목표

이 프로젝트의 목표는 다음과 같다.

- 시뮬레이션 센터를 사용하지 않고 주니어 의사를 시뮬레이션과 훈련 환경에 자주 노출시킨다.
- 경험이 없는 의사에게 비응급 상황에 대처할 수 있는 경험을 제공한다.
- 효과적인 처치와 효과가 없는 처치가 무엇인지 설명한다.
- 의과대학생에게 자신의 의료 행위와 사고 과정을 생각하게 한다.
- 학생이 임상 학습 환경에 몰입하게 하고, 가상현실의 사용을 통해 학생이 여러 가지 임상 상황, 환자의 예측 불가능성에 익숙해지게 만들어 고도의 압박 상황을 극복하는 자신감을 제공하는지 확인한다.

## 프로젝트 설명

프로젝트는 가급적 많은 사람이 사용할 수 있게 하자는 데 동의가 있었다. 따라서 홀로렌즈$^{HoloLens}$나 오큘러스$^{Oculus}$ 같은 가상현실 하드웨어 없이 모바일 기기를 통해 교육이 전달된다. 삼성 기어, 구글 픽셀 같은 모바일폰으로 콘텐츠를 전달하고, 확장된 가상현실로 들어가고자 헤드셋을 사용한다. 모든 학생이 폰은 갖고 있고, 홀로렌즈나 오큘러스를 가진 학생이 거의 없기 때문에 이렇게 한 것은 당연한 것이었다.

다양한 임상 경험의 시뮬레이션은 의사와 환자가 배우가 돼 360도 비디오그래피 촬영으로 만들었다. 이 시뮬레이션은 5분에서 10분 정도이며, 내용은 어떤 결정을 해야 하는 순간에서 학생이 어떤 선택을 하게 돼 있다. 이를테면 심장 마비 환자가 발생하거나, 조현병 환자가 이상 행동을 하는 상황 등이 있다. 이런 동영상은 가상현실 애플리케이션에 통합돼 있다. 학생은 가상현실에서 임상 상황을 탐구한다. 몰입된 가상 환경에서 학생이 프로세스를 진행시키면서 다양한 결정을 해보도록 구성돼 있다.

## 결론

- 가상 환경 시뮬레이션은 주니어 의사가 자신의 의료 행위를 비춰볼 수 있는 뛰어나고 안전한 임상 환경을 제공했다.
- 특히 그 기술을 통해 학생은 자신의 실수에 초점을 맞출 수 있었다.
- 이 기술은 시간이나 집, 학교, 도서관 등 장소에 상관없이 배울 수 있는 기회를 제공했다.
- 가상 환경 시뮬레이션은 적절한 하드웨어만 있으면 모든 의과대학생이 사용할 수 있었다.
- 학생이 오프라인 강의에서 의사 결정에 더 적극적으로 바뀌었다.
- 가상현실 경험은 토론과 학습을 하도록 유도했다.

- 학생의 병원 실습보다 비용이 덜 들어가고 관리하기도 쉬웠다.
- 이런 혁신적인 기술을 사용해 주니어 의사가 직업적인 요구 사항을 잘 준비할 수 있었다.
- 가상현실과 관련된 도구가 더 늘어나면서 가상현실 학습을 지지하는 교육방법의 연구와 탐구가 필요하다.

## 사례 연구: 빅데이터, 큰 영향, 큰 윤리: 데이터로 환자 위험도 진단

- 영국 Diabetes.co.uk의 공학 부장 도미닉 오테로[Dominic Otero]

### 배경

환자 데이터의 다양성과 속도가 최근 10여 년간 기하급수적으로 증가했다. 그런데 이런 데이터가 의사 결정을 위해 견고한[rubostness] 기반으로 발전하지 못했다. 따라서 왜 의사 결정이 데이터에 기반을 둔 방법으로 이뤄지지 않는지 의문을 자아내고, 그런 방식을 검증하고 채택을 촉진시키고자 무엇을 할 수 있는지 고민하게 한다.

Diabetes.co.uk는 워윅 대학교[Warwick University]에 기반을 둔 세계에서 가장 큰 당뇨 커뮤니티로 연간 4천5백만 명이 방문하는 플랫폼이다. 전 세계 환자를 대상으로 하는 당뇨 커뮤니티로, 환자 데이터 생태계에 초점을 맞춘 다양한 서비스를 제공해 환자가 자신의 건강을 관리하고 조절할 수 있게 돕는다. 장시간에 걸쳐 얻어진 환자 데이터나 실세계 근거에 따라 환자 건강의 특정 부분의 통찰력, 교육, 피드백을 제공하는 생태계가 형성된다.

## 플랫폼 서비스

이 플랫폼은 많은 데이터를 수집한다. 플랫폼에 접근하는 순간부터 여러 가지 행동이나 참여에 관한 지표가 수집되고, 환자가 플랫폼에 등록하고 당뇨와 전체 헬스 상태에 관한 120개가 넘는 항목에 참여하는 데 따른 데이터가 수집된다. 플랫폼에 들어오는 순간부터 다양한 형태의 데이터가 수집된다. 대화, 교류, 참여, 행동의 형태로 존재하는 비정형화된 데이터와 자기 보고, 디바이스에서 나오는 것, 웨어러블, 사물인터넷, 의무기록 데이터와 같은 정형화된 데이터도 수집된다. 이를 바탕으로 플랫폼은 환자와 지불자에게 다양한 서비스를 제공한다.


## 약물 순응도, 효능과 약물에 대한 부담

약물 순응도, 부작용, 약물 버려짐은 약물 치료에서 해결해야 하는 중요한 문제다. 당뇨를 가진 환자는 보통 플랫폼에 가입할 때 적어도 하나의 약물을 복용한다. 플랫폼 안에서 환자는 정기적으로 약물을 평가하고, 실제 생활에서 약물 사용에 대한 의견을 교환하고, 부작용, 순응도, 효능, 부담의 구조화된 데이터를 보고한다. 이런 데이터는 지역, 질환, 약물, 기타 마커를 기준으로 분석해서 익명화돼 종합된 방식으로 연구 목적의 제약 회사나 학술 파트너에게 제공된다. 파트너는 데이터를 사용해 새로운 약물을 개발하거나 상호작용, 사용되는 패턴, 순응도, 부작용의 빈도를 확인한다. 환자의 안전을 개선하는 데도 같은 데이터가 사용된다. 예를 들어 플랫폼은 약물과 관련된 어떤 문제나 리콜이 생겼을 경우 해당 약물을 복용하는 회원에게 내용을 통지해준다.

## 커뮤니티 포럼

Diabetes.co.uk 커뮤니티 포럼은 당뇨를 가진 사람을 위한 세계에서 가장 큰 커뮤니티 포럼이며, 전 세계 당뇨인에게 훌륭한 통찰력을 제공한다. 이 플랫폼은 모든 당뇨 환자, 돌봄이, 헬스케어 전문가를 환영한다. 개념은 간단하다. 당뇨를 가진 진짜 사람이 자신의 경험을 이야기하고 비슷한 처지에 있는 다른 사람과 대화하는 것이다. 환자의 참여도는 높다. 회원의 질병 경험을 합치면 2백만 년 이상이고, 한 번 방문할 때마다 17분 이상 머무른다. 세계에서 가장 최신 디지털 커뮤니티의 하나로, 온라인 포럼에서 나온 데이터와 중요한 통찰력, 최신 연구 결과를 환자 지원 네트워크, 의료 자문단, 기타 관심 있는 네트워크를 통해 항상 공유하고 있다.

2017년, 런던 대학교의 로열 홀로웨이에서 건강 커뮤니티가 환자의 자기 관리에 미치는 영향에 대한 첫 단계 연구가 있었다. 이 연구에서는 다음과 같은 내용을 확인하고자 했다.

- 당뇨 관리에 대해 온라인 헬스 커뮤니티에서 알게 된 지식을 환자는 어떻게 평가하는가?
- 환자를 돌보는 헬스케어 전문가는 그 지식을 어떻게 받아들이고, 그 지식을 사용해 자신의 의료 행위를 어떻게 혁신하고 있는가?

이 연구로 밝혀진 사실은 다음과 같다.

1. Diabetes.co.uk 포럼은 혁신의 촉매 역할을 한다.
2. Diabetes.co.uk 포럼은 환자에게 다음과 같은 효과로 뭔가 할 수 있는 힘을 부여한다.
   i. 헬스케어 전문가와의 좋은 관계 유지
   ii. 자신의 상태를 관리하는 데 있어 높은 자기 효능감 부여
   iii. 심리적 부담감의 경감

이것은 13,000명 환자의 데이터를 분석한 결과이며, 환자들은 플랫폼 사용으로 얻을 수 있는 환자의 이득을 강조했다.

- 53%는 혈당이 더 잘 조절됐다.
- 58%는 삶의 질이 개선됐다.
- 59%는 당뇨 관리에서 높은 자신감을 가질 수 있었다.
- 65%는 개선된 식이를 선택했다.
- 76%는 당뇨에 대한 지식이 높아졌다.

## 인공지능을 사용한 환자 상호작용에 대한 우선순위 결정

규제 요건을 맞추려면 모든 헬스 플랫폼은 환자의 건강이나 안전상의 문제가 발생한 경우 즉시 보고해야 한다. 이 일을 사람이 전부 하려면 다음과 같은 이유 때문에 상당히 번거로운 작업이 된다.

- 의료에 대한 토론 그룹과의 상호작용을 모니터하면서 규제 목적으로 어떤 우려 사항을 짚어내려면 사람의 노동력이 많이 필요하다.
- 사람이 모든 것을 확인하려면 엄청난 시간이 소비된다.

의무를 다하고자 우리는 인공지능 봇을 사용하기로 결정했다. 이것을 사용하면 빠르게 프로세스를 진행시킬 수 있고, 사람은 더 중요한 일에 시간을 쏟을 수 있을 것이었다. 이 인공지능은 신경망에 기반을 둔 분류기로 구현했다. 이 분류기로 콘텐츠, 사용자 프로필, 여타 핵심 지표의 빈도에 기초해 환자의 감정과 걱정거리를 알아내게 했다. 이 분류 시스템은 수백만 건의 포스트를 보관하고 있는 거대한 데이터 레이크<sup>data lake</sup>에서 샘플링한 데이터로 수백 회에 걸쳐 검증됐다. 이 인공지능 분류기는 모든 문제를 99.8% 알아맞췄고, 사람이 직접 처리해야 하는 경우는 0.2% 정도였다. 이러한 인공지능의 사용은 상당히 많은 이점이 있었다.

- 사람의 작업 시간을 상당히 줄였다.
- 사람의 시간을 가장 중요한 문제에 집중해 사용할 수 있었다.
- 어떤 토론의 내용을 분류하는 작업은 거의 실시간으로 이뤄졌다. 사람이 한다면 적어도 15-20분 정도는 걸렸을 것이다.

이런 정보는 고객지원 팀이 사용자의 질의에 효율적으로 대처하는 데 도움이 됐다. 고객지원 팀은 대화가 무엇에 대한 것인지, 어떤 질의에 대한 전형적인 반응이 무엇인지, 이로운 결과를 낼 수 있도록 어떤 식으로 사용자에게 응답하는지 등에 대해 잘 알 수 있었다. 부수적으로 사용자의 감정에 관한 데이터는 미래에 추가 시스템을 개발하는 데 사용될 수 있다.

## 실세계 근거

환자 데이터 분석을 통해 학술적으로 알려진 통계치와 실세계 건강 통계치 사이의 차이를 파악할 수 있다. 예를 들어 영국에서 당뇨병 환자의 14%는 정신적, 감정적인 건강 문제를 갖는 것으로 추산하는데, 플랫폼에서는 그 숫자가 44%에 달했다. 이런 사실은 환자 케어와 관련된 핵심적인 측면이 방치되지 않게 하려면 환자 집단에 대한 추가 조사와 이해가 꼭 필요하다는 것을 지적한다. 흥미롭게도 수년이 지나면서 일부는 연구비와 이해 충돌에 대한 우려도 한 몫을 하지만, 실세계 근거에 대한 파트너의 관심이 더 커졌다.

## 예측 분석의 윤리적인 함의

예측 분석은 지능적인 분류자가 질환의 위험도를 예측 가능하게 만들어준다. 대화, 헬스 마커, 인구학적 특성, 행동 등을 포함한 다양한 환자 데이터셋 집합을 통해 정교한 모델을 개발하고, 이를 세밀한 예측에 활용할 수 있다. 이 프로젝트에서 의도하지 않았던 결과 가운데 하나가 췌장암을 가질 위험이 있는 환자를 예측하게 인공지능 모델을 배치할 때 발견됐다. 췌장암은 인구 10,000명 가운데 1명 정도 발생하는데, 종종 오진되곤 한다. 그리고 환자가 너무 늦은 시기에 발견되는 경우가 많다. 췌장암 인공지능 모델은 건강 지표에 대한 임상적인 데이터셋, 참여도, 행동 데이터를 기반으로 개발됐으며, 환자가 좋지 않은 대사 건강을 가질 가능성을 예측한다. 예측도가 임곗값을 넘어섰을 때 모델은 환자가 췌장암에 걸릴 위험이 높다고 평가한다.

이런 정보를 사용자와 커뮤니케이션하는 것이 이 기관에서 주어진 첫 번째 문제였다. 의료 자문단을 포함한 모든 관련 이해당사자에게 이 문제에 대한 의견을 물었다. 이전의 예측 분석은 생활 습관에 기반을 두고 고혈압과 기타 질환의 가능성을 환자에게 알려주는 데 사용됐다. 그러나 췌장암의 경우 위험성을 환자에게 알리는 것은 윤리적이지 않았다고 판단됐다. 우리는 추가적인 정신적인 건강 우려와 불안을 만드는 것은 원하지 않았기 때문이다.

삶을 바꿀 수도 있는 중요한 내용을 사용자에게 어떻게 알려야 할까? 이와 같은 종류의 커뮤니케이션에서 가장 중요한 행동은 환자가 가급적 빨리 의사의 진료를 받도록 유도하는 것이다. 이런 경우 성공은 사용자와의 적극적인 협력에 달려있다. 사용자와 의사소통자 사이에 마찰이 적으면 적을수록 더 성공적인 커뮤니케이션이 이뤄진다. 사용자에게 두려움을 유발시키지 않으면서 데이터가 정상 범위 밖에 있음을 알리고자 행동경제학 전문가의 의견에 따라 커뮤니케이션 방법을 결정했다. 이를 위해 예측 결과는 환자와 집단의 인구학적, 의료 데이터를 고려해 수정했다. 사람은 자신이 이상한 데이터를 가진 유일한 사람이라고 듣는 것보다 다른 사람도 그와 비슷한 패턴을 갖고 있으며, 그런 사람도 성공적으로 건강을 관리하고 있다는 말을 들을 때 더 안도감을 가진다.

## 사물인터넷의 통합

가속계, 고도계, 심박수, 피부 온도 모니터와 같은 웨어러블에 있는 센서는 엄청난 양의 유용한 정보를 제공한다. 예를 들어 운동, 땀 성분, 대화도 모두 의미 있는 데이터를 제공한다. 그런 숫자들은 대사, 심혈관, 정신 건강에 대한 스냅샷을 제공할 수 있다. 이와 같은 서비스가 광범위하게 적용되려면 환자와 서비스 제공자 간의 마찰이 거의 없거나 아주 작아야 한다. 이용자와 데이터를 공유하고자 선택한 대상과의 마찰이 적으면 적을수록 더 성공적인 서비스가 만들어진다. 웨어러블은 웰니스를 추구하는 행동에 보상을 하고자 점점 더 많이 사용되고 있다. 환자의 행동과 일반적인 생리학의 검증은 프리미엄과 결과에 기반을 둔 보상 시스템을 위한 맞춤형 서비스를 촉진한다.

환자는 자신이 원하는 경우 갖고 있는 디바이스와 애플리케이션을 Diabetes.co.uk 플랫폼에 연결할 수 있게 했다. 재미있게도 나이가 젊을수록 웨어러블 사용을 편안해 했고 오래 유지했다. 이런 경향은 보험과 웰니스 행동 보상 프로그램을 적용할 때 고려해야 할 내용이다. 대부분의 보험 청구는 대부분 나이가 많은 보험 계약자에게서 나오기 때문이다.

## 결론

정밀 의학을 실현하려면 기술적, 윤리적 도전을 해결해야 한다. 사물인터넷과 대화형, 웨어러블 데이터는 다양한 데이터의 일부 사례에 불과하다. 이런 데이터를 수집해 환자가 실시간으로 건강과 웰빙을 개선시키는 데 사용할 수 있다. 그런데 데이터와 인공지능을 적용하는 데는 윤리적인 우려가 따라온다. 특히 미래 질환의 위험을 예측하는 부분이 그렇다. 인공지능의 능력이 좋아지면서 그런 문제에 대한 프로세스와 데이터 거버넌스가 시급하게 마련될 필요가 있다.

# 기술 용어 설명

- **F-값**<sup>F-score</sup>: 정밀도<sup>precision</sup>와 재현율<sup>recall</sup>을 결합해 분류의 효율성을 측정하는 평가 방법이다.

- **HBase:** 희소 데이터를 저장하고 관리할 수 있는 하둡 데이터베이스의 일종이다.

- **JSON:** JavaScript Object Notation의 약자로 웹에 기반을 둔 애플리케이션에서 데이터의 생성, 파싱, 전송 등을 빠르게 할 수 있게 고안된 경량의 데이터 파일 타입이다.

- **NewSQL:** NewSQL은 전형적인 관계형 SQL 데이터베이스의 무결성을 유지하면서 NoSQL 계열의 데이터베이스와 같은 높은 성능을 제공한다.

- **NoSQL:** 빠르게 바뀌거나 비정형화되거나 반정형화된 데이터를 관리하는 데 편리한 현대적 데이터베이스 시스템이다. 각각의 행은 자신만의 열값을 가질 수 있다. 이런 데이터베이스는 빅데이터를 저장하고 관리할 목적으로 개발됐다. 쓰기 성능을 높게 설계돼 있으며, 압축 시 저장 공간이 절약되

고 데이터를 효율적으로 다룰 수 있다.

- **P 값**<sup>P value</sup>: 귀무가설이 참이라는 전제하에서 관찰된 값 이상으로 어떤 값을 받을 확률이다.

- **R**: R은 통계 컴퓨팅과 그래픽을 위한 소프트웨어이자 프로그래밍 언어다. 데이터 마이닝에 사용하기 편리하고, 데이터 분석용 고수준 통계 언어를 제공하는 프로그래밍 언어다.

- **SQL**: Structured Query Language의 약자로, 전통적인 데이터베이스 관리 시스템에서 데이터 관리에 사용되는 언어다.

- **XML**: eXtensible Markup Language의 약자로, 데이터 임포팅, 익스포팅, 생성, 이동을 쉽게 하고자 고안된 평평한 데이터 파일의 형태다.

- **거짓 양성**<sup>False Positive</sup>: 모델의 출력이 양성이 아닌데 양성이라고 판정한 경우를 말한다.

- **거짓 음성**<sup>False Negative</sup>: 모델의 출력이 음성이 아닌데 음성이라고 판정한 경우를 말한다.

- **과소적합**<sup>Underfitting</sup>: 과소적합은 머신러닝 모델이 데이터의 시그널을 잡아내지 못했을 때 발생하며, 훈련과 검증 데이터셋 모두에 대해 불량한 성능을 보인다.

- **과적합**<sup>Overfitting</sup>: 과적합은 머신러닝 모델이 훈련 데이터셋의 경우에는 잘 예측하는데, 검증 데이터셋의 경우에는 예측력이 떨어지는 것으로, 모델이 훈련 데이터를 과도하게 학습한 경우 발생한다.

- **데이터 변환**<sup>Data transformation</sup>: 데이터를 하나의 형태에서 다른 형태로 바꾸는 작업이다.

- **데이터셋**<sup>Dataset</sup>: 사례<sup>examples</sup>의 집합이다.

- **데이터프레임**Dataframe: 열마다 서로 다른 타입의 데이터를 가질 수 있는 레이블이 붙어 있는 데이터 구조다.

- **매트랩**Matlab: 매트랩은 대학에서 많이 사용 되는 언어이고, 빠른 프로토타이핑이 장점이며 머신러닝 도구를 많이 갖고 있다.

- **모델 선택**Model selection: 여러 가지 모델 가운데 적절한 모델을 선택하는 과정이다.

- **몽고DB**MongoDB: NoSQL 계열의 데이터베이스 시스템으로, 특별한 스키마를 사용하지 않고 비정형화된 데이터를 저장한다.

- **배깅**Bagging: 같은 데이터에서 기원한 여러 서브셋 데이터에 대해 모델을 만들고 이를 전체적으로 종합해 예측 효과를 높이는 머신러닝 방법이다.

- **부트스트래핑**Bootstrapping: 데이터를 복원 추출하는 방식을 통해 여러 개의 세부 데이터셋으로 분류하는 기술이며, 각각의 세부 샘플을 하나의 부트스트랩 샘플이라고 부른다.

- **비용 함수**Cost function: 머신러닝의 오류를 평가하는 데 사용되는 성능 지표로 쓰이는 함수다.

- **빅데이터**Big data: 정형화되거나 비정형화된 큰 규모의 데이터를 의미한다.

- **사례**Example: 특징들features의 집합이다.

- **스파크**Spark: 스파크는 자바, 스칼라, 파이썬, R 언어 등으로 대규모 데이터 프로세싱 애플리케이션을 빠르게 만들 수 있게 도와주는 프레임워크다.

- **아파치 레인저**Apache Ranger: 하둡 플랫폼에서 데이터 보안을 담당하는 도구다.

- **아파치 스쿱**Apache Sqoop: 하둡과 전통적인 관계형 데이터베이스 사이의 데이터 전송을 쉽게 해주는 아주 편리한 오픈소스 도구다.

- **아파치 플룸**Flume: 하둡 분산 파일 시스템에서 로그 데이터의 수집, 집계, 전

송 등을 용이하게 해주는 분산된 서비스다.

- **역전파**(Backpropagation): 신경망에 사용되는 알고리즘으로 오류에 기반을 두고 편향과 가중치를 업데이트하는 방법이다. 오류는 예측된 출력이 지정한 오류 임곗값을 넘을 때 발생한다. 출력 부분의 오류는 네트워크의 앞부분으로 전파돼 뉴런의 값을 업데이트한다.

- **연속 변수**(Continuous variable): 최솟값과 최댓값 사이의 무한한 값을 취할 수 있는 변수다.

- **열 중심 데이터**(Columnar data): 행이 아닌 열을 기준으로 데이터를 저장하는 방식으로, 열 중심으로 데이터를 저장하면 디스크 로드를 줄이고 데이터 이동을 빠르게 할 수 있다.

- **이산 변수**(Discrete variable): 유한한 개수의 값만을 취할 수 있는 변수다.

- **임팔라**(Impala): HDFS나 HBase에서 데이터 쿼리 작업을 대규모 병렬 처리로 처리할 수 있게 도와주는 오픈소스 프레임워크다.

- **적합도**(Goodness of fit): 모델이 관찰된 데이터셋에 얼마나 잘 적합되는지 나타내는 것으로 관찰된 값과 기대되는 값의 차이로 정리된다.

- **정확도**(Accuracy): 머신러닝 모델의 성능을 평가하는 데 사용되는 지표로, 보통은 전체 사례 가운데 정확하게 분류한 비율로 표시한다.

- **참 양성**(True Positive): 모델의 출력이 양성을 양성이라고 정확하게 예측한 경우다.

- **참 음성**(True Negative): 모델의 출력이 음성을 음성이라고 정확하게 예측한 경우다.

- **탐색적 데이터 분석**(EDA, Exploratory Data Analysis): 통계 분석과 시각화를 통해 데이터에 대한 통찰력을 얻는 데 사용되는 데이터 과학 기술이다.

- **텐서**(Tensor): 텐서는 벡터와 유사한 객체로, 보통 $N$차원 배열 형태를 가진다. 텐서는 $N$차원 공간에서 행렬을 일반화한 것이다.

- **텐서플로**<sup>TensorFlow</sup>: 머신러닝에 최적화된 알파벳이 지원하는 오픈소스 라이브러리 데이터 컴퓨테이션 프레임워크로, 다층 신경망을 구성하고 빠르게 훈련시킬 수 있다.

- **특징 선택**<sup>Feature selection</sup>: 통계적 모델의 출력을 설명하고자 부적절한 특징을 제외하고 적절한 특징을 선택하는 과정이다.

- **특징**<sup>Feature, 피처</sup>: 특징은 데이터의 한 속성으로 그 값을 가진다. 예를 들어 피부색이 황색이라고 할 때 피부색은 속성이고 황색은 그 값을 말한다.

- **파라미터**<sup>Parameters</sup>: 머신러닝 시스템의 데이터를 통해 학습해서 획득한 속성으로, 모델의 결과와 행동에 영향을 준다.

- **팔콘**<sup>Falcon</sup>: 아파치에 사용되는 관리 프로그램으로, 하둡 클러스터의 데이터 관리에 사용된다.

- **하둡 맵리듀스**<sup>Hadoop MapReduce</sup>: 대규모 데이터셋을 병렬로 처리할 수 있는 소프트웨어 개발을 위한 프레임워크다.

- **하둡 커먼**<sup>Hadoop Common</sup>: 하둡 모듈을 지원하는 라이브러리, 모듈, 확장 도구다.

- **하둡**<sup>Hadoop</sup>: 하둡은 아파치에서 개발된 오픈소스 프레임워크로, 빅데이터셋의 분산 처리를 하는 데 사용된다.

- **하이브**<sup>Hive</sup>: 오픈소스 라이브러리로, 하둡이 SQL로 프로그래밍될 수 있게 해준다. 관계형 데이터베이스 저장 구조를 제공한다.

- **행렬**<sup>Matrix</sup>: 데이터를 표현하는 데 사용되는 배열이다.

- **회귀**<sup>Regression</sup>: 출력 결과가 실수일 때 사용되는 지도학습 방법의 하나다.

# 참고 문헌

1.  https://www.forbes.com/sites/bernardmarr/2017/09/22/12-aiquotes-everyone-should-read/

2.  http://www-01.ibm.com/software/data/bigdata/

3.  https://www.forbes.com/sites/parmyolson/2018/06/28/aidoctors-exam-babylon-health/#7076587912c0

4.  https://diabetestimes.co.uk/nhs-green-light-for-low-carbprogramme/

5.  Ibid

6.  Lessons learned review of the WannaCry Ransomware Cyber Attack, NHS https://www.england.nhs.uk/wp-content/uploads/2018/02/lessons-learned-review-wannacry-ransomware-cyber-attackcio-review.pdf

7.  The One-Way Mirror: Public attitudes to commercial access to health data, March 2016

8.  Outdated NHS technology hindering cost savings, retrieved https://www.clarityworkforcetech.com/blog/outdated-nhstechnology-hindering-cost-savings/

9.  Sharing of Data: a Patient Perspective: data on file, Diabetes.co.uk, 2018

10. The Digital Edge, Gartner, http://www.gartner.com/imagesrv/books/digital-edge/TheDigitalEdge.pdf

11. Big Data: present and future, Mircea Răducu TRIFU, http://www.dbjournal.ro/archive/15/15_4.pdf

12. A Study on the Role of Big Data in Social Media Tadepalli, Sarada Kiranmayee, March 2015

13. Identifying big data dimensions and structure, 2017 4th International Conference on Signal Processing, Computing and Control (ISPCC)

14. Big Data, Analytics Market To Hit $203 Billion In 2020, Information Week

15. http://ns1758.ca/winch/winchest.html

16. http://www.diabetes.co.uk/facesofdiabetes

17. Twitter data accurately tracked Haiti cholera outbreak, Nature, 2012

18. IBM Insights on Business, https://www.ibm.com/blogs/insightson-business/consumer-products/2-5-quintillion-bytes-ofdata-created-every-day-how-does-cpg-retail-manage-it/

19. Detecting influenza epidemics using search engine query data, Nature Vol 457, 19 February 2009

20. https://www.mckinsey.com/industries/healthcare-systems-andservices/our-insights/the-big-data-revolution-in-us-healthcare

21. Open graph, http://ogp.me/

22. Risk stratification of early admission to the intensive care unit of patients with no major criteria of severe community-acquired pneumonia: development of an international prediction rule, published online 2009 Apr 9. doi: 10.1186/cc7781

23. Allocating scarce resources in real time to reduce heart failure readmissions: a prospective, controlled study

24. https://www.optumlabs.com/

25. Overview, eHealth: Digital health and care, EU, retrieved 14/1/2017

26. What health systems can learn from Kaiser Permanente, McKinsey & Company.

Retrieved 14/1/2017

27. https://diabetestimes.co.uk/nhs-green-light-for-low-carbprogramme/

28. https://www.blueshieldca.com/bsca/about-blue-shield/mediacenter/calindex-launch-080514.sp

29. http://www.modoo-med.com/

30. http://institute.swissre.com/research/library/health_monitoring_dave_wang.html

31. The Influence of Wireless Self-Monitoring Program on the Relationship Between Patient Activation and Health Behaviors, Medication Adherence, and Blood Pressure Levels in Hypertensive Patients: A Substudy of a Randomized Controlled Trial, published online 2016 Jun 22. doi: 10.2196/jmir.5429

32. https://www.wired.com/story/science-says-fitness-trackersdont-work-wear-one-anyway/

33. Your Fitness Tracker Isn't the Best Way to Measure Heart Rate, Cleveland clinic, https://health.clevelandclinic.org/yourfitness-tracker-isnt-the-best-way-to-measure-heart-rate/

34. US AID, Use of technology in the Ebola Outbreak in West Africa, https://pdf.usaid.gov/pdf_docs/PA00K99H.pdf

35. Improved Response to Disasters and Outbreaks by Tracking Population Movements with Mobile Phone Network Data: A PostEarthquake Geospatial Study in Haiti, published: August 30, 2011, https://doi.org/10.1371/journal.pmed.1001083

36. TAKMI Bringing Order to Unstructured Data, http://www-03.ibm.com/ibm/history/ibm100/us/en/icons/takmi/

37. Evidence Generation Guide for Apps and Wearables Developers: Study Designs Including Applied Examples, YHEC, NHS, retrieved 14/5/2018

38. LowCarbProgram.com

39. Brighton and Sussex University Hospitals NHS Trust, Data Protection and Audit Report, ICO, 2018

40. Cyber security: Attack of the health hackers, FT, retrieved 18 June 2018

41. Hackers can make your pacemaker or your insulin pump kill you – and the NHS needs to respond to that threat Cyber-security it not just about keeping data safe – it's about protecting patients' health; Ara Darzi, https://www.independent.co.uk/voices/hackers-medicine-nhs-cyber-attack-medical-device-pacemakerwifi-a8032251.html

42. Half of web traffic is now encryted, TechCrunch, retrieved Feb 28, 2018

43. Arthur Lee Samuel, IEEE Computer Society, http://history.computer.org/pioneers/samuel.html

44. Artificial intelligence expedites breast cancer risk prediction, Houston Methodist, retrieved Februrary 29, 2018

45. Ibid

46. Artificial Intelligence: A Modern Approach (International Edition)

47. http://www.contrib.andrew.cmu.edu/~mndarwis/ML.html

48. AlphaGo, Deepmind, https://deepmind.com/research/alphago/

49. http://www.independent.co.uk/life-style/gadgets-and-tech/news/facebook-artificial-intelligence-ai-chatbot-newlanguage-research-openai-google-a7869706.html

50. Data Mining: Opportunities and Challenges by John Wang

51. https://link.springer.com/article/10.1007/BF00993309

52. Stochastic Gradient Boosting, Jerome H Friendman, 1999

53. World's best Go player flummoxed by Google's 'godlike' AlphaGo AI, The Guardian, https://www.theguardian.com/technology/2017/may/23/alphago-google-ai-beats-ke-jie-china-go

54. Porter Stemmer, http://people.scs.carleton.ca/~armyunis/projects/KAPI/porter.pdf

55. An Introduction to Genetic Algorithms, Jenna Carr

56. Diabetes prevalence, https://www.diabetes.co.uk/diabetesprevalence.html

57. Risk Factors for Incidence of Cardiovascular Diseases and All-Cause Mortality in a Middle Eastern Population over a Decade Follow-up: Tehran Lipid and Glucose

Study. Published online 2016 Dec 8. doi:10.1371/journal.pone.0167623

58. Machine Learning and Data Mining Methods in Diabetes Research. Published online 2017 Jan 8. doi: 10.1016/j.csbj.2016.12.005

59. Ibid

60. Population-Level Prediction of Type 2 Diabetes From Claims Data and Analysis of Risk Factors. Published Online:1 Dec 2015. https://doi.org/10.1089/big.2015.0020

61. Development and validation of risk assessment models for diabetesrelated complications based on the DCCT/EDIC data. https://doi.org/10.1016/j.jdiacomp.2015.03.001

62. An interpretable rule-based diagnostic classification of diabetic nephropathy among type 2 diabetes patients. Published online 2015 Jan 21. doi: 10.1186/1471-2105-16-S1-S5

63. Using a multi-staged strategy based on machine learning and mathematical modeling to predict genotype-phenotype risk patterns in diabetic kidney disease: a prospective case.control cohort analysis. Published online 2013 Jul 23. doi: 10.1186/1471-2369-14-162

64. Risk Stratification of Patients with Diabetes: Depression and Distress. Published online on June 22, 2018.

65. Random Search for Hyper-Parameter Optimization, James Bergstra, Yoshua Bengio; 13(Feb):281.305, 2012.

66. In Brief: The P Value: What Is It and What Does It Tell You? Published online 2010 May 25. doi: 10.1007/s11999-010-1402-9

67. https://www.pkvitality.com/

68. https://www.diabetes.co.uk/artificial-pancreas.html

69. Bioprinting of skin constructs for wound healing. Published online 2018 Jan 23. doi: 10.1186/s41038-017-0104-x.

70. The Role of Online Health Communities in Patient Empowerment An Empirical Study of Knowledge Creation and Sharing on Diabetes. co.uk, Dr Roberta

Bernardi, Royal Holloway, https://pure.royalholloway.ac.uk/portal/files/29019759/Findings_report.pdf

71. The Dataverse Project: An Open-Source Data Repository and Data Sharing Community, Research Data Access & Preservation Summit, Atlanta, GA

72. Burden: mortality, morbidity and risk factors, WHO, http://www.who.int/nmh/publications/ncd_report_chapter1.pdf

73. Global health workforce shortage to reach 12.9 million in coming decades, WHO

74. The Debate on the Moral Responsibilities of Online Service Providers. Sci Eng Ethics. 2016 Dec;22(6):1575-1603. Epub 2015 Nov 27.

75. Health Tech and Mobile Apps: an Analytical Report.

76. The Information of Intelligence, Scientific American.

77. Revealed: 50 million Facebook profiles harvested for Cambridge Analytica in major data breach, https://www.theguardian.com/news/2018/mar/17/cambridge-analytica-facebook-influence-uselection

78. Apple health data used in murder trial, BBC. https://www.bbc.co.uk/news/technology-42663297

79. Did senators questioning Facebook's Mark Zuckerberg understand the internet? The Guardian, https://www.theguardian.com/technology/video/2018/apr/12/did-senators-questioningfacebooks-mark-zuckerberg-understand-the-internet-video

80. EU GDPR https://www.eugdpr.org/

81. Ibid

82. DDM Health Interventions, https://www.diabetes.co.uk/healthcare-professionals/index.html

83. Cambridge Analytica kept Facebook data models through US election, https://www.theguardian.com/uk-news/2018/may/06/cambridge-analytica-kept-facebook-data-models-through-uselection

84. Data on file, Diabetes.co.uk, January 2018.

85. WeLiveSecurity reveals 73,000 unprotected security cameras with default

passwords, WeLiveSecurity, 2016.

86. Google Nest hacked 'in 15 seconds' as reality bites for Internet of Things, https://www.scmagazineuk.com/google-nest-hacked-in15-seconds-reality-bites-internet-things/article/1480564 retrieved 8 August 2017.

87. The 'three black teenagers' search shows it is society, not Google, that is racist, https://www.theguardian.com/commentisfree/2016/jun/10/three-black-teenagers-google-racist-tweet

88. Microsoft deletes 'teen girl' AI after it became a Hitler-loving sex robot within 24 hours, https://www.telegraph.co.uk/technology/2016/03/24/microsofts-teen-girl-ai-turns-into-ahitler-loving-sex-robot-wit/

89. The accuracy, fairness, and limits of predicting recidivism. Science Advances 17 Jan 2018: Vol. 4, no. 1, eaao5580, DOI:10.1126/sciadv. aao5580

90. Four Kinds of Ethical Robots, Philosophy Now.

91. CES 2018: LG robot Cloi repeatedly fails on stage at its unveil, https://www.bbc.co.uk/news/technology-42614281

92. Breast screening error 'shortened up to 270 lives' . Hunt, https://www.bbc.co.uk/news/health-43973652

93. How Uber Deceives the Authorities Worldwide, NY Times, https://www.nytimes.com/2017/03/03/technologyuber-greyballprogram-evade-authorities.html

94. How They Did It: An Analysis of Emission Defeat Devices in Modern Automobile, http://cseweb.ucsd.edu/~klevchen/dieselsp17.pdf

95. https://lis.epfl.ch/

96. I, Robot (1950) Asimov.

97. South Korean Robot Ethics Charter 2012.

98. The IEEE Global Initiative on Ethics of Autonomous and Intelligent Systems, 2017.

99. Mastering the Game of Go without Human Knowledge .DeepMind.

100. Google's 'deceitful' AI assistant to identify itself as a robot during calls, https://www.theguardian.com/technology/2018/may/11/google-duplex-ai-identify-

itself-as-robot-during-calls

101. How to Hold Algorithms Accountable, MIT Technology Review, 2016.

102. Turing Test Success Marks Milestone, University of Reading.
     http://www.reading.ac.uk/news-and-events/releases/PR583836.aspx

103. Engineer 'Marries' Robot He Built And It's Totally Not Creepy At All
     https://www.huffingtonpost.co.uk/entry/zheng-jiajiarobotmarriage_us_58e3c701e
     4b0d0b7e1651098

104. Trump digital director says Facebook helped win the White House,
     https://www.theguardian.com/technology/2017/oct/08/trumpdigital-director-brad
     parscale-facebook-advertising

105. It's not a drug, but it may as well be": Expert opinions on whether kids are addicted
     to tech, CABA, Understanding Addiction. https://www.caba.org.uk/helpandguides/
     information/understandingdrug-addiction

106. Action on Addiction, https://www.actiononaddiction.org.uk/

107. Man Dies After 3 Day Internet Binge in Taipei, https://www.smh.com.au/
     technology/man-dies-afterthreeday-internet-gamingbinge-20150117-12sg0a.html

108. McDonald's Introduces Screen Ordering and Table Service, NY Times,
     https://www.nytimes.com/2016/11/18/business/mcdonalds-introduces-screen-
     ordering-and-table-service.html

109. Data on file, Diabetes.co.uk 2018.

110. Gray Matters: Too Much Screen Time Damages the Brain, Victoria L. Dunckley M.D.

111. Too Much Screen Time Associations,
     https://www.gla.ac.uk/news/headline_586422_en.html

112. AI Predicts Lifespan, https://www.adelaide.edu.au/news/news92622.html

113. The AI arms race: China and US compete to dominate big data, FT,
     https://www.ft.com/content/e33a6994-447e-11e8-93cf67ac3a6482fd

114. UK can lead the way on ethical AI, says Lords Committee, Parliament.UK.

115. Meet Sophia, the world's first robot to get citizenship, https://www.scmp.com/

business/global-economy/article/2123889/meetsophia-worlds-first-robot-get-citizenship

116. Individual NHS doctors receiving £ 100,000 per year from drugs firms, https://www.telegraph.co.uk/news/2016/06/30/individual-nhs-doctors-receiving-100000-per-year-fromdrugs-firm/

117. Tseng, Eric K., and Lisa K. Hicks. "Value based care and patientcentered care: divergent or complementary?." Current hematologic malignancy reports 11.4 (2016): 303-310.

118. Buurtzorg at the Curse of Plenty Conference at SwissRe, Zurich, May 2018. http://institute.swissre.com/events/14th_CRO_Assembly_Risk_Focus.html#tab_3

119. Cancer is a Preventable Disease that Requires Major Lifestyle Changes. DOI: 10.1007/s11095-008-9661-9.

120. The Effects of Stress on Physical Activity and Exercise. Sports Med. 2014 Jan; 44(1): 81.121. doi:10.1007/s40279-013-0090-5.

121. Saslow LR, Summers C, Aikens JE, Unwin DJ Outcomes of a Digitally Delivered Low-Carbohydrate Type 2 Diabetes Self-Management Program:1-Year Results of a Single-Arm Longitudinal Study, JMIR Diabetes. DOI:10.2196/diabetes.9333.

122. Evidence based medicine: what it is and what it isn't BMJ 1996; 312 doi: https://doi.org/10.1136/bmj.312.7023.71

123. Bad Pharma: How Medicine is Broken, and How We Can Fix It, Ben Goldacre.

124. Data on file, Diabetes.co.uk MyHealth, 2018.

125. Genetic Factors Are Not the Major Causes of Chronic Diseases, PLoS One 2016; 11(4): e0154387.

126. Diabetes in South Asians, Diabetes.co.uk https://www.diabetes.co.uk/south-asian/

127. Mcgrath, Scott. (2018). The Influence of 'Omics' in Shaping Precision Medicine. EMJ Innovations. 2. 50-55.

128. Researchers Develop World's Smallest Wearable Device, http://www.mccormick.northwestern.edu/news/articles/2018/01/researchers-develop-worlds-smallest-

wearable-device.html

129. Researchers develop smart tattoos for health monitoring, https://phys.org/news/2017-09-smart-tattoos-health.html

130. Scientists create painless patch of insulin-producing beta cells to control diabetes, https://phys.org/news/2016-03-scientistspainless-patch-insulin-producing-beta.html

131. Data on file, Diabetes.co.uk

132. World Aging Populations, United Nations.

133. Chronic Disease: A Vital Investment, WHO.

134. Chronic Disease Prevention and Health Promotion, CDC

135. https://activeprotective.com/

136. https://www.nominet.uk/emerging-technology/harnessingpower-iot/digital-future/

137. Medication Adherence: WHO Cares? - Mayo Clin Proc. 2011 Apr;86(4): 304.314. DOI: 10.4065/mcp.2010.0575

138. Ibid.

139. Ingestible sensors https://www.proteus.com/

140. Apple Watch can detect diabetes with an 85% accuracy, TechCrunch, https://techcrunch.com/2018/02/07/the-applewatch-candetect-diabetes-with-an-85-accuracy-cardiogramstudy-says/

141. 325,000 mobile health apps available in 2017, Research 2 Guidance, https://research2guidance.com/325000-mobile-healthappsavailable-in-2017/

142. Connected Asthma, Asthma UK https://www.asthma.org.uk/globalassets/get-involved/external-affairs-campaigns/publications/connected-asthma/connected-asthma---aug-2016.pdf

143. GP at hand: NHS Doctor Appointments Online, https://www.gpathand.nhs.uk/

144. National Diabetes Audit, 2016-2017

145. No health without mental health: A cross Government mental health outcomes strategy for people of all age, Department of Health, UK.

146. Mental Health, WEC,

https://toplink.weforum.org/knowledge/insight/a1Gb0000000pTDbEAM/

147. Facebook Messenger hits 100,000 bots,
     https://venturebeat.com/2017/04/18/facebook-messenger-hits-100000-bots/

148. https://www.ncbi.nlm.nih.gov/pubmed

149. The role of artificial intelligence in precision medicine,
     https://doi.org/10.1080/23808993.2017.1380516

150. https://cardiogr.am/

151. The Cost Of Developing Drugs Is Insane. https://www.forbes.com/sites/
     matthewherper/2017/10/16/the-cost-ofdevelopingdrugs-is-insane-a-paper-that-
     argued-otherwisewasinsanely-bad/#4797ab762d45

152. The drug-maker's guide to the galaxy, Asher Mullard, Nature.com.

153. Banning cluster munitions, WHO

154. 3-D bioprinter to print human skin, Universidad Carlos III de Madrid . Oficina
     de Informacion Cientifica

155. Alder Hey Children's Hospital, https://alderhey.nhs.uk/

156. Genetic disorders http://www.geneticdisordersuk.org/aboutgeneticdisorders

157. Virtual reality and pain management: current trends and future directions, Pain
     Manag. 2011 Mar; 1(2): 147.157. DOI: 10.2217/ pmt.10.15

158. UoP News, Five Ways VR is improving Healthcare, University of Portsmouth.

159. Lobo, http://lobo.cx/vaccine/

160. Icoros, https://www.icaros.com/

161. Cutting-edge theatre: world's first virtual reality operation goes live,
     https://www.theguardian.com/technology/2016/apr/14/cutting-edge-theatre-worlds-
     first-virtual-realityoperationgoes-live

162. https://www.tuftsmedicalcenter.org/patient-care-services/

163. https://www.apple.com/healthcare/health-records/

164. Service robotics: do you know your new companion? Framing an interdisciplinary
     technology assessment, Published online 2011 Nov 3. doi: 10.1007/s10202-011- 0098-6

165. Ambulance Drone, Tu Delft https://www.tudelft.nl/en/ide/research/research-labs/applied-labs/ambulance-drone/

166. Record number of centenarians in UK, BBC News, https://www.bbc.co.uk/news/education-37505339

167. Case Study: IoT for the OAP: new technology for an ageing population, IBM.com

168. Feinman RD, Pogozelski WK, Astrup A, Bernstein RK, Fine EJ, Westman EC, et al. Dietary carbohydrate restriction as the first approach in diabetes management: critical review and evidence base. Nutrition 2015 Jan;31(1):1-13.

169. Hussain TA, Mathew TC, Dashti AA, Asfar S, Al-Zaid N, Dashti HM.

170. Effect of lowcalorie versus low-carbohydrate ketogenic diet in type 2 diabetes. Nutrition 2012 Oct;28(10):1016-1021.

171. Nielsen JV, Joensson EA. Low-carbohydrate diet in type 2 diabetes: stable improvement of bodyweight and glycemic control during 44 months follow-up. Nutr Metab (Lond) 2008 May 22;5(1):14.

172. Yancy W, Foy M, Chalecki A, Vernon M, Westman E. A lowcarbohydrate, ketogenic diet to treat type 2 diabetes. Nutr Metab (Lond) 2005 Dec 01;2(1):34.

173. Garg A, Bantle JP, Henry RR, Coulston AM, Griver KA, Raatz SK, et al. Effects of varying carbohydrate content of diet in patients with non-insulindependent diabetes mellitus. JAMA 1994 May 11;271(18):1421-1428.

174. Reaven GM. Effect of dietary carbohydrate on the metabolism of patients with non-insulin dependent diabetes mellitus. Nutr Rev 1986 Feb;44(2):65-73.

175. Bian R, Piatt G, Sen A, Plegue MA, De MM, Hafez D, et al. The effect of technology-mediated diabetes prevention interventions on weight: a metaanalysis. J Med Internet Res 2017 Mar 27;19(3):e76.

176. Saslow L, Mason A, Kim S, Goldman V, Ploutz-Snyder R, Bayandorian H, et al. An online intervention comparing a very low-carbohydrate ketogenic diet and lifestyle recommendations versus a plate method diet in overweight individuals with type 2 diabetes: a randomized controlled trial. J Med Internet Res 2017 Feb 13;19(2):e36.

177. McKenzie A, Hallberg S, Creighton B, Volk B, Link T, Abner M, et al. A novel intervention including individualized nutritional recommendations reduces hemoglobin a1c level, medication use, and weight in type 2 diabetes. JMIR Diabetes 2017 Mar 07;2(1):e5.

178. Heller S. Weight gain during insulin therapy in patients with type 2 diabetes mellitus. Diabetes Res Clin Pract 2004 Sep;65 Suppl 1:S23-S27.

179. Action to Control Cardiovascular Risk in Diabetes Study Group, Gerstein HC, Miller ME, Byington RP, Goff DC, Bigger JT, et al. Effects of intensive glucose lowering in type 2 diabetes. N Engl J Med 2008 Jun 12;358(24):2545-2559.

180. Paoli, Antonio and Bianco, Antonino and Grimaldi, Keith A and Lodi, Alessandra and Bosco, Gerardo, Long Term Successful Weight Loss with a Combination Biphasic Ketogenic Mediterranean Diet and Mediterranean Diet Maintenance Protocol. Nutrients 2013 5(12):5205-5217.

181. Kessler, S. K., Gallagher, P. R., Shellhaas, R. A., Clancy, R. R., & Bergqvist, A. G. C.Early EEG improvement after ketogenic diet initiation. Epilepsy Research 2011 94(1):94,101. http://doi.org/https://doi.org/10.1016/j.eplepsyres.2011.01.012

# 찾아보기

# 헬스케어 인공지능과 머신러닝

빅데이터를 활용한 개인 맞춤 건강관리

발   행 | 2020년 3월 20일

지은이 | 아르준 파네사
옮긴이 | 고 석 범

펴낸이 | 권 성 준
편집장 | 황 영 주
편   집 | 임 다 혜
          조 유 나
디자인 | 박 주 란

에이콘출판주식회사
서울특별시 양천구 국회대로 287 (목동)
전화 02-2653-7600, 팩스 02-2653-0433
www.acornpub.co.kr / editor@acornpub.co.kr

한국어판 ⓒ 에이콘출판주식회사, 2020, Printed in Korea.
ISBN 979-11-6175-402-4
http://www.acornpub.co.kr/book/ml-ai-healthcare

이 도서의 국립중앙도서관 출판시도서목록(CIP)은 서지정보유통지원시스템 홈페이지(http://seoji.nl.go.kr)와
국가자료공동목록시스템(http://www.nl.go.kr/kolisnet)에서 이용하실 수 있습니다.(CIP제어번호: CIP2020009950)

책값은 뒤표지에 있습니다.